KB099299

임동석중국사상100

시 품

詩 品

鍾嶸 撰 / 林東錫 譯註

象犀珠玉怪珍之物，有悅於人之耳目，而不適於用。不適於用而用之金石草木絲麻五穀六材，有適於用，而用之則弊，取之則竭。悅於人之耳目而適於用之，用之而不弊，取之而不竭，賢不肖之所得，各因其才，仁智之所見，各隨其分，才分不同，而求無不獲者，惟書乎。

丁亥菊秋錄 東坡李氏山房藏書記 丘堂呂元九

　　"상아, 물소 뿔, 진주, 옥. 진괴한 이런 물건들은 사람의 이목은 즐겁게 하지만 쓰임에는 적절하지 않다. 그런가 하면 금석이나 초목, 실, 삼베, 오곡, 육재는 쓰임에는 적절하나 이를 사용하면 닳아지고 취하면 고갈된다. 그렇다면 사람의 이목을 즐겁게 하면서 이를 사용하기에도 적절하며, 써도 닳지 아니하고 취하여도 고갈되지 않고, 똑똑한 자나 불초한 자라도 그를 통해 얻는 바가 각기 그 자신의 재능에 따라주고, 어진 사람이나 지혜로운 사람이나 그를 통해 보는 바가 각기 그 자신의 분수에 따라주되 무엇이든지 구하여 얻지 못할 것이 없는 것은 오직 책뿐이로다!"

《소동파전집》(34) 〈이씨산방장서기〉에서 구당(丘堂) 여원구(呂元九) 선생의 글씨

책머리에

《공양전公羊傳》 주注에 "배고픈 자는 그 먹을 것을 노래하고, 노동에 힘든 자는 그 일을 노래하기 마련"(餓者歌其食, 勞者歌其事)이라 하였다. 현실과 예술이 자연스럽게 어울려 인간의 진솔한 감정을 표현한다는 말이다.

인류 언어 표현의 최고 장르인 시詩는 동서양을 막론하고 원시종합예술原始綜合藝術에 그 기원을 두고 있다. 즉 무용, 음악, 가사 속에 당연히 운문韻文으로 출발한 것이며 초기 시일수록 진지하고 단순하면서도 모든 감정을 압축해 담고 있다.

〈시서詩序〉에는 "시는 뜻이 향하는 곳이다. 그 뜻이 마음 속에 그대로 있을 때를 '지志'라 하며 이를 말로 표현되어 나온 것은 시가 된다"(詩者, 志之所之也, 在心爲志, 發言爲詩)라 하여 심상心象이 지향하는 바의 결과물인 셈이다.

이에 중국 남조南朝 6세기 치열한 문학 논쟁과 이론 수립의 분위기 속에 탄생한 소위 「삼대평선서三大評選書」 중에 시를 유기체로 보아 당시까지의 오언시五言詩를 《시경詩經》과 초사楚辭에 근원을 삼아 122명의 시인을 상품(11), 중품(39), 하품(72)으로 나누어 비평하고 품평을 가한 종영鍾嶸의 이 《시품詩品》은 바로 중국 최고의 시평서詩評書이며 최초의 시에 대한 채점 기준을 제시한 이론서다.

중국 특유의 혼효混淆와 합일合一의 학문 중에 문학文學이 하나의 독립된 개체로 인정받고 분리되기 시작한 것은 한말漢末에 이르러 시작된 것이다. 그 뒤를 이어 조비曹丕의 《전론典論》의 〈논문論文〉에서 "문장불후론文章不朽論"이 제기되었고, 육기陸機는 문체를 분류하기 시작하였으며 남조에 이르러 창작론과 비평론 등 문론文論에 대한 전반적인 이론이 쏟아지기 시작하였다.

이에 삼대 비평서로 유협(劉勰)의 《문심조룡文心雕龍》과 종영의 《시품》, 그리고 소통(蕭統, 昭明太子)의 《문선文選》이 출현함으로써 품평과 선집의 풍조가 정식 작업으로 인정을 받기 시작하여 유행하였으며 그 맥락에서 서릉徐陵의 《옥대신영玉臺新詠》, 안지추顏之推의 《안씨가훈顏氏家訓》의 일부 문학론, 그리고 배자야裴子野의 《조충론雕蟲論》 등, 문학을 하는 자라면 문학 본연의 문제에 대하여 고민하고 나름대로 이론을 정립한 글들이 선을 보이게 된 것이다.

한편 당시 문학뿐 아니라 세상의 모든 사물에 대하여 품평品評과 품계品階를 부여하는 풍조 또한 유행하여 이응(李膺, 元禮)같은 이는 사람의 학문과 교양조차 품등品等을 매기기를 시도하였으며 그에 따라 사람의 재성才性을 논한 현담가玄談家의 이론조차 인구人口에 회자膾炙할 정도였다. 물론 그 기존도 엄격하여 이를테면 《문선》의 경우 저 유명한 왕희지王羲之의 〈난정서蘭亭序〉의 문장에서 "이날은 날씨는 쾌랑하고 공기는 청숙하며 혜풍은 화창하다"(是日也, 天朗氣淸, 惠風和暢)라는 표현을 두고 "이는 봄날을 표현하면서 '기청氣淸'이라 하였으니 잘못된 것이다. 이는 가을 날씨를 표현할 때 쓰는 말이다"이라 하여 문선에 수록하지 않았던 고집은 그 얼마나 철저한 기준에 의해 문장을 품평하고 채점하였던 것인지 알고 남음이 있는 고사이다.

그리고 《문심조룡》은 문학의 본원론本源論, 문체론文體論, 창작론創作論, 비평론批評論을 총망라한 것으로 그 이론의 제시가 전무후무한 완벽주의를 지향하여 지금도 문학비평사에서는 연구열을 유도하고 있다.

그러나 《시품》과 《문심조룡》은 같은 문학 이론서이기는 하나 뚜렷한 차이점이 있다. 《문심조룡》은 전문적인 문론서文論書임에 비하여 《시품》은 전문적인 시평서詩評書이며, 《문심조룡》이 귀납적歸納的 이론 중심의 연구서이며 문체의 연변演變에 대한 이론 수립과 비평을 가한 것임에 비하여 《시품》은 연역적演繹的 비평을 전제로 하여 기종의 시인과 작품을 분석한 것이다. 그리고 《문심조룡》이 전면적이고 근본적인 문제를 심각하게 다루어 내용이 복잡하고 체계가 엄밀하며 다룬 내용도 포괄적임에 비하여 《시품》은 부분적이며 응용적이고 단순하여 문학의 맥락을 역사적으로 밝히고자 함에 그 목적을 두고 있다.

《시품》은 오언시五言詩에 국한하여 이를 《시경》 국풍國風과 소아小雅, 초사楚辭의 3대 원류源流에 억지로 부합시키고 부賦, 비比, 흥興을 높이 여겼으며 당시 유행하던 현언시玄言詩를 반대하면서 자미론滋味論을 매우 강조하였다. 그런가 하면 전고典故 사용과 성률성聲律說과 설리說理에 대해서는 부정적인 관점을 가지고 있었으며, 인간의 순수 감정을 지극한 격조로 보기도 하였다. 그러나 주관적 선입견이 강하여 도연명陶淵明을 중품에 넣는 등 지금의 관점에서 보면 많은 문제가 있다고 여기는 학자들도 있다. 그럼에도 중국 최초의 시평서로서 이만한 성취를 이룬 데 대하여는 실로 그 영향과 여파는 지대하다는 평가를 받고 있어 시를 연구하는 자로써 이 책을 참고하지 않을 수 없는 상황을 보여주고 있다.

내가 이 책을 역주하여 내놓은 지는 꽤 오래되었지만 시문학 전공자도 아니면서 덤볐던 것을 후회한 적도 있다. 아울러 이 방면에 뛰어난 업적을 쌓아가고 있는 전공 학자들에게 미안한 심정을 가진 적도 많았다. 그러나 지금처럼 중국 관련 서적이 양과 질에 있어서 대세를 이루어 봇물처럼 쏟아지고 있으면서도 오히려 학술상 중요한 전문 서적의 역주나 번역은 그 자체가 가지고 있는 상업성 열세로 인해 못내 안타깝다고 여겨 결국 미진하고 소략疏略한 성과물이지만 책으로 꾸며 세상에 질문을 던지게 되었던 것이다. 물론 역주와 번역의 오류와 누소漏疏함에 대한 것은 스스로 면책을 받을 수 없을지 모른다. 더구나 혹 깊은 전공자의 눈으로 볼 때 용어와 내용의 본질을 바르게 파악했는지에 대하여도 늘 가슴 조리며 질책을 기다리고 있다.

시품의 문장은 내가 꾸준히 작업해온 중국 고전 역주의 한 일부일 뿐이지만 그래도 《문선》 등 관련 자료를 정리하여 추형雛形의 틀만이라도 만들어 보겠다는 소박한 염원으로 마무리를 짓게 된 것이다. 지금 이러한 강변强辯으로 강호제현江湖諸賢의 질책과 사교賜敎가 답지遝至하기를 기다린다.

취벽헌醉碧軒에서 줄포茁浦 임동석林東錫 적음.

일러두기

1. 이 책은 〈사고전서四庫全書〉(文淵閣) 《시품詩品》(三卷, 集部九, 詩文評類)를 저본으로 하고, 왕중汪中의 《시품주詩品注》(1978년 6판, 正中書局, 臺北)와 양조율楊祖聿의 《시품교주詩品校注》(1981년, 文史哲出版社, 臺北)를 참고하여 완역상주한 것이다.

2. 백화본인 서달徐達의 《시품전역詩品全譯》(1991년, 貴州人民出版社, 貴陽)은 구체적인 문구 해석에 큰 도움이 되었다.

3. 분장은 〈사고전서〉에 근거하여 서문序文은 매 권(品)의 앞에 싣고 편의상 나눈 것이며, 각 권(品)의 분장은 왕중의 《시품주》에 따라 상권上卷(上品) 12장, 중권中卷(中品) 21장, 하권下卷(下品) 28장으로, 총 61장으로 하였다.

4. 본문의 각 장은 제목이 있어 이를 앞으로 내세우고 해석하였으며 본문에서는 이해를 돕기 위해 제목과 본문의 연결로 해석, 처리하였다.

5. 일부 역주본에는 혹 각 권의 앞머리에 있는 서문을 모두 모아 하나로 연결된 문장처럼 책머리에서 처리한 것이 있으나(예: 왕중 《시품주》, 서달 《시품전역》) 본 역자는 이를 각 권의 원래 위치로 환원하여 싣고 역주하였다.

6. 역주의 인명, 지명, 사건명, 작가와 작품명은 가능한 한 중복이 되더라도 반복하여 실은 것이 있다.

7. 매 장의 참고 부분은 관련된 역사기록은 물론 후인의 상이한 평가나 부연 평가와 아울러 관련, 혹은 거론된 작품(주로 五言詩)을 모두 찾아 실음으로써 연구와 대조 및 확인에 도움이 되도록 하였다.

8. 해제와 참고에는 저자 종영鍾嶸에 대한 간단한 내용과 《남사南史》 종영전 鍾嶸傳과 《양서梁書》 종영전의 원문을 실어 도움이 되도록 하였으며, 〈사고전서四庫全書〉 제요提要와 한대漢代부터 남조南朝까지의 문학사연표 文學史年表와 세계표世系表를 실어 시대 상황을 살필 수 있게 하였다.

9. 부록에는 〈사고전서〉본 《시품》 전체를 영인, 게재하여 실제의 면모를 살필 수 있게 하였다.
10. 원의原意에 충실을 기하기 위하여 직역直譯을 위주로 하였다. 문장이 순통하지 못하거나 오류, 오역이 발견되면 질정과 편달을 내려주기 바란다.
11. 본 《시품》을 역주하는데 참고한 자료로서 대체적인 것만 밝히면 다음과 같다.

✹ 참고문헌
1. 汪中 《詩品注》 正中書局 1977 臺北
2. 楊祖聿 《詩品校注》 文史哲出版社 1981 臺北
3. 徐達 《詩品全譯》 貴州人民出版社 1991 貴陽
4. 《詩品》 三卷 四庫全書 本(文淵閣) 集部九 詩文評類 商務印書館影印本 臺北
5. 梁, 徐陵 《玉臺新詠》 文光圖書公司 向達所藏, (明)崑山趙氏刊本 影印本, 1972 臺北
6. 梁, 徐陵 (吳兆宜 注) 《玉臺新詠》 (世界書局 1935年版 縮印) 北京市中國書店 1986 北京
7. 梁, 劉勰 《文心雕龍》
8. 李景溁 《文心雕龍新解》 韓林出版社 1979 臺南
9. 龍必錕 《文心雕龍全譯》 貴州人民出版社 1992 貴陽
10. 淸, 沈德潛 《古詩源》 臺灣商務印書館 人人文庫 1978 臺北
11. 《古詩十九首集釋》 普天出版社 臺中

12. 明, 張溥(편) 殷孟倫(주)《漢魏六照百三家集題辭注》人民文學出版社 1981, 北京

13. 宋, 郭茂倩《樂府詩集》中華書局

14. 梁, 蕭統《昭明文選》李善(주) (활자본) 上海古籍出版社

15. 南朝, 宋, 劉義慶(저) 劉孝標(주)《世說新語》余嘉錫(箋疏)
《漢書》·《後漢書》·《三國志》·《晉書》·《宋書》·《南齊書》·《梁書》·
《南史》(鼎文書局 活字本, 1978. 臺北) 등 二十五史 자료

16. 慧皎《高僧傳》湯用彤(校注) 中華書局 1996 北京

17. 陸侃如·馮沅君 合著《中國詩史》復刊本 臺北

해제

1. 종영(鍾嶸: 468~518, 혹은 480~552)

남조南朝 양梁나라 때의 인물로 자는 중위仲偉이며, 영천穎川 장사長社(지금의 河南省 許昌, 혹은 河南省 長葛縣) 사람이다. 그는 진晉나라 때 시중侍中을 지낸 종아鍾雅의 7세손으로 종조從祖인 종헌從憲은 남제정원랑南齊正員郎을 지냈고, 부친 종도鍾蹈는 중군장군中軍將軍을 지냈던 명문집안에서 태어난 셈이다. 어려서 학문을 좋아하여 제齊 영명永明 때 위장군衛將軍을 지낸 왕검王儉 (452~489, 049 참조)을 스승으로 모셔, 사리가 있고 《주역周易》에 밝아 본주 本州의 수재秀才로 천거되어 남강왕시랑南康王侍郎, 무군행참군撫軍行參軍, 사도행 참군司徒行參軍 등의 벼슬을 역임하였으며, 형양왕衡陽王이 회계태수會稽太守로 부임하면서 그를 기실記室로 삼아 전적문서典籍文書를 관장토록 하였다. 그 뒤 진안왕서중랑晉安王西中郎(蕭綱)의 기실記室을 맡기도 하였다. 그 때문에 흔히

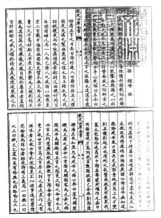

《詩品》四庫全書(文淵閣)
集部 詩文評類

그를 「종기실鍾記室」로 부르는 것이다.

한편 그는 심약沈約에게 칭찬을 얻고자 하였으나 심약이 이를 폄훼하자 이에 사감私感이 생겨 《시품詩品》을 저작하고 심약을 중품中品에 넣은 것으로 사서史書에 기록되어 있으나 이는 사실이 아닐 것이라고 보고 있다.

그의 전은 《남사南史》 권72 문학전文學傳과 《양서梁書》 권49 문학전文學傳에 그의 형 종완 鍾岏, 아우 종서鍾嶼와 함께 실려 있다.(부록란에 이 두 사서의 全文을 轉載하였음.)

2. 《시품詩品》

《시품》은 시가詩歌에 대한 품평, 평론을 뜻한다. 위진남북조 시대에는 인물, 사물에 대한 품평의 풍조가 극성을 이루었다. 그러한 시대의 조류에 맞게 종영은 한대漢代 고시古詩부터 당시까지의 오언시五言詩를 총망라하여 시인과 그 작품을 상중하上中下로 품평하였다. 그 때문에 그 저술 이름을 《시품》이라 한 것이다. 한편 《양서梁書》 문학전文學傳(鍾嶸傳)과 《수서隋書》 경적지經籍志에는 이 책의 이름을 《시평詩評》이라 하였다. 이는 이 책이 단순히 시인과 시를 품제品題하여 등급을 정하는 작업만 한 것이 아니라 그 작품의 우열까지 평론하였다는 이유에서 그렇게 부른 것이다. 그러나 그 뒤에는 《시품》이라는 단일 명칭으로 확정되어 오늘에 이르고 있다.

이 《시품》은 양梁나라 때에 지어졌으며 유협 劉勰(465~520)의 《문심조룡文心雕龍》과 소통(蕭統: 昭明太子, 501~530)의 《문선文選》과 함께 육조 시대의 「삼대평선서三大評選書」로 널리 알려져 있다. 그리고 《문심조룡》보다는 대체로 반세기 이후에 나타난 것으로 짐작된다.

《시품》의 체제는 한위漢魏로부터 양대梁代에 이르기까지 400여 년 간, 시인 중에 122인을 골라 우열을 가려 상품上品(11인), 중품中品(39인), 하품下品(72인) 등으로 나누었으며, 각 품 내에 서는 시대의 순서에 따라 배열하고 간략한

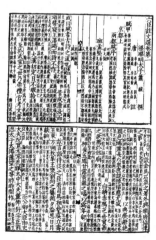

《文選》南朝 梁 昭明太子
(蕭統) 選集

평어評語를 실었다. 그는 매 품品의 전면에 우선 서문序文을 실어 자신의 시론 詩論을 밝혔으며 시가 예술에 대한 자신의 조예와 예리한 안목을 천명하였다. 한편 자신의 이론 중에 용전用典(典故를 사용하는 문제), 현언시玄言詩(위진시대 玄學家들의 시), 성병설聲病說(四聲八病說) 등의 풍조에 극력 반대하는 의견도 제시하고 있다.

　이 《시품》에서 다루는 범위는 건안建安부터 남조南朝까지에서 오언시五言詩 만을 위주로 하였으며, 열기된 시인도 모두가 시대를 대표하는 작가들로서 품평도 대체로 적합하다고 할 수 있다. 다만 오언시에만 한정시킨 점, 그 오언시의 기원을 국풍國風, 대아大雅, 초사楚辭의 삼파三派로 귀속시키려는 획일적인 시도는 오히려 무리였으며, 이는 후세의 심한 비판을 받기도 하였다. 게다가 육기陸機(008), 반악潘岳(009), 장협張協(010)을 상품上品에 열입列入하고, 도연명陶淵明(024), 포조鮑照(028), 사조謝朓(029)를 중품中品으로 평가한 것은 주관적인 선입견이 너무 강했다는 비판을 받고 있기도 하다.

屈原과 《楚辭》

그럼에도 이 《시품》은 중국시사中國詩史, 평론사評論史에 독보적인 지위를 점하고 있다. 종영이 역대 작가의 예술 특징과 품격에 대하여 품평을 가하는 한편, 서문에서는 시가詩歌 창작創作의 이론적인 문제부터 당시 시단에 풍미 하던 폐단에 이르기까지 적확한 의견을 제시하여 시이론詩理論과 그 공용성에 대하여 선각적인 주장을 내세운 점은 아주 높이 살 만하다. 이는 당시의 시가 창작이 새로운 시대에 맞추어 이미 엄청난 발전을 하였고, 청담淸談과 인물 품평 등의 사회 풍조와 깊은 관련이 있음도 간과할 수 없다.

한편 이 《시품》에서의 창작 문제는 크게 4가지 각도에서 조명해 볼 수 있다. 즉 첫째 당시 창작 풍토에 대한 종영의 비판이며, 둘째 오언시의 출현과 발전에 관한 논술이다. 그리고 세 번째는 시가 창작에 대한 종영의 견해이며, 네 번째는 작가에 대한 기원起源과 유파流派, 그리고 품평品評의 기준基準 문제이다.

(1) 당시 창작 풍토에 대한 종영의 비평

시가詩歌란 본래 작가가 외물外物에 감응感應을 받아 표현되는 진실한 감정이어야 함에도 당시 귀족 문인들은 거짓 기교로 일관하면서 소위 「무병신음無病呻吟」의 허구 속에 용전用典(典故使用)만을 중시하는 풍조를 낳았다고 종영은 통렬히 비판하고 있다.(膏腴子弟, 恥文不逮, 終朝點綴, 分夜呻吟) 이처럼 전고典故 더미 속에 성정性情을 노래한다는 것은 시가 창작의 건전한 발전을 저해한다고 보았으며, 그 때문에 사성팔병설四聲八病說 등의 기교와 인위적 조탁에 반대한다는 주장을 분명히 밝히고 있다.

(2) 오언시의 출현과 발전

《시경詩經》은 사언체四言體 위주이며 동시에 유가儒家의 경전經典으로
되어 있어 일반인이 이를 바탕으로 첨삭을 가하거나 변형한다는 것은 실제로
불가하다. 그 때문에 위진남북조 시대 오언시가 이 사언시四言詩를 대체하여
시가의 지위를 누리게 되었다. 그럼에도 당시 사람들은 이에 대해 전통적인
유가 사상의 영향으로 사언을 중시하고 오언을 경시하는 보수적인 색채에
편향되어 있었다. 이를테면 지우摯虞의 《문장류별론文章流別論》에는 「古詩率
以四言爲體」, 「雅音之韻, 四言爲正, 其餘雖備
曲折之體, 而非音之正也」라 한 것이다. 유협
劉勰의 《문심조룡文心雕龍》 명시편明詩篇에
「四言正體, 五言流調」라 한 것으로도 오언시의
점유를 인정하지 않으려 하였음을 알 수
있다. 그러나 종영의 의견은 달랐다. 그는
사언시의 시기는 이미 지나갔고(每苦文繁而意少,
故世罕習焉) 오언시의 발흥도 「滋味」에 그
근본이 있다고 보았다.(居文詞之要, 是衆作之有滋
味者也) 이러한 논리는 시가 형식의 역사
발전에 있어서 새로운 길을 열어준 견해이다.

《玉臺新詠》徐陵

(3) 종영의 시가 창작에 대한 견해

이는 다시 세 가지로 나누어 살펴볼 수 있다. 첫째 그는 〈문부文賦〉(陸機)와 《문심조룡文心雕龍》의 뒤를 이어 시가에서의 「자미滋味」 문제를 들고 나왔다. 즉 「맛을 보는 자로 하여금 무궁하다고 여기도록 하고 이를 듣는 자로 하여금 마음이 움직이도록 해야 한다(使味之者無極, 聞之者動心)」라고 하였으며, 「사람으로 하여금 이를 맛보게 하고 열심히 하여 권태롭지 않게 해야 한다(使人味之, 亹亹不倦)」라고 하였다. 이는 다시 말해 자미있는 시라야만 좋은 시가 될 수 있으며, 시에는 「흥興」이 중요함을 강조한 것으로 「좋은 시란 의당 문장은 끝났으나 그 여운은 남아 있는 것(文已盡而意有餘)」이어야 한다고 본 것이다.

두 번째, 「진미眞美」의 원칙에 관한 견해이다. 「진미」란 시가 창작에서의 감정이며, 이 경우 「병도 없이 신음하는(無病呻吟)」 행태란 배제되어야 한다는 주장이다.

세 번째, 시가 창작에는 「궁정窮情」과 「사물寫物」이 결합되어야 한다(指事造形, 窮情寫物)는 주장이다. 이는 《문심조룡》의 관점과 일치한다.

(4) 작가의 기원 유파와 품평

종영은 작가와 작품의 풍격風格에 초점을 맞추어 품평하되 역대 시인 사이의 계승 관계와 예술 유파를 계통에 따라 비교하고자 시도하였다. 이는 시를 풍격의 관점에서 보는 방법론에 신기원을 열었고, 게다가 작가, 작품에 간단한 평어評語, 평론評論을 가하는 체제로 하나의 틀을 이루었다.

이에 원류와 유파의 시체 원류의 계통 관계를 표로 보이면 다음과 같다.

(이는 徐達의 《詩品全譯》前言 p.11 및 楊祖聿의 《詩品校注》 p.30, 을 참고한 것임)

◉ 五言詩起源과 系流(《詩品全譯》)

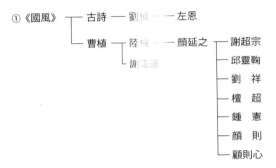

①《國風》┬ 古詩 ── 劉楨 ── 左恩
　　　　　└ 曹植 ┬ 陸機 ── 顏延之 ┬ 謝超宗
　　　　　　　　　└ 謝靈運　　　　├ 邱靈鞠
　　　　　　　　　　　　　　　　　├ 劉祥
　　　　　　　　　　　　　　　　　├ 檀超
　　　　　　　　　　　　　　　　　├ 鍾憲
　　　　　　　　　　　　　　　　　├ 顏則
　　　　　　　　　　　　　　　　　└ 顧則心

②《小雅》 ── 阮籍

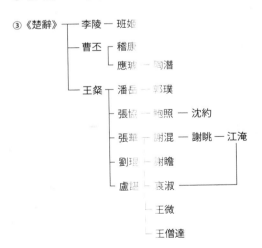

③《楚辭》┬ 李陵 ── 班姬
　　　　　├ 曹丕 ┬ 稽康
　　　　　│　　　└ 應璩 ── 陶潛
　　　　　└ 王粲 ┬ 潘岳 ── 郭璞
　　　　　　　　　├ 張協 ── 鮑照 ── 沈約
　　　　　　　　　├ 張華 ┬ 謝混 ── 謝眺 ── 江淹
　　　　　　　　　├ 劉琨 ── 謝瞻
　　　　　　　　　└ 盧諶 ── 哀淑
　　　　　　　　　　　　　├ 王微
　　　　　　　　　　　　　└ 王僧達

◉ 五言詩의 起源과 系統(《詩品校注》)

※( )안은 品等을 뜻함.

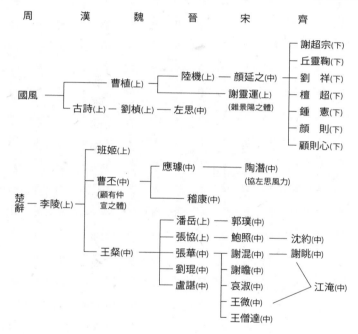

周　　　漢　　　魏　　　晉　　　宋　　　齊

　　　　　　　　　　　　　　　　　　　謝超宗(下)
　　　　　　　　　　　　　　　　　　　丘靈鞠(下)
　　　　　　　　陸機(上) ─ 顏延之(中)　劉　祥(下)
國風 ─┬─ 曹植(上) ─┤　　　　　　　檀　超(下)
　　　│　　　　　　謝靈運(上)　　　鍾　憲(下)
　　　└─ 古詩(上) ─ 劉楨(上) ─ 左思(中)　(雜景陽之體)　顏　則(下)
　　　　　　　　　　　　　　　　　　　顧則心(下)

　　　　┌─ 班姬(上)
　　　　│　　　　　　應璩(中) ──── 陶潛(中)
楚　　　│─ 曹丕(中) ─┤　　　　　　(協左思風力)
辭 ─ 李陵(上) ─┤　(顧有仲　　稽康(中)
　　　　│　宣之體)
　　　　│　　　　　　潘岳(上) ─ 郭璞(中)
　　　　│　　　　　　張協(上) ─ 鮑照(中) ─ 沈約(中)
　　　　└─ 王粲(中) ─┼─ 張華(中) ─┬─ 謝混(中) ─ 謝朓(中)
　　　　　　　　　　　│　　　　　　謝瞻(中)
　　　　　　　　　　　劉琨(中)　　　哀淑(中)
　　　　　　　　　　　盧諶(中)　　　王微(中) ─── 江淹(中)
　　　　　　　　　　　　　　　　　　王僧達(中)

　　그러나 그는 작가의 생활과 작가 풍격을 결정짓는 시대와 환경의 영향을 그다지 중시하지 않았으며, 예술의 다양성과 복잡성에 대해서도 주안점을 기울이지 않았다. 다만 어느 일부가 유사한지의 여부와 그들 시풍의 상이점을 드러내는 것으로 만족하였기 때문에 그의 풍격, 유파에 대한 견해는 혼란을 초래하였고, 일부는 견강부회가 심하여 후대의 비판을 받게 되었다.

그러나 그의 선험적인 연구와 분류는 중국 시가 이론과 비평에 지대한 영향을 끼친 점은 분명히 인정해야 할 것이다.

한편 서달의 《시품전역》의 전언에는 이 《시품》에 대해 그 내용을 크게 「시가詩歌 이론理論」과 「시가詩歌 비평批評」으로 나누고, 시가 이론에는 (1) 시가의 생성과 기능, (2) 오언시의 발전사, (3) 자미설滋味說, (4) 용전用典과 성병설聲病說로 구분하여 설명하고 있다. 그리고 시가 비평에는 다시 (1) 시품의 평시 기준, (2) 시체 원류에 대한 의견과 이론, (3) 품등品等의 기준과 내용으로 나누어 설명하고 있어 비교적 이해하기가 쉽다. 다만 이 전역본은 상중하 上中下 매 품의 앞쪽에 있는 서문序文을 모두 앞쪽으로 모아 한꺼번에 구분 없이 풀이하였고, 왕중汪中의 《시품주詩品注》도 역시 서문을 앞으로 모아 구분없이 주해註解하고 있다. 그러나 역자는 〈사고전서四庫全書〉본에 근거하여 각 품마다의 서문을 원래 위치로 놓고 이를 역주하였음을 밝힌다.(책 뒷면의 부록 〈사고전서〉본 영인 부분을 참고할 것)

《시품》의 판본은 〈진체비서津逮秘書〉본과 〈학진토원學津討原〉본, 그리고 명대明代 정덕正德 원년元年에 나온 〈퇴옹서원초본退翁書院抄本〉, 청대淸代의 〈사고전서四庫全書〉본 등이 있으며, 근현대 연구, 역주서로는 허문우許文雨의 《시품강소詩品講疏》, 진연걸陳延杰의 《시품주詩品注》, 그리고 왕중汪中의 《시품주詩品注》, 양조율楊祖聿의 《시품교주詩品校注》 등이 있고, 백화어白話語본으로는 서달徐達의 《시품전역詩品全譯》이 있다.

唐 馮承素 摹本의 〈蘭亭序〉
北京故宮博物院 소장

차 례

❧ 책머리에
❧ 일러두기
❧ 해제
  1. 鍾嶸
  2.《詩品》

卷上 (001-012)

上品序：

卷中 (013-033)

中品序:

卷下 (034-061)

下品序:

◉ 부록

卷上
(001~012)

〈王羲之觀鵝圖〉元 錢選(그림) 미국 뉴욕 메트로미술관 소장

上品序:

[上序-1]

기氣가 만물을 작동시키며 그 만물이 사람의 감흥을 자아낸다. 따라서 사람의 성정性情을 요탕搖蕩하며, 이것이 춤이나 노래에서 형상화된다. 빛은 삼재三才를 비추며 그 휘황함은 세상 만물에 고루 영향을 주게 마련이다. 귀신은 이를 기다려 흠향을 받고, 유오幽奧하고 정미精微한 것들도 이를 빌려 인간에게 밝히 고하는 바가 있는 것이다. 천지를 움직이고 귀신을 감동시키는 것으로 시詩보다 더 가까운 것은 없다.*

氣之動物, 物之感人, 故搖蕩性情, 形諸舞詠, 照燭三才, 暉麗萬有. 靈祇待之以致饗, 幽微藉之以昭告, 動天地, 感鬼神, 莫近於詩.

【氣】만물을 변화시키고 움직이는 원동력.

【感人】사람의 감흥을 자아냄. 《禮記》樂記에 「凡音之起, 由人心生也. 人心之動, 物使之然也. 感於物而動, 故形於聲」이라 함.

【搖蕩】격동시킴. 진동시킴. 《禮記》樂記에 「聲相應, 故生變; 變成方, 謂之音; 比音而樂之, 及干戚羽旄, 謂之樂」이라 함.

【性情】情緒. 《文中子》에 「詩者, 民之性情也」라 함.

【三才】天地人을 가리킴.《周易》說卦傳에 「立天之道曰陰與陽. 立地道曰柔
　與剛, 立人之道曰仁與義, 兼三才而兩之」라 하였고,《繫辭傳》에서는 「天地
　人爲三才」라 함.
＊《詩》大序에 「故正得失, 動天地, 感鬼神, 莫近於詩」라 함.

参고 및 관련 자료

1.《文心雕龍》明詩篇
人稟七情, 應物斯感, 感物吟志, 莫非自然.

2.《文心雕龍》物色篇
春秋代序, 陰陽慘舒, 物色之動, 心亦搖焉.

3.《詩》大序
情動於中而形於言, 言之不足故嗟歎之, 嗟歎之不足故詠歌之, 詠歌之不足,
不知手之舞之, 足之蹈之也.

4.《宋書》謝靈運傳
民稟天地之靈, 含五常之德, 剛柔迭用, 喜慍分情, 夫志動於中, 則歌詠外發.

〈車馬紋〉漢代 磚刻 貴州 赫章縣 출토

옛날 〈남풍南風〉의 시와 〈경운卿雲〉의 노래는 아주 오래된 작품이다. 하夏나라 때의 노래로 "근심스럽도다. 내 마음이여!(鬱陶乎予心)"라는 것이 있고, 초楚나라 노래로는 "내 이름을 정칙이라 지어주셨네.(名余曰正則)"라 한 것이 있다. 이는 비록 시의 체제로는 온전하지 못하나, 바로 오언시 五言詩의 남상濫觴이라 할 수 있다.*

昔南風之詞, 卿雲之頌, 厥義敻矣. 夏歌曰: 「鬱陶乎予心」. 楚謠曰: 「名余曰正則」. 雖詩體未全, 然是五言之濫觴也.

【南風之詞】舜임금이 지었다고 하는 詩. 후인의 위작으로 여김. ⇒참고
【卿雲之頌】舜임금이 禹에게 선양할 때 여러 대신들과 함께 불렀다는 축하의 노래. 「卿雲」은 「慶雲」과 같음. 상서로운 구름이라는 뜻. ⇒참고
【夏歌】五子之歌를 가리킴. 原文은 失傳. 현재 《僞古文尙書》〈五子之歌〉에 실려 있는 것은 僞作임.
【鬱陶】근심이 쌓이는 모양. 連綿語.
【楚謠】굴원의 〈離騷〉를 가리킴. 「正則」은 굴원의 이름. 자는 「靈均」임.
【濫觴】江水처럼 큰 물도 그 근원은 한잔에 넘칠 정도로 하찮은 양이라는 뜻. 만물의 근원. 시발을 의미함. 《荀子》子道篇, 《說苑》雜言篇, 《孔子家語》

三恕篇,《韓詩外傳》권3 등에 실려 있는 고사를 볼 것.

＊ 鍾嶸의 《詩品》은 그 대상을 오직 五言詩에 限定하고 있으나 위에 거론한 시들은 五言이 아니어서 「詩體未全」이라 한 것임.

참고 및 관련 자료

1.《禮記》樂記

昔者, 舜作五絃之琴, 以歌南風.(鄭玄 주: 其辭未聞也)

2.《孔子家語》와《尸子》에 그 僞作이 전함.

南風之薰兮, 可以解吾民之慍兮.

南風之時兮, 加以阜吾民之財兮.

3.《尙書大傳輯校》(陳恭甫)및《史記》天官書(汪中《詩品注》)

陳恭甫尙書大傳輯校曰:「於是卿雲聚, 俊乂集, 百工相和而歌卿雲. 帝乃倡之曰: 『卿雲爛兮, 糺縵縵兮. 日月光華, 旦復旦兮.』」史記天官書曰:「若煙非煙, 若雲非雲, 郁郁紛紛, 蕭索輪囷.」是謂慶雲. 慶雲卽卿雲. 祥和之氣也. 歌疑不出於三代, 或亦僞託.

4.《僞古文尙書》〈五子之歌〉

鬱陶乎予心, 顔厚有忸怩.

5.〈離騷〉(屈原)

名余曰正則兮, 字余曰靈均.

〈車馬紋〉漢代 磚刻 貴州 赫章縣 출토

[上序-3]

한漢나라 이릉李陵에 이르러 비로소 오언시라는 편목이 나타났다.
고시古詩는 묘막眇邈하여 작자나 시대를 알기는 매우 어렵다. 그 문체를
추측하건대 진실로 한漢나라 시대에 제작된 것이지 주周나라 쇠퇴기에
창성昌盛한 것은 아니다.

逮漢李陵, 始著五言之目矣. 古詩眇邈, 人世難詳, 推其
文體, 固是炎漢之製, 非衰周之倡也.

【李陵】이릉의 〈與蘇武詩三首〉를 五言詩의 시발로 본 것임. 025참조.
【古詩】〈古詩十九首〉를 가리킴. 001참조.
【眇邈】아득함. 杳邈과 같음. 쌍성연면어.

참고 및 관련 자료

1. 《文章緣起》
五言詩創於漢騎都尉李陵與蘇武詩.

2.《詩式》(皎然)

五言周時已見濫觴, 及乎成篇, 則始于李陵・蘇武.

3.《文心雕龍》明詩篇

古詩佳麗, 或稱枚叔, 孤竹一篇, 則傅毅之辭, 比采而推, 兩漢之作乎!

4.《文鏡祕府論》

古詩以諷興爲宗, 直而不俗, 麗而不朽, 格高而詞溫, 語近而意遠, 情浮於語, 偶象則發, 不以力制, 故皆合於語而生自然.

5.《詩藪》(胡應麟)

古詩十九首, 並逸姓名, 獨玉臺新詠取西北有高樓八首題枚乘, 差可據. 以諸篇氣法例之, 槩當爲乘作. 然鍾嶸詩品, 已謂王揚枚馬, 吟詠靡聞, 文選文心. 亦無明指. 不知玉臺何從得之, 至雙闕兩宮語, 誠類東京, 而凜凜歲云暮, 孟冬寒氣至, 客從遠方來, 冉冉孤生竹. 玉臺皆別錄, 則他篇非乘作明矣, 宜昭明通係之于古也.

〈車馬紋〉漢代 畫像磚

왕포王襃, 양웅揚雄, 매승枚乘, 사마상여司馬相如 등으로부터 사부詞賦가 다투어 흥상興爽하였으나 시가(詩歌, 吟詠)가 지어졌다는 소리는 듣지 못하였다.

그러다가 이릉(李陵, 李都尉)으로부터 반희(班姬, 班婕妤)에 이르도록 거의 일백 년 동안 부인의 시(班婕妤)와 이릉 한 사람뿐이었다. 시인의 풍모는 이렇게 갑작스러울 정도로 끊어져 버린 것이다. 동한東漢 시대 이백 년 동안도 오직 반고班固의 〈영사詠史〉시 한 편만 있었을 뿐이었다. 그나마 질박하기만 할 뿐 문채도 없었다.

自王·揚·枚·馬之徒, 詞賦競爽, 而吟詠靡聞. 從李都尉 迄班婕妤, 將百年間, 有婦人焉, 一人而已. 詩人之風, 頓已 缺喪, 東京二百載中, 惟有班固詠史, 質木無文.

【王揚枚馬】王襃, 揚雄, 枚乘, 司馬相如를 가리킴.
【李都尉】李陵(025) 漢 武帝때 騎都尉를 지냄.
【班婕妤】班姬(026) 漢 武帝때의 첩여. 첩여는 한나라 때 女官名. 倢伃로도 씀.

【東京】東漢을 가리킴. 한나라 때 西漢의 長安은 西京, 東漢의 洛陽은 東京으로 불렀음. 東漢은 光武帝(劉秀) 建武 元年(25)부터 獻帝 延康 元年(220)까지 195년간임.《帝王世紀》에「漢高帝都長安, 光武帝都洛陽, 是以時人謂洛陽爲東京, 長安爲西京」이라 함.

【班固】반고(034)의 〈詠史詩〉는《文選》권36 〈第秀才文〉의 주를 볼 것.

참고 및 관련 자료

1.《漢書》藝文志 詩賦略

枚乘賦九篇, 司馬相如賦二十九篇, 王褒賦十六篇, 枚皋賦百二十篇, 揚雄賦十二篇, 是詞賦競爽也.

揚雄(楊雄).《三才圖會》

2.《漢書》禮樂志

以李延年爲協律都尉, 多擧司馬相如等數十人造爲詩賦, 畧論律呂, 以合八音之調, 行十九章之歌. 則郊祀歌, 卽司馬諸人詩也. 又漢書佞幸李延年傳, 延年善歌, 爲新變聲. 是時上方興天地諸祠, 欲造樂, 令司馬相如等作詩頌, 延年輒承意弦歌, 所造詩謂之新聲曲, 亦相如有詩之證也.

3.《詩源辨體》(許學夷)

班固五言詠史一篇, 則過於質直.

4.《漢書》何武傳

宣帝時, 天下和平, 益州刺史使辯士王褒頌漢德, 作中和樂職宣布詩三篇, 是褒亦擅詩也.

[上序-5]

건안建安에 이르러 조공曹公 부자父子가 이러한 시문학을 독실히 좋아
하였고, 조식曹植과 조표曹彪 형제는 우뚝하게 문학의 대들보가 되었다.
그리고 유정劉楨, 왕찬王粲이 그들의 날개 역할을 하였다. 게다가 그 아래로
반룡탁봉攀龍託鳳처럼 스스로 나서서 그들을 따르던 이들은 거의 백百으로
헤아릴 만큼 많았다. 그들의 빈빈彬彬한 풍성함이 그 시대의 문학을 크게
비축備蓄하였던 셈이다.

降及建安, 曹公父子, 篤好斯文; 平原兄弟, 鬱爲文棟. 劉楨·
王粲, 爲其羽翼. 次有攀龍託鳳, 自致於屬車者, 蓋將百計.
彬彬之盛, 大備於時矣.

【建安】東漢 마지막 황제인 獻帝의 연호(196~219) 曹氏父子들이 실권을 쥐고
  있을 때였음.
【曹公父子】曹操(035), 曹丕(014), 曹植(004), 혹은 曹操와 曹丕를 가리킨다고도 함.
【斯文】원래는 禮樂制度. 여기서는 文學을 지칭함.《論語》子罕篇에「天之
  將喪斯文也, 後死者不得與於斯文也」라 함.

【平原兄弟】조식이 平原侯에 봉해져 부른 이름. 여기서는 曹植과 그 아우 白馬王 曹彪(036)를 가리킴.

【劉楨】⇒005

【王粲】⇒006

【彬彬】문채가 빛남.《論語》雍也篇에「文質彬彬, 然後君子」라 함.

참고 및 관련 자료

1.《宋書》謝靈運傳 論

至于建安, 曹氏基命, 三祖陳王, 咸蓄盛藻.

2.《文心雕龍》時序篇

建安之末, 區宇方輯, 魏武以相王之尊, 雅愛詩章. 文帝以副君之重, 妙善辭賦. 陳思以公子之豪, 下筆琳瑯, 並體貌英逸, 故俊才雲蒸. 仲宣委質於漢南, 孔璋歸命於河北, 偉長從宦於青土, 公幹徇質於海隅, 德璉綜其斐然之思, 元瑜展其翩翩之樂. 是曹氏父子, 鬱爲文棟, 而多羽翼也.

3.《文心雕龍》明詩篇

文帝陳思, 縱轡以騁節.

4.《文心雕龍》才略篇

魏文之才, 洋洋清綺, 舊談抑之, 謂去植千里, 然子建思捷而才儁, 詩麗而表逸, 子桓慮詳而力緩, 故不競於先鳴. 而樂府清越, 典論辯要, 迭用短長, 亦無懵焉. 但俗情抑揚, 雷同一響, 遂令文帝以位尊減才, 思王以勢窘益價, 未爲篤論也.

5.《薑齋詩話》(王夫之)

建立門庭, 自建安始. 曹子建鋪排整飾, 立階級以賺人昇堂, 用此致諸趨赴之客, 容易成立, 伸紙揮毫, 雷同一律.

6.《詩藪》(胡應麟)

魏文兄弟, 崛起建安. 努力前規.

7.《藝概》(劉熙載) 詩概

曹公詩氣雄力堅, 足以籠罩一切. 建安諸子, 未有其匹也.

그 후 다시 천천히 쇠퇴의 길로 들어서서 진晉나라 때까지 이르고
말았다. 태강太康 연간에는 삼장三張, 이륙二陸, 양반兩潘, 일좌一左가 발연히
부흥하여 전대前代 제왕帝王을 잇게 되었다. 이로써 건안建安 풍류가
사라지지 않았으니 역시 문장의 중흥中興이라 할 수 있다.

爾後陵遲衰微, 迄於有晉. 太康中, 三張·二陸·兩潘·
一左, 勃爾復興, 踵武前王, 風流未沬, 亦文章之中興也.

【陵遲】 천천히, 느리다는 뜻.
【太康】 晉 武帝의 연호. 280~289년간.
【三張】 張載(038), 張協(010). 張亢. 일설에는 張載, 張協, 張華(016)를 지칭
한다고 함.
【二陸】 陸機(008), 陸雲(019)
【兩潘】 潘岳(009)과 潘尼(017)
【一左】 左思(011)
【前王】 建安 시대의 曹氏 父子들 가리킴
【未沬】 沬은 끝나다의 뜻. 屈原 〈離騷〉「芬至今猶未沬」의 王逸 주에「沬,
已也」라 함.

1.《詩品注》(汪中)

晉書張載傳曰: 弟協·協弟亢·時人謂載協亢, 陸機雲, 曰二陸三張. 兩潘, 潘岳·潘尼也. 晉書岳傳, 附有從子尼傳. 一左左思也.

2.《文心雕龍》明詩篇

晉時羣才·稍入輕綺, 張潘左陸, 比肩詩衢. 采縟於正始, 力柔於建安, 或析文以爲妙, 惑流靡以自妍.

〈荷花影圖〉齊白石

[上序-7]

영가永嘉 때에는 황로술黃老術을 귀히 여겨 차츰 허담虛談을 숭상하게 되었다. 이 때의 문장들은 이치理致가 그 문사文辭를 앞질러 담담하기만 할 뿐 맛은 적었다. 강표江表로 옮겨온 후에도 그 희미한 여파가 여전히 이어졌다.

손작孫綽, 허순許詢, 환온桓溫, 유량庾亮 등 여러 사람의 시는 모두가 평전平典하며 마치 모두가 〈도덕론道德論〉과 같아 건안풍골建安風骨은 사라지고 말았다.

永嘉時, 貴黃老, 稍尙虛談. 于時篇什, 理過其辭, 淡乎寡味. 爰及江表, 微波尙傳. 孫綽·許詢·桓·庾諸公, 詩皆平典似道德論, 建安風力盡矣.

【永嘉】晉 懷帝의 연호. 307~313년.
【黃老】黃帝와 老子. 道家를 지칭하는 말. 黃老術은 그 학술.
【虛談】玄虛妙談. 위진 시대 玄學. 淸談. 談理說玄. 위진 시대의 이러한 玄學의
  영향으로 玄理詩가 흥성함.

【江表】「長江之外」라는 뜻으로 江南. 즉 東晉이 建康(지금의 南京)에 수도를
 정해 동진시대를 江左, 江表, 江南이라 부름.
【孫綽】⇒039.
【許詢】⇒039.
【桓庾】桓溫과 庾亮. 일설에는 桓偉와 庾蘊을 지칭한다고도 함.
【道德論】魏나라 때 何晏이 지은 글. 道家의 哲理를 밝힌 글. 지금은 전하지
 않음.《世說新語》文學篇 참조.
【建安風骨】建安風力. 건안 시대의 慷慨悲凉한 情調의 표현.

참고 및 관련 자료

1.《宋書》謝靈運傳論

有晉中興, 玄風獨振. 振學窮於柱下, 博物止乎七篇, 馳騁文辭, 義殫乎此. 自建
武迄乎義熙, 歷載將百, 雖綴響聯辭, 波屬雲委, 莫不寄言上德, 託意玄珠, 遒麗
之辭, 無聞焉爾, 仲文始革孫許之風, 叔源大變太元之體.

2.《文心雕龍》明時篇

江左篇製, 溺乎玄風. 袁孫以下, 雖各有雕采, 而辭趣一揆, 莫與爭雄. 所以景
純仙篇, 挺拔而爲峻矣.

3.《南齊書》文學傳論

江左風味, 盛道家之言, 郭璞擧其靈變, 許詢極其名理, 仲文玄氣, 猶不盡除,
謝混淸新, 得名未盛.

4.《世說新語》文學篇

何平叔注老子始成, 詣王輔嗣, 見王注精奇, 迺神伏曰:「若斯人可與論天人之
際矣.」因以所注爲道德二論.

5.《三國志》魏志 曹眞傳

何晏少以才秀知名, 好老莊言, 作道德論.

6.《藝槪》(劉熙載)

陶謝用理語, 各有勝境, 鍾嶸詩品稱孫綽許詢桓庾諸公, 詩皆平典似道德論,
此由乏理趣耳. 夫豈尙理之過哉?

[上序-8]

앞서 곽경순(郭景純, 郭璞)은 뛰어난 재주를 가지고 그 체제를 변화시켰고, 유월석(劉越石, 劉琨)은 청강한 기氣로써 그 아름다움을 찬성贊成하였다. 그러나 피중아과彼衆我寡하여 그 분위기를 능히 변화시키지는 못하였다.

의희義熙 연간에 이르러 사익수(謝益壽, 謝琨)가 비연斐然한 문장으로 이를 이었고, 원가元嘉 연간에는 사령운謝靈運이 나타났다. 사령운은 재주도 높고 문장도 풍성하여 그 부렴富艶함은 따를 자가 없었다. 진실로 유곤, 곽박을 포함하면서 뛰어넘었고, 반악潘岳, 좌사左思도 넘어설 정도였다.

이로써 보건대 진사왕은 건안建安의 호걸이요, 유공간(劉公幹, 劉楨), 왕중선(王仲宣, 王粲)은 그를 보좌한 것이다. 또한 육기陸機는 태강太康의 영걸로서 반안인(潘安仁, 潘岳), 장경양(張景陽, 張協)이 그를 보좌한 것이다.

그리고 사객(謝客, 謝靈運)은 원가元嘉의 영웅으로 안연년顔延年이 그의 보좌였던 셈이다. 이는 모두 오언시에 있어서 관면冠冕과 같은 우두머리들로 문사로 그 시대를 명명命할 만한 이들이다.

先是郭景純用儁上之才, 變創其體; 劉越石仗淸剛之氣, 贊成厥美. 然彼衆我寡, 未能動俗. 逮義熙中, 謝益壽斐然

繼作. 元嘉中, 有謝靈運, 才高詞盛, 富艷難蹤, 固已含跨
劉‧郭, 陵轢潘‧左. 故知陳思爲建安之傑, 公幹‧仲宣爲輔;
陸機爲太康之英, 安仁‧景陽爲輔; 謝客爲元嘉之雄, 顏延年
爲輔. 斯皆五言之冠冕, 文詞之命世也.

【郭景純】郭璞(021). 자가 景純임. 〈遊仙詩〉로 유명함.

【劉越石】劉琨(020). 자가 越石임.

【彼衆我寡】상대는 많고 내편은 적음. 彼는 永嘉以來의 玄言詩, 我는 郭璞,
　劉琨의 淸剛한 시를 뜻함.

【義熙】東晉 安帝의 연호. 405~418년.

【謝益壽】謝混(026). 자는 叔源. 어릴 때의 자는 益壽.

【元嘉】南朝 宋文帝의 연호. 424~453년.

【謝靈運】南朝 宋 元嘉 때의 山水詩人(012). 어릴 때 이름은 客兒.

【潘左】潘岳(009)과 左思(011).

【陳思王】曹植(004), 東阿王, 東王, 思王 등으로 불림. 시호는 思.

【公幹】劉公幹. 劉楨(005).

【仲宣】王粲(006).

【陸機】⇒008.

【安仁】潘岳(009).

【景陽】張協(010).

【謝客】謝靈運(012).

【顏延年】顏延之(025). 자는 延年.

참고 및 관련 자료

1.《文心雕龍》才略篇
景純艷逸, 足冠中興, 郊賦旣穆木以大觀, 仙詩亦飄飄而凌雲矣. ……劉琨
雅壯而多風.

2.《文心雕龍》明詩篇

江左篇製, 溺乎玄風, 嗤笑徇務之志, 崇盛亡機之談. 袁孫已下, 雖各有雕采, 而辭趣一揆, 莫與爭雄, 所以景純仙篇, 挺拔而爲俊矣.

3.《詩源辨體》(許學夷)

鍾嶸云: 永嘉詩貴黃老, 至劉越石仗清剛之氣, 贊成厥美云云, 此論甚詳. 余考永嘉以後, 傳者絕少, 故不能備述, 但劉越石前與潘陸同時, 今謂永嘉以後, 景純變創, 越石贊成, 則失考矣.

4.《藝概》(劉熙載) 詩概

劉越石詩定亂扶衰之志, 郭景純詩除殘去穢之情. 第以沈剛儷上目之, 殆猶未覘厥蘊.

5.《文心雕龍》明詩篇

宋初文詠, 體有因革, 莊老告退, 而山水方滋. ……儷采百字之偶, 爭價一句之奇, 情必極貌以寫物, 辭必窮力而追新.

6.《宋書》謝靈運傳

靈運博覽羣書, 文章之美, 江左莫逮. 論曰: 爰逮宋氏, 顏謝騰聲, 靈運之興會標擧, 延年之體裁明密, 並方軌前秀, 垂範後昆.

〈牧馬圖〉 甘肅 嘉峪關 戈壁灘 魏晉古墓 磚畫 1972

[上序-9]

　　무릇 사언시四言詩는, 문자는 간약簡約하고 뜻은 넓어 풍소風騷를 본받은
것으로, 곧 많은 소득이 있었던 체제였다. 그러나 매번 문자의 번잡에
고심하였으면서도 내용은 간단하다. 그 때문에 세상에 이 사언시를 배우
려는 자들이 드물다.

　　오언시五言詩는 문사文詞 중에 아주 중요한 자리를 차지하고 있어, 여러
시체詩體 중에 가장 자미滋味를 갖게 하는 체제이다. 그 때문에 유속流俗에
빠지기 쉬운 면도 있다. 그러나 어찌 사물이나 형상을 표현해내며 정물
情物을 궁사窮寫하는 데에 이 오언시가 가장 상절詳切한 시체라 아니 할
수 있겠는가?

　　夫四言, 文約意廣, 取效風騷, 便可多得. 每苦文繁而意少,
故世罕習焉. 五言居文詞之要, 是衆作之有滋味者也. 故云
會於流俗. 豈不以指事造形, 窮情寫物, 最爲詳切者耶?

【簡約】四言詩인《詩經》과 〈離騷〉의 문장이 간단하고 함축되어 있음을 뜻함.
【風騷】《詩經》의 國風과 〈離騷〉를 지칭하는 말.
【文詞之要】陸機의 〈文賦〉에 「立片言而居要, 乃一篇之警策」이라 함.

【滋味】 재미. 興을 뜻함. ⇒ 해당 부분 참고.

【窮寫】 끝까지 사실대로 묘사함.

┌─────────────────┐
│ 참고 및 관련 자료 │
└─────────────────┘

1.《文心雕龍》聲律篇

吟詠滋味, 流於字句.

2.《顏氏家訓》文章篇

至於陶冶性靈, 入其滋味, 亦樂事也.

〈他日相呼圖〉齊白石

그러므로 시詩에는 삼의三義가 있으니, 첫째가 흥興이요, 둘째가 비比, 셋째가 부賦이다. 문장이 이미 갖출 것을 다 갖추고도 그 시의詩意에 여유까지 있는 것이 흥이요, 물건에 의탁하여 뜻을 비유하는 것이 비이며, 그 일을 직접 써서 말을 빌려 사물을 표현해 내는 것이 부이다. 이러한 삼의를 널리 펴서 창작하여 응용하고 다시 풍력風力을 줄기로 삼고, 단채丹彩를 윤색하여 그것이 지극한 경지에 이르도록 하면 듣는 자가 감동하리니, 이것이 시의 지극한 경지이다. 다만 오로지 비흥比興에만 매달리면 뜻이 너무 깊어지는 병폐를 낳게 되고, 뜻이 너무 깊어지면 그 표현 어휘가 뒤뚱거리게 된다. 또한 부체賦體에만 전념하면 뜻이 들뜰 염려가 있다. 뜻이 너무 들뜨면 문장이 산만해지고, 진지함이 없는 놀이처럼 되어 쉽게 흘러 변질된다. 그렇게 되면 그 글이 어디 머무를 수 없이 떠다녀 무만蕪漫한 폐단을 낳고 만다.

故詩有三義焉; 一曰興, 二曰比, 三曰賦. 文已盡而意有餘, 興也; 因物喩志, 比也; 直書其事, 寓言寫物, 賦也. 宏斯三義, 酌而用之, 幹之以風力, 潤之以丹采, 使味之者無極, 聞之者動心, 是詩之至也. 若專用比興, 則患在意深, 意深則詞躓.

若但用賦體, 則患在意浮. 意浮則文散, 嬉成流移, 文無止泊, 有蕪漫之累矣.

【三義】六義 중의 賦, 比, 興을 내세운 것. 〈毛詩序〉에 「故詩有六義焉: 一曰風, 二曰賦, 三曰比, 四曰興, 五曰雅, 六曰頌」이라 함.
【風力】여기서는 文氣를 뜻함.
【丹彩】丹靑彩色. 여기서는 文彩를 뜻함.
【蕪漫】散漫함. 쌍성연면어.

참고 및 관련 자료

1.《文心雕龍》比興篇
比者, 附也. 興者, 起也. 附理者, 切柳以指事. 起情者, 依微以擬義. 興之託諭, 婉而成章, 稱名也小, 取類也大. 比蓋寫物以附意, 颺言以切事者也.

2.《藝槪》(劉熙載)
風詩中賦事, 往往兼寓比興之意. 鍾嶸詩品所由竟以寓言寫物爲賦也. 賦兼比興, 則言外之實事, 寫言外之重旨. 故古之君子, 上下交際, 不必有言也, 以賦相示而已. 不然, 賦物必此物, 其爲用也幾何?

〈車馬紋〉漢代 畫像磚

이를테면 봄바람, 봄새[春風春鳥], 가을 달, 가을 매미[秋月秋蟬], 여름 구름, 더운 비[夏雲暑雨], 겨울 달, 큰 추위[冬月祁寒]의 이 네 계절의 기후는 시인의 촉감을 불러일으키는 것들이다. 좋은 잔치에 서로 시를 주고받아 친함을 표시하고, 무리에서 떠나면서 슬픔을 시에다 의탁한다.

초楚나라 신하 굴원屈原이 쫓겨나고, 왕소군王昭君이 한궁漢宮을 이별하며, 더러는 해골이 저 북방의 황야에서 마구 나뒹굴기도 하며, 또는 그 혼백이 쑥다발 흩날리듯 쫓기며, 또는 창을 멘 채 변방 수戍자리 지키기도 하여 전쟁의 살기殺氣 속에 전장에서 다투기도 한다. 변새의 외로운 몸에 홑옷으로 견디고, 그 아내는 과부가 되어 규방에서 눈물로 지새운다. 그런가 하면 선비가 차고 다니던 인수印綬를 하루아침에 풀어놓고 조정에서 쫓겨나서 한 번 떠나고는 돌아올 생각도 아니한다. 여인들은 눈썹을 치켜그려 총애를 위해 뛰어들고 두 번 눈웃음쳐서 나라를 엎어놓기도 한다.

무릇 이러한 갖가지 일들은 심령心靈을 감탕感蕩시키니 시로써 펼쳐내지 않으면 그 무엇으로 펴 보이겠는가? 또 노래로 길게 뽑지 않으면 그 무엇으로 그 정회情懷를 실어보낼 수 있겠는가? 따라서 "시는 가히 무리지을 수 있고, 또 가히 슬픔을 드러낼 수도 있다"*라 한 것이다. 궁하고 천해도 마음을 편히 해주고, 유폐된 삶에도 고민을 덜어낼 수 있는 것으로 시보다 더 뛰어난 것은 없으리라.

若乃春風春鳥, 秋月秋蟬, 夏雲暑雨, 冬月祁寒, 斯四候之感諸詩者也. 嘉會寄詩以親, 離群託詩以怨. 至於楚臣去境, 漢妾辭宮; 或骨橫朔野, 或魂逐飛蓬; 或負戈外戍, 殺氣雄邊; 塞客衣單, 孀閨淚盡; 或士有解佩出朝, 一去忘返; 女有揚蛾入寵, 再盼傾國. 凡斯種種, 感蕩心靈, 非陳詩何以展其義; 非長歌何以騁其情? 故曰:「詩可以群, 可以怨」使窮賤易安, 幽居靡悶, 莫尙於詩矣.

【祁寒】큰 추위. 祁는 大의 뜻.

【四候】四季.

【嘉會】좋은 만남. 혹은 훌륭한 잔치. 李陵의 〈與蘇賦詩三首〉에 「嘉會難再遇, 三載爲千秋」라함.

【屈原】굴원이 放逐당한 일. 《史記》 屈原列傳 참조.

【王昭君】王嬙. 흉노에게 시집간 한나라 宮女. 《漢書》 文帝紀, 《西京雜記》, 《歷代名畫記》 등에 그의 고사가 실려 있음.

【骨橫朔野】해골이 북쪽들에 마구 뒹굴고 있음. 王粲(ㅇㅇ)의 〈七哀詩〉에 「出門無所見, 白骨蔽平原」이라 함.

【飛蓬】흩날리는 쑥대. 曹植(ㅇㅇ)의 〈雜詩三首〉第二首에 「轉蓬離本根, 飄搖隨長風」이라 하였고, 〈贈白馬王彪〉의 第五首에 「孤魂翔故城, 靈柩寄京師」라 함.

【外戍】변방의 戍役. 〈古樂府〉에 「十五從軍行, 八十始得歸」라 함.

【傾國】漢武帝 李夫人의 이야기. 그의 오빠인 李延年이 부른 노래. ⇒참고

【揚蛾】여인의 눈썹. 총애를 받기 위해 아름답게 꾸밈.

*《論語》陽貨篇의 구절. 「子曰: 小子何莫學夫詩? 詩可以興, 可以觀, 可以羣, 可以怨」이라 함.

1. 《文心雕龍》物色篇

春秋代序, 陰陽慘舒, 物色之動, 心亦搖焉. 蓋陽氣萌而玄駒步, 陰律凝而丹鳥羞,
微蟲猶或入感, 四時之動物深矣. ……獻歲發春, 悅豫之情暢. 滔滔孟夏, 鬱陶
之心凝. 天高氣淸, 陰沈之志遠. 霰雪無垠, 衿肅之慮深. 歲有其物, 物有其容.
情以物遷, 辭以情發. 一葉且或迎意, 蟲聲有足引心. 況淸風與明月同夜, 白日
與春林共朝哉?

2. 《詩品注》(汪中)

離羣, 則蘇李之詩. 楚臣宜爲屈子. 漢妾殆謂王昭君. 骨魂朔野, 則如陳琳飲馬
長城窟行, 君不見長城下, 死人骸骨相撑拄. 陳王吁嗟篇, 吁嗟此轉蓬, 居世何
獨然, 則猶魂逐飛蓬也. 負戈外戍, 則十五從軍行所賦. 殺氣雄邊, 則水深激激,
蒲葦冥冥, 梟騎戰鬪死, 駑馬徘徊鳴之歌也. 塞客衣單, 樂府豔歌行, 故衣誰當補,
新衣誰當綻盡之矣, 孀閨淚盡, 十九首之垂涕霑雙扉也.

3. 《漢書》外戚傳

李夫人兄延年, 侍上起舞. 歌曰:「北方有佳人, 絶世而獨立, 一顧傾人城, 再顧
傾人國, 寧不知傾國與傾城, 佳人難再得.」

〈車馬紋〉漢代 磚刻 貴州 赫章縣 출토

그러므로 사인詞人, 작가作家에게 애호愛好의 감정을 느끼지 않는 대상이란 없다. 지금 선비들의 풍속은 이러한 풍기가 더욱 치열하다. 겨우 옷을 입기 시작한 어린아이이며 겨우 소학小學에 갈 정도일지라도 즐겨 이를 좇아 뛰어간다.

이에 용렬한 음률에 잡다한 문체를 가지고 사람마다 각각 자기 얼굴로 삼고 있다. 이는 결국 부잣집 자제들로 하여금 글을 제대로 지어내지 못하면 치욕이 될 것이라 여겨 아침부터 종일토록 고치고 다듬으며 밤 시간도 아껴 읊고 읽게 시킨다. 그리고는 자기 혼자 볼 때는 경책警策이라 감탄하지만 여럿이 보고 나서는 평둔平鈍하다고 논한다.

그보다 더 낮은 경박輕薄한 무리들은 조식曹植과 유정劉楨의 시를 고졸古拙하다 비웃고, 포조鮑照를 희황상인羲皇上人이라고 추켜세우고 사조謝朓는 고금의 독보라 여긴다.

그러면서 포조를 스승으로 여기면서도 끝내 "한낮 시장과 조정에 사람이 가득하네:(日中市朝滿)" 같은 구절은 지어내지도 못하고 사조를 배운다면서도 "꾀꼬리는 푸른 가지를 넘어가네:(黃鳥度青枝)"와 같은 구절에는 한참 미치지 못하고 만다. 이에 할 수 없이 고명한 그들을 좇아가기를 포기한 채 결국 문단에 발을 들여놓지 못하게 된다.

故詞人作者, 罔不愛好. 今之士俗, 斯風熾矣. 纔能勝衣,
甫就小學, 必甘心而馳騖焉. 於是庸音雜體, 各各爲容. 至使
膏腴子弟, 恥文不逮, 終朝點綴, 分夜呻吟. 獨觀謂爲警策,
衆覩終淪平鈍. 次有輕薄之徒, 笑曹·劉爲古拙, 謂鮑照
義皇上人, 謝朓今古獨步. 而師鮑照, 終不及「日中市朝滿」;
學謝朓, 劣得「黃鳥度青枝」. 徒自棄於高聽, 無涉於文流矣.

【小學】兒童之學.《漢書》食貨志에「八歲入小學, 學六甲五方書計之事」라 함.
【膏腴子弟】부잣집 자제를 말함.
【警策】원래는 말이 채찍을 맞고 悚動함을 나타내는 말. 引伸하여 文章이
　精煉하고 詞義가 深妙함을 뜻함.
【曹劉】曹植(004)과 劉楨(005).
【鮑照】明遠(028). 남조 宋의 유명한 시인.
【義皇上人】고대 伏羲氏를 가리키는 말. 上人은 최고 통치자. 뒤에 佛僧을
　上人이라 불렀음.
【謝朓】자는 玄暉. 南朝 齊나라의 유명한 시인(029).
【日中市朝滿】포조 〈代結客少年場行〉의 구절.

> ### 참고 및 관련 자료

1.《詩藪》(胡應麟)
建安首稱曹劉, 陳王精金粹璧, 無施不可, 公幹才偏氣過詞.

2.《群書札記》(朱亦棟)
古樂府玉階怨. 謝朓云:「夕殿下珠簾, 流螢飛復息. 長夜縫羅衣, 思君此何極?」
虞炎云:「紫藤拂花樹, 黃鳥度青枝, 思君一歎息, 苦淚應言垂.」以謝較虞,
優劣見矣.

왕공과 진신지사縉紳之士들을 보건대 매번 박식한 토론을 벌일 때에 어찌 시는 화제거리로도 여기지 않는가? 그리고 도리어 자신들의 기욕嗜欲만 중시하고 그 상각商榷조차 다르다.

치수淄水와 민수澠水가 함께 뒤섞이고 붉은 색, 자주색이 서로 쟁탈하며 시끄러운 토론이 다투어 일어나되 그 준적準的에는 근거도 없다.

근래 팽성彭城 유사장(劉士章, 劉繪)은 준상지사俊賞之士로서 이러한 효란淆亂을 병폐로 여겨 당시에 《시품詩品》을 저술, 그 표방標榜을 입으로 진술하였으나 글로는 완성하지 못하였다. 나는 이러한 저작에 감동을 받았다. 옛날에 사람을 구품九品으로 논한 예가 있고 《칠략七略》에도 각 선비들의 글을 구분하여 품제品第와 실제 사실을 맞추어 놓았으나 그리 합당하지는 못하였다. 시에 이르러서는 각종 기교가 있어 비교만 해보면 곧바로알 수 있다. 이를 유추하여 보면 마치 장기, 바둑에서 지고 이김이 그대로결정되는 것과 같다.

觀王公縉紳之士, 每博論之餘, 何嘗不以詩爲口實? 隨其嗜欲, 商榷不同, 淄澠並汎, 朱紫相奪, 喧議競起, 準的無依.

近彭城劉士章, 俊賞之士, 疾其淆亂, 欲爲當世詩品, 口陳
標榜. 其文未遂, 感而作焉. 昔九品論人, 七略裁士, 校以
賓實, 誠多未値. 至若詩之爲技, 較爾可知. 以類推之,
殆均博弈.

【縉紳之士】搢紳으로도 쓰며 搢은 꽂다, 紳은 허리띠. 즉 笏을 잡고 허리띠를
띤 고관이라는 뜻. 《晉書》典服志에 「所謂縉紳之士者, 挿笏而垂紳帶者也」
라 함.

【商榷】헤아림. 商은 商量. 榷(推)은 되나 말로 쌀을 될 때의 밀대, 혹은 대략
살피다의 뜻. 《廣雅》에 「商, 度也. 推, 蠡룩也. 商度其蠡룩也」라 함.

【淄澠】淄水와 澠水. 둘 모두 山東省의 물이름. 서로 맛이 달라 합쳐놓으면
구분할 수 없다는 뜻. 淄는 菑로도 씀. 《淮南子》道應訓에 「孔子曰: 菑澠之
水合, 易牙嘗而知之」라 하였고 《列子》仲尼篇에 「口將爽者, 先辨淄澠」이라
하고 張湛의 주에 「淄水出魯郡萊蕪縣, 淄水西自北海郡千乘縣界. 流至壽光縣,
二水相合」이라 하였음.

【朱紫相奪】朱는 正色. 紫는 間色. 간색이 정색을 침범함을 뜻함. 《論語》
陽貨篇에 「子曰: 惡紫之奪朱也; 惡鄭聲之亂雅樂也, 惡利口之覆邦家者」
라 함.

【劉士章】劉繪(054), 彭城 출신. 팽성은 지금의 江蘇省 銅山縣.

【九品】東漢 이후 人物이나 여러 가지 평론에 흔히 아홉 등급으로 品評함.
즉 上上, 上中, 上下, 中上, 中中, 中下, 下上, 下中, 下下. 班固의 《漢書》
古今表에도 역시 9등급으로 나눔.

【七略】劉向이 여러 서적을 교감하다가 마치지 못하자 그 아들 劉歆이 이를
완성, 《七略》으로 정리하여 나라에 바침. 즉, 輯略, 六藝略, 諸子略, 詩賦略,
兵書略, 術數略, 方技略. 班固는 이를 바탕으로 〈藝文志〉를 씀. 《漢書》
藝文志 序 참조.

【博弈】賻奕[賻弈]으로도 쓰며 고대의 六博과 棋奕. 《論語》陽貨篇에 「不有
博奕者乎?」라 함.

1.《顔氏家訓》文章篇

今世相承, 趨末棄本, 率多浮艶, 辭與理競, 辭勝而理伏, 事與才爭, 事繁而才損.
放逸者, 流宕而忘歸. 穿鑿者, 補綴而不足.

2.《漢書》劉向傳

子歆典領五經, 卒父前業. 總羣書而奏其七畧.

3.《文心雕龍》統術篇

是以執術馭篇, 似善奕之窮數.

〈漁人圖〉 明 戴進(그림)

　지금의 황제(梁 武帝, 蕭衍)께서는 태어나면서 앎이 있으신 상재上才의 자품資品을 갖추신 분으로, 능히 심오유미深奧幽微한 사유思惟를 체득하시고, 그 문장은 해와 달이 밝게 빛남과 같으며, 그 감상의 능력은 천인天人의 도리를 다하신 분이다. 옛날에 이미 귀족자제들과 교유하시면서 문장의 으뜸으로 칭함을 받았었다.

　하물며 팔굉八紘을 통일하셨고, 바람이 따르듯, 구름이 일 듯 보좌들이 모여들어, 옥을 쥔 자들이 어깨를 나란히 하고 구슬을 쥔 자가 발걸음이 닳도록 모여들고 있다.＊ 진실로 한漢·위魏를 내려다보고 뒤돌아볼 생각을 아니해도 되며, 진晉·송宋을 모두 가슴 속에 삼키고 있다. 이처럼 나의 평론은 농부의 노래나 마부의 의론 정도를 두고 감히 유별流別하는 것이 아님을 이해해주기 바란다. 나 종영鍾嶸의 지금 이 기록이 향리鄕里에까지 두루 퍼져 모두 담소談笑거리로 여겨지기를 바란다.

　方今皇帝, 資生知之上才, 體沈鬱之幽思, 文麗日月, 賞究天人. 昔在貴遊, 已爲稱首. 況八紘旣奄, 風靡雲蒸. 抱玉者聯肩, 握珠者踵武. 以睎漢魏而不顧, 吞晉宋於胸中. 諒非農歌轅議, 敢致流別. 嶸之今錄, 庶周旋於閭里, 均之於談笑耳.

【今皇帝】梁 武帝 蕭衍을 가리킴. 南朝 梁의 첫임금. 502~549 재위.

【生知】《論語》季氏篇에「孔子曰: 生而知之者上也; 學而知之者次也; 困而
學之, 又其次也; 困而不學, 民斯爲下矣!」라 함.

【文麗日月】《周易》離卦에「日月麗乎天, 百谷草木麗乎土」라 함.

【八紘】八方. 천하를 뜻함.《淮南子》原道訓 注에「八紘, 天之八維也」라 함.

＊ 曹植의〈與楊德祖書〉에「人人自謂握靈蛇之珠, 家家自謂抱荊山之玉」이라 함.

참고 및 관련 자료

1.《詩品注》(汪中)

今皇帝謂梁武帝蕭衍. 齊竟陵王開西邸, 招文學, 帝與沈約·謝朓·王融·蕭琛·
范雲·任昉, 陸倕並遊. 號曰八友.

2.《南史》袁俊傳

武帝雅好文辭, 賦詩獻文, 必於闕者相望焉.

3.《梁書》권49 鍾嶸傳에 실린《詩品序》는 이곳까지 게재되어 있음.

〈風俗圖〉漢 畫像磚

001(上-1) 古詩
고시

고시古詩는, 시체詩體가 국풍國風에서 그 근원을 두고 나왔다. 육기陸機가 의고擬古로 지은 14 수가 있다. 문사文詞가 온후하고 유려하며 의경意境은 비절하고 심원하다. 읽어보면 가슴이 저리고 혼백이 감동하여 가히 일자 천금一字千金이라 할 만하다.

그 외에 "떠난 자는 날이 갈수록 소원해지네;(去者日以疏)"등 45 수는 비록 그 애원함이 사람을 감동시키지만 그 내용은 자못 총잡總雜하여 옛날에는 이것이 건안建安시대의 조식曹植이나 왕찬王粲이 지은 것이 아닌가 의심하기도 하였다. "손님이 먼데서 와서;(客從遠方來)"나 "귤과 유자가 꽃, 열매를 늘어뜨렸네;(橘柚垂華實)"도 역시 놀람을 금할 수 없다. 그 시를 쓴 사람이나 시대를 알 길이 없으되 그 맑은 소리는 홀로 이토록 멀리까지 이어졌으니 감탄스럽도다!

古詩, 其體源出於國風. 陸機所擬十四首, 文溫以麗, 意悲而遠, 驚心動魄, 可謂幾乎一字千金. 其外,「去者日以疏」四十五首, 雖多哀怨, 頗爲總雜. 舊疑是建安中, 曹·王所製.「客從遠方來」·「橘柚垂華實」, 亦爲驚絶矣. 人代冥滅, 而清音獨遠, 悲夫!

【國風】《詩經》은 체제에 따라 風, 雅, 頌으로 나뉘며, 그중 風은 15개 나라의 風謠, 즉 民謠이다. 민간에서 나왔기 때문에 자연스럽고 質朴하다는 뜻이다.

【陸機】上品 008 참조.

【擬古】육기의 〈擬古詩〉는《昭明文選》30권에 12수가 들어 있으며 여기서 14수라 한 것은 〈古詩十九首〉注에 14수를 근거로 〈擬古詩〉를 지었다는 뜻으로 해석된다.

【一字千金】원래는 呂不韋가《呂氏春秋》를 완성한 후 咸陽에 「능히 한 자라도 增刪할 수 있는 부분을 발견한 자에게는 천금을 주겠다」라 공언한 사건에서 유래된 말. 매우 가치가 높음을 말함.

【去者日以疏】〈古詩十九首〉 중 제 14수.

【45수】구체적인 근거를 알 수 없음.

【總雜】총괄적이고 잡다함.

【建安】漢末 獻帝의 연호(196～220). 曹操·曹丕·曹植 및 建安七子가 활동하던 시기. 여기서는 〈古詩〉가 이 시대 曹植·王粲 등이 지은 것이 아닌가 의심을 나타낸 말.

【客從遠方來】〈古詩十九首〉 중의 제 18수.《玉臺新詠》권1에 실려 있는 시와 차이가 있다. 참고란을 볼 것.

【橘柚垂華實】이는 〈古詩十九首〉에 들어 있지 않으며《全漢詩》권3에 수록되어 있다.

참고 및 관련 자료

1. 古詩와 〈古詩十九首〉

이는 漢代 無名氏의 작품으로 五言詩의 典範이며 제목도 없다. 대부분 抒情詩이며 독특한 표현방법과 예술특성을 가지고 있다. 이 고시는 梁代까지 상당히 많은 편수가 유전되었을 것으로 보이나 지금은 30여 수만이 전해진다. 그 중 蕭統의《文選》에 19수가 수록되면서 흔히 〈古詩十九首〉라 칭해졌으며 그밖에 徐陵의《玉臺新詠》에 8수와 枚乘의 〈雜詩〉라 하여 9수가 실려 있다. 아주 아름답고 質朴하며 完整하여 「天衣無縫」이라는 評語로 설명하기도 한다.

2. 古詩

1) 行行中行行(제1수)

行行中行行, 與君生別離.
相去萬餘里, 各在天一涯.
道路阻且長, 會面安可知.
胡馬依北風, 越鳥巢南枝.
相去日已遠, 衣帶日已緩.
浮雲蔽白日, 游子不顧返.
思君令人老, 歲月忽已晚.
棄捐勿復道, 努力加餐飯.

2) 去者日以疏 (제14수)

去者日以疏, 來者日以親.
出郭文直視, 但見丘與墳.
古墓犁爲田, 松柏摧爲薪.
白楊多悲風, 蕭蕭愁殺人.
思還故里閭, 欲歸道無因.

3) 客從遠方來 (제18수)

客從遠方來, 遺我一端綺.
相去萬餘里, 故人心尙爾.
文彩雙駕鴦, 裁爲合歡被.
著以長相思, 緣以結不解.
以膠投漆中, 誰能別離此.

4) 客從遠方來 (《玉臺新詠》권1)

孟冬寒氣至, 北風何慘慄.
愁多知夜長, 仰觀衆星列.
三五明月滿, 四五蟾兎缺.
客從遠方來, 遺我一書札.
上言長相思, 下言久離別.
置書懷袖中, 三歲字不滅.
一心抱區區, 懼君不識察.

5) 橘柚垂華實 (《全漢詩》권3)

橘柚垂華實, 乃在深山側.

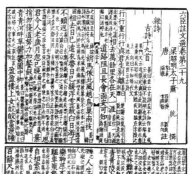

《문선》에 실린 〈古詩十九首〉

聞君好我甘, 竊獨自彫飾.

委身玉盤中, 歷年冀見食.

芳菲不相投, 青黃忽改色.

人儻欲我知, 因君爲羽翼.

3. 《文心雕龍》明詩篇

古詩佳麗, 或稱枚叔. 其孤竹一篇, 則傅毅之詞. 比采而推, 兩漢之作乎?

4. 《詩品》序(003)

古詩眇邈, 人世難詳. 推其文體, 固是炎漢之制, 非衰周之昌也.

5. 《古詩源》(淸, 沈德潛)

大率逐臣棄婦, 朋友闊絶, 死生新故之感, 或寓言, 或顯言, 反復低回, 抑揚不盡.
使讀者悲感無端, 油然善入.

6. 《藝圃擷餘》(明. 王世懋)

漢魏五言, 源於國風, 而本乎情. 故多托物興寄, 體制玲瓏, 爲千古五言之宗.
……古詩十九首, 鍾嶸謂: 「其體源出於國風」, 劉勰謂: 「宛轉附物, 怊悵切情」,
是也.

7. 《詩藪》內篇 권2(明. 胡應麟)

◎ 擬十九首, 自士衡諸作, 語已不倫.

◎ 古詩軌轍殊多, 大要不過二格; 以平和·渾厚·悲愴·婉麗爲宗者. ……有以
高閑·曠逸·淸遠·玄妙爲宗者.

◎ 詩之難, 其十九首乎! 畜神奇於溫厚, 寓感愴於和平; 意愈淺愈深, 詞愈近
愈遠.

8. 《法言》吾子篇 (漢, 揚雄)

詩人之賦, 麗以則; 詞人之賦, 麗以淫.

002(上-2) 漢都尉李陵詩
한 도위 이릉의 시

한漢나라 도위都尉 이릉李陵의 시는 초사楚辭에 그 근원을 두고 나온 것이다. 문장은 주로 처참하고 원망하는 것이 주류이다. 이릉은 명가의 자제로 특이한 재능이 있었으며, 생애와 운명이 순탄하지 못하여 그 명성名聲이 무너지고 몸도 망치게 되었다.* 이릉으로 하여금 고생을 겪지 않게 하였더라면 그 문장이 어찌 능히 이런 지경에 올랐겠는가?

漢都尉李陵詩, 其源出於楚辭. 文多悽愴, 怨者之流. 陵, 名家子, 有殊才, 生命不諧, 聲頹身喪. 使陵不遭辛苦, 其文亦何能至此?

【都尉】 벼슬 이름. 李陵이 騎都尉를 역임함.
【楚辭】 離騷體의 총칭. 屈原, 宋玉, 景差 등 초나라 辭賦. 주로 비탄과 불우한 遭遇 등을 뜻하기도 함.
【殊才】 특수한 재능을 가진 재인.
＊이릉이 匈奴에 패하여 고통을 당한 사건.

1. 이릉(李陵: ?)

자는 少卿, 漢나라 명장인 李廣의 손자이며 騎都尉가 되어 天漢 연간에 보병 5천을 거느리고 흉노를 치러 나섰으나 흉노에게 항복함. 흉노가 그를 右校王에 봉하자 한나라 조정에서 降將이라 여겨 의견이 분분하였음. 司馬遷이 이를 변호하다가 宮刑을 당한 사건으로 유명함. 그의 시 〈與蘇武詩〉 3수가 《昭明文選》에 실려 있으나 뒷사람들은 僞作이라 보고 있음. 《漢書》 권54 李陵傳 및 《史記》 권109 李將軍列傳 등 참조.

2. 〈與蘇武詩〉 3수(《文選》 권29)

(其一)

良詩不再至, 離別在須臾.
屏營衢路側, 執手野踟蹰.
仰視浮雲馳, 奄忽互相踰.
風波一失所, 各在天一隅.
長當從此別, 且復立斯須.
欲因晨風發, 送子以賤軀.

(其二)

喜會難再遇, 三載爲千秋.
臨河濯長纓, 念子悵悠悠.
遠望悲風至, 對酒不能酬.
行人懷往路, 何以慰我愁.
獨有盈觴酒, 與子結綢繆.

(其三)

攜手上河梁, 遊子暮何之?
徘徊蹊路側, 悢悢不得辭.
行人難久留, 各言長相思.
安知非日月, 弦望自有時.
努力崇明德, 皓首以爲期.

3. 《漢書》 권54 李陵傳

李陵, 子少卿, 少時爲侍中建章監. 善射, 愛人. 降匈奴, 爲右校王, 病死.

4.《文心雕龍》明詩篇

成帝品錄, 三百餘篇, ……而詞人遺翰, 莫見五言, 所以李陵·班婕妤見疑於後代也.

5.《詩源辯體》제3권51條(明, 許學夷)

左氏傳子長不及見, 漢書所載而史記有弗詳者, 正以當時書籍未盡出故耳. 由是言之, 成帝品錄而不及蘇李, 又何疑焉? 東坡嘗謂蘇李之天成, 是矣.

〈高逸圖〉明 董其昌

003(上-3) 漢婕妤班姬詩
한 첩여 반희의 시

　한漢나라 첩여婕妤 반희班姬의 시는 이릉李陵의 시에 그 근원을 두고
있다. 〈단선團扇〉시는 짧은 문장이지만 그 사지詞旨가 청첩淸捷하다. 한은
깊고 문장도 기려하여 보통 필부匹婦의 정치情致를 그대로 보여 주고 있다.
주유侏儒라도 그 일절만 보면 가히 그 공교함을 알아차릴 수 있을 정도
이다.

　漢婕妤班姬詩, 其源出於李陵. 團扇短章, 詞旨淸捷, 怨深
文綺, 得匹婦之致. 侏儒一節, 可以知其工矣.

【婕妤】倢伃로도 쓰며 漢代 後宮 여인의 칭호이며 직함. 혹은 관명으로
　上卿에 해당한다고 함.
【團扇】〈紈扇詩〉. 〈紈素詩〉 등으로도 불리며 《文選》에는 〈怨歌行〉으로,
　《玉臺新詠》에는 〈怨詩〉라 했음. 「團扇」은 둥근 부채라는 뜻.
【淸捷】쌍성연면어. '맑고 민첩하다. 나타내고자 하는 뜻이 뚜렷하고 명확
　하다'의 뜻.
【匹婦】平民婦女. 여기서는 보통여자라면 누구나 느끼는 감정이라는 뜻
　으로 쓰였음. 《論語》 憲問篇에 「豈若匹夫匹婦之爲諒也, 自經於溝瀆而莫之
　知也」라 함.

【侏儒一節】주유는 원래 곱사등이. 당시 속담으로 주유는 한 부분만 보아도 전체 무늬가 어떠한지를 알아낼 수 있다는 뜻임. 桓譚《新論》道賦篇에 「諺曰: 侏儒見一節, 而長短可知. 孔子言擧一隅足以三隅反. 觀吾小時二賦, 亦足以揆其能否」라 함. 한편 楊祖聿의《詩品校注》에는「案: 侏儒, 短小之 人也. 其肢節自短於常人, 故只見其一節, 則其身之長短, 可以完全推知. (節短則 全身短) 此處比喩團扇雖止一短章, 而詩甚工, 可據以知其全部詩之工美矣」라 함.

참고 및 관련 자료

1. 반희(班姬: ?)

西漢 成帝 劉鶩(BC.32~BC.7년 재위)의 妃. 成帝가 즉위하자 後宮에 들어가 처음에는 少使였으나 뒤에 첩여(婕妤)로 승격됨. 그 뒤 成帝가 趙飛燕을 사랑 하자 반희는 사랑을 잃고〈紈扇詩〉를 지었다 하나 뒷사람들은 많은 의심을 나타내고 있음. 내용은 부채(자기 자신을 비유함)가 여름날에는 주인(임금) 곁에 있지만 가을 바람이 불면 옷장에 넣고 다시 찾지 않음을 노래한 것임. 班姬에 대해서는《漢書》권97 外戚傳 참조.

2.〈怨歌行〉(《文選》권27)

　　新裂齊紈素, 皎潔如霜雪.
　　裁爲合歡扇, 團團似明月.
　　出入君懷袖, 動搖微風發.
　　常恐秋節至, 涼風奪炎熱.
　　棄捐篋笥中, 恩情中道絶.

3.《文選》권27.〈怨歌行〉序

怨歌行: 五言, 歌錄曰: 怨歌行, 古辭. 然言古者有此曲, 而班婕妤擬之. 婕妤, 帝初卽位, 選入後宮. 始爲少使, 俄而大幸, 爲婕妤, 居增成舍. 後趙飛燕寵盛, 婕妤失寵, 希復進見. 成帝崩, 婕妤充園陵, 薨.

4.《玉臺新詠》권1. 班婕妤〈怨詩〉序(詩는 앞의《文選》과 같음)

昔漢成帝班婕妤失寵, 供養於長信宮, 乃作賦自傷, 並爲怨詩一首.

5.《文心雕龍》明詩篇

李陵·班婕妤, 見疑於後代.

6.《滄浪詩話》考證(宋, 嚴羽)

班婕妤怨歌行, 文選直作班姬之名. 樂府以爲顏延年作.

7.《樂府詩集》 권42에도 〈怨歌行〉이 실려있음.

8.《漢書》 권97. 外戚傳

孝成班倢伃, 帝初卽位, 選入後宮. 始爲少使. 俄而大幸,
爲倢伃, 倢伃誦詩, 及窈窕德象女師之篇(顏師古注: 皆古
箴戒之書也). 其後, 趙飛然姊弟亦從自微賤興, 踰越禮制,
寢盛於前. 倢伃恐久見危, 求其谷太后長信宮, 上許焉.
倢伃退處東宮, 作賦自傷悼. 成帝崩, 倢伃充奉園陵, 薨,
因葬園中.

9.《隋書》經籍志

漢成帝班婕妤集一卷.

班婕妤怨詩一首幷序
昔漢成帝班婕妤失寵供養於長信宮乃作賦自傷幷爲怨詩一首
新裂齊紈素鮮潔如霜雪裁爲合歡扇團團似明月出入君懷袖動搖微風發
常恐秋節至涼風奪炎熱棄捐篋笥中恩情中道絕

班婕妤의 〈怨詩
(일명 〈紈扇詩〉라고도 함
《옥대신영

위 진사왕 조식의 시

위魏나라 진사왕陳思王 조식曹植의 시는 국풍國風에 그 근원을 두고 나왔다. 골기骨氣가 기고奇高하며 사채詞彩가 화무華茂하다. 그 정취는 아름다움과 원망을 함께 겸하였으며 문체와 바탕이 모두 갖추어져 있다. 고금의 일을 넘치게 밝혀 그 우뚝함을 함께 할 만한 자가 없다. 아! 진사왕은 문장에 있어서의 위치를 비유컨대 인륜에 있어서 주공周公·공자孔子가 있음과 같고, 인우鱗羽의 세계에서는 용봉이 있음과 같으며, 음악에 있어서는 금생琴笙이 있음과 같고, 여공女工에게 보불黼黻이 있음과 같다고 할 수 있다.

너희들 같은 회연연묵懷鉛吮墨의 시인들로 하여금 그 문장을 껴안고 경모토록 하며, 그 남는 빛에 비추어서라도 스스로 촛불로 여기게 한다.

그러므로 공씨孔氏 집안처럼 시詩로써 높낮이를 평가한다면 유공간 (劉公幹, 劉楨)은 승당升堂한 경지이며, 진사왕은 입실入室한 경지로다* 그리고 경양(景陽, 張華), 반악潘岳, 육기陸機는 가히 낭무廊廡에 앉을 만한 경지로다!**

魏陳思王植詩, 其源出於國風. 骨氣奇高, 詞采華茂; 情兼雅怨, 體被文質. 粲溢今古, 卓爾不群. 嗟乎! 陳思之於文章也, 譬人倫之有周·孔, 鱗羽之有龍鳳, 音樂之有琴笙,

女工之有黼黻. 俾爾懷鉛吮墨者, 抱篇章而景慕, 暎餘暉以自燭. 故孔氏之門如用詩, 則公幹升堂, 思王入室, 景陽·潘·陸, 自可坐於廊廡之間矣.

【詞采】詞彩와 같음. 글의 문채.

【華茂】화려하고 풍성함.

【周公】周公 旦. 文王의 아들이며 武王의 아우. 儒家에서 성인으로 여김.

【鱗羽】어류와 조류. 어류로는 龍. 조류로는 鳳이 최고이듯이 曹植을 文章에 있어서 최고라는 뜻.

【琴笙】거문고와 생황. 음악에서의 중요한 악기라는 뜻.

【女工】여자들의 刺繡로의 최고품을 만드는 일에 비유한 것.

【黼黻】고대 예복에서의 花紋. 刺繡로 공을 들여 만들어야 하는 대상이라는 뜻. 보불은 쌍성어.

【爾】너희라고 해석하였으나 여기서는 후세의 시인들을 부르는 인칭대명사.

【懷鉛吮墨】提筆寫作함을 뜻함. 懷鉛은 「石筆을 들다」의 뜻. 吮墨은 「입으로 붓을 빨다(以口吮墨)」, 즉 書寫를 뜻함.

*《論語》先進篇에 「子曰: 由也升堂矣, 未入室也」라 하였고 《漢書》藝文志 詩賦에 「如孔氏之門用賦也, 則賈誼登堂, 相如入室, 如其不用何?」라 한 말이 있음. 즉 登堂入室은 어떤 경지에 있어서의 「造詣의 深淺」을 뜻하는 말로 쓰임.

【廊廡】走廊. 바깥 사랑채.

**내용의 뜻은 曹植이 최고이며 그 다음이 劉楨 그리고 그 다음이 張華·班岳·陸機의 순서라는 의미이다.

◖참고 및 관련 자료◗

1. 조식(曹植: 192~232)

자는 子建. 曹操의 셋째아들이며 曹丕의 아우. 어려서부터 詩文에 뛰어났었음. 조조가 매우 아껴 후계를 삼으려 하자 曹丕의 시기를 받아 〈七步詩〉등의 고사를 남기기도 함. 조비가 漢 獻帝를 폐하고 帝位에 오르자 조식은 더욱 고통을 받게 됨. 조비가 죽고 曹叡가 제위를 잇고 나서도 뜻을 얻지 못하자 일찍 죽음. 그의 시 80여 수와 文章 및 辭賦 40여 편이 남아 있음. 建安作家에게 영향이 가장 컸음. 조식은 일찍이 陳王에 봉해졌고 죽은 후 시호는 思. 그 때문에 「陳思王」으로 불림. 또한 東阿에 봉해진 적이 있어 東阿王으로도 불림.《曹子建集》10권이 전하며《三國志》권19에 傳이 있음.

2. 曹植詩

(1)〈七哀詩〉(《文選》권23)

　　　明月照高樓, 流光正徘徊.
　　　上有愁思婦, 悲歎有餘哀.
　　　借問歎者誰, 言是宕子妻.
　　　君行踰十年, 孤妾常獨棲.
　　　君若淸路塵, 妾若濁水泥.
　　　浮沈各異勢, 會合何時諧.
　　　願爲西南風, 長逝入君懷.
　　　君懷良不開, 賤妾當何依?

(2)〈送應氏〉二首(《文選》권20)

　　(其一)

　　　步登北邙阪, 遙望洛陽山.
　　　洛陽何寂寞, 宮室盡燒焚.
　　　垣墻皆頓擗, 荊棘上參天.
　　　不見舊耆老, 但覩新少年.
　　　側足無行徑, 荒疇不復田.
　　　游子久不歸, 不識陌與阡.
　　　中野何蕭條, 千里無人煙.
　　　念我平常居, 氣結不能言.

　　(其二)

　　　淸時難屢得, 嘉會不可常.
　　　天地無終極, 人命若朝霜.
　　　願得展嬿婉, 我友之朔方.
　　　親昵並集送, 置酒此河陽.
　　　中饋豈獨薄? 賓飮不盡觴.

愛至望苦深, 豈不愧中腸?
山川阻且遠, 別促會日長.
願爲比翼鳥, 施翮飛高翔.

(3)〈贈王粲〉(《文選》권24)
端坐苦愁思, 攬衣起西遊.
樹木發春華, 清池激長流.
中有孤鴛鴦, 哀鳴求匹儔.
我願執此鳥, 惜哉無輕舟.
欲歸忘故道, 顧望但懷愁.
悲風鳴我側, 羲和逝不留.
重陰潤萬物, 何懼澤不周?
誰令君多念, 自使懷百憂.

(4)〈雜詩〉六首(《文選》권29) 二首만 절록함.
(其一)
高臺多悲風, 朝日照北林.
之子在萬里, 江湖迥且深.
方舟安可極? 離思故難任.
孤鴈飛南遊, 過庭長哀吟.
翹思慕遠人, 願欲託遺音.
形影忽不見, 翩翩傷我心.

(其二)
轉蓬離本根, 飄颻隨長風.
何意迴飈舉, 吹我入雲中.
高高上無極, 天路安可窮.
類此遊客子, 捐軀遠從戎.
毛褐不掩形, 薇藿常不充.
去去莫復道, 沈憂令人老.

3.《文心雕龍》明詩篇
建安之初, 五言騰踊, 文帝陳思. 縱轡以騁節.

4.《詩品》序(008. 019)
陳思爲建安之傑, ……文章之聖.

5.《詩式》(唐, 釋皎然)

鄴中七子, 陳王最高.

6.《詩藪》 內篇 卷二(明, 胡應麟)

其才藻宏富, 骨氣雄高, 八斗之稱, 良非溢美.

7.《三國志》魏書 陳思王植傳

陳思王植, 年十餘歲, 誦讀詩論及辭賦數十萬言, 善屬文. 性簡易, 不治威儀,
輿馬服飾, 不尚華麗. 建安十六年封平原侯, 十九年徙封臨菑侯. 太和三年徙
封東阿, 六年以陳四縣封植爲陳王. 發疾薨, 時年四十一. 景初中, 撰錄植前後
所著賦頌詩銘雜論凡百餘篇, 副藏內外.

8.《隋書》 經籍志

魏陳思王曹植集三十卷.

9.《藝苑卮言》（王世貞）

子建之雜詩六首, 可入十九首不能辨也.

10.《歲寒堂詩話》(張戒) 卷上

鍾嶸詩品, 以古詩弟一, 子建次之, 此論誠然. 觀子建「明月照高樓」,「高台多
悲風」,「南國有佳人」,「驚風飄白日」,「謁帝承明廬」等篇, 鏗鏘音節, 抑揚態度,
溫潤清和, 金聲而玉振之. 辭不迫切而意已獨至, 與三百篇異世同律, 此所謂韻
不可及也.

〈車馬紋〉漢代 磚刻 貴州 赫章縣 출토

005(上-5) 漢文學劉楨詩
한 문학 유정의 시

한漢나라 문학文學 유정劉楨의 시는 고시古詩에 그 근원을 두고 나왔다.
그는 특유한 기세에 의지하여 기이한 표출을 보였으며, 세상을 흔들어
놀라게 하였다. 그의 진실된 골격은 서릿발을 능가할 정도의 높은 풍골로
세속을 뛰어넘었다. 다만 그 기세가 오히려 문장을 앞질러 조탁과 윤색은
좀 모자란 것이 흠이다. 그러나 진사왕(陳思王, 曹植)을 제외하고는 오직
유정이 독보적인 존재였다.

漢文學劉楨詩, 其源出於古詩. 仗氣愛奇, 動多振絶, 貞骨
凌霜, 高風跨俗. 但氣過其文, 雕潤恨少. 然自陳思以下, 楨稱
獨步.

【文學】 벼슬 이름.
【仗氣】 氣에 의탁함. 作品의 主旨가 氣에 있음. 謝靈運의 〈擬魏太子鄴中集序〉
　의 小序에 「劉楨卓犖偏人, 而文最有氣, 所得頗經奇」라 함.
【振絶】 세상을 흔들어 놀라게 함. 「驚世駭俗」의 뜻.
【凌霜】 압도하다의 뜻. 「傲霜鬪雪」과 같음.

1. 유정(劉楨: ?~215)

자는 公幹. 東漢末의 저명한 시인으로 孔融, 王粲, 陳琳, 阮瑀, 徐幹, 應瑒과
더불어 「建安七子」로 불림. 漢 獻帝 建安 16년(211), 曹丕가 五官中郎將이
되자 유정은 「文學」으로 발탁됨. 文集 4권이 있었다 하나 전하지 않으며
明代 張溥의 《漢魏百三家集》에 《劉公幹集》 輯佚本이 있음. 建安 20년(215)에
병으로 죽었으며 《三國志》 魏書 卷21에 傳이 있음.

2. 劉楨 詩

(1) 〈贈從弟〉 三首(《文選》 권23)

　　(其一)

　　　汎汎東流水, 磷磷水中石.
　　　蘋藻生其涯, 華紛何優弱?
　　　采之薦宗廟, 可以羞嘉客.
　　　豈無園中葵, 懿此出深澤.

　　(其二)

　　　亭亭山上松, 瑟瑟谷中風.
　　　風聲一何盛? 松枝一何勁?
　　　氷霜正慘愴, 終歲常端正.
　　　豈不羅凝寒, 松柏有本性.

　　(其三)

　　　鳳凰集南嶽, 徘徊孤竹根.
　　　於心有不厭, 奮翅凌紫氛.
　　　豈不常勤苦? 羞與黃雀羣.
　　　何時當來儀? 將須聖明君.

(2) 〈贈徐幹〉(《文選》 권23)

　　　誰謂相去遠? 隔此西掖垣.
　　　拘限淸切禁, 中情無由宣.
　　　思子沈心曲, 長歎不能言.
　　　起坐失次第, 一日三四遷.
　　　步出北寺門, 遙望西苑園.
　　　細柳夾道生, 方塘含淸源.

輕葉隨風轉, 飛鳥何翻翻.
乖人易感動, 涕下與衿連.
仰視白日光, 皦皦高且懸.
兼燭八紘內, 物類無頗偏.
我獨抱深感, 不得與比焉.

(3)〈贈五官中郎將〉4수 (《文選》권23)

(其一)
昔我從元后, 整駕至南鄉.
過彼豐沛都, 與君共翺翔.
四節相推斥, 季冬風且涼.
衆賓會廣坐, 明鐙熺炎光.
清歌製妙聲, 萬舞在中堂.
金罍含甘醴, 羽觴行無方.
長夜忘歸來, 聊且爲大康.
四牡向路馳, 歡悅誠未央.

(其二)
余嬰沈痼疾, 竄身清漳濱.
自夏涉玄冬, 彌曠十餘旬.
常恐遊岱宗, 不復見故人.
所親一何篤? 步趾慰我身.
清談同日夕, 情眄敍憂勤.
便復爲別辭, 遊車歸西鄰.
素葉隨風起, 廣路揚埃塵.
逝者如流水, 哀此遂離分.
追問何時會? 要我以[ ]存.
望慕結不解, 貽爾新詩文.
勉哉脩令德, 北面自寵珍.

(其三)
秋日多悲懷, 感慨以長歎.
終夜不遑寐, 敍意於濡翰.
明鐙曜閨中, 清風淒已寒.
白露塗前庭, 應門重其關.

78 시품

四節相推斥, 歲月忽欲殫.

壯士遠出征, 戎事將獨難.

涕泣灑衣裳, 能不懷所歡?

(其四)

涼風吹沙礫, 霜氣何皚皚.

明月照緹幕, 華燈散炎輝.

賦詩連篇章, 極夜不知歸.

君侯多壯思, 文雅縱橫飛.

小臣信頑魯, 僶俛案能追?

3. 〈與吳質書〉曹丕

公幹有逸氣, 但未遒耳. 其五言詩之善者, 妙絕時人.

4. 〈與楊德祖書〉曹植

公幹振藻於海隅.

5. 《文心雕龍》明詩篇

四言正體, 訓雅潤爲本; 五言流調, 則清麗居宗, ……兼善則子建·仲宣, 偏美則太冲·公幹.

6. 《詩源辯體》卷四(明, 許學夷)

公幹·仲宣, 一時未易憂劣. 鍾嶸以公幹爲勝, 劉勰以仲宣爲憂. 予嘗爲二家品評, 公幹氣勝於才, 仲宣才憂於氣.

7. 《詩藪》卷二(明, 胡應麟)

建安首稱曹·劉.

8. 〈論詩絕句三十首〉二(金, 元好問)

曹·劉坐嘯虎生風, 四海無人角兩雄.

9. 《隋書》經籍志

魏太子文學劉楨集四卷, 注: 錄一卷.

006(上-6) 漢侍中王粲詩
한 시중 왕찬의 시

　　한漢나라 시중侍中 왕찬王粲의 시는 이릉李陵의 시에 그 근원을 두고
나왔다. 초창지사愀愴之詞를 잘 표현하였다. 문채는 뛰어나나 질량은 파리
罷贏하다. 조식曹植과 유정劉楨 중간쯤이며 따로이 한 단계를 구성하고
있다. 진사왕(陳思王, 曹植)에게 비교하면 부족하지만 위문제(魏文帝, 曹丕)에
비하면 남음이 있다.

　　漢侍中王粲詩, 其源出於李陵. 發愀愴之詞, 文秀而質羸.
在曹·劉間, 別構一體. 方陳思不足, 比魏文有餘.

【侍中】 벼슬 이름. 행정관의 최고 책임자.
【愀愴志士】 스스로 感傷을 느끼는 감정의 시구. 愀愴은 쌍성어. 謝靈運의
　〈擬魏太子鄴中集詩〉의 小序에 「家本秦川貴公子孫, 遭亂流寓, 自傷情多」
　라 함.
【罷贏】 지쳐 피곤하고 나약한 상태. 문자의 기세가 약함을 뜻함.

1. 왕찬(王粲: 177~217)

자는 仲宣. 漢末 山陽 高平(지금의 山東省 微山縣) 출신. 젊을 때 蔡邕의 칭찬을 받았으며 17세에 司徒辟, 黃門侍郎이 되기도 했다. 천하가 시끄러워지자 荊州의 劉表에게 의지했다가 유표가 죽자 유표의 아들 劉琮을 설득, 曹操에게 항복하도록 권유했다. 이 일로 조조는 그를 丞相掾으로 삼고 關內侯의 봉호를 주고 軍謀祭酒에 오르게 하였다. 魏나라가 건국되자 드디어 그는 侍中에 올랐으며 建安 22년 조조를 따라 吳나라 정벌에 나섰다가 도중에 죽었다. 왕찬은 博學多識했으며 詩文에 뛰어나 「建安七子」의 제1인자로 꼽힌다. 詩賦論議등 60여 편이 있으며 〈七哀詩〉와 〈登樓賦〉가 가장 유명하다. 《三國志》 권21에 傳이 있다. 그리고 明, 張溥의 《漢魏百三家集》에 《王侍中集》1권이 있다.

2. 〈七哀詩〉 二首(《文選》 권23)

(其一)

西京亂無象, 豺虎方遘患.
復棄中國去, 委身適荊蠻.
親戚對我悲, 朋友相追攀.
出門無所見, 白骨蔽平原.
路有饑婦人, 抱子棄草間.
顧聞號泣聲, 揮涕獨不還.
未知身死處, 何能兩相完?
驅馬棄之去, 不忍聽此言.
南登覇陵岸, 回首望長安.
悟彼下泉人, 喟然傷心肝.

(其二)

荊蠻非我鄉, 何爲久滯淫?
方舟泝大江, 日暮愁我心.
山岡有餘映, 巖阿增重陰.
狐狸馳赴穴, 飛鳥翔故林.
流波激淸響, 猴猨臨岸吟.
迅風拂裳袂, 白露沾衣襟.

獨夜不能寐? 攝衣起撫琴.
絲桐感人情, 爲我發悲音.
羈旅無終極, 憂思壯難任.

3. 〈與吳質書〉(曹丕)
仲宣獨自善於辭賦, 惜其體弱, 不足起其文, 至於所善, 古人無以遠過.

4. 〈與楊德祖書〉(曹植)
仲宣獨步於漢南.

5. 《文心雕龍》才略篇
仲宣溢才, 捷而能密, 文多兼善, 辭少瑕累, 摘其詩賦, 則七子之冠冕乎!

6. 《隋書》經籍志
後漢侍中王粲集十一卷.

〈播種圖〉 漢代 畫像磚 1955 四川 德陽縣 출토

007(上-7) 魏步兵阮籍詩
위 보병 완적의 시

위魏나라 보병步兵 완적阮籍의 시는 〈소아小雅〉에 그 근원을 두고 나왔다. 조충雕蟲의 공력功力은 없다. 그의 〈영회시詠懷詩〉는 성령性靈을 도야하고 유사幽思를 드러낸 것이라 할 수 있다. 언어는 이목耳目에 머물러 있지만 그 정회情懷는 팔황八荒의 밖에 기대어 있다. 드넓음이 풍아風雅에 가까워 그 비근鄙近함을 잊은 채 스스로 원대한 곳에 이르게 하며, 자못 감개지사 感慨之詞가 많다. 요지가 연방淵放하여 취의趣意의 귀결점을 찾기가 어렵다. 안연년顔延年이 완적 시를 주해註解하면서 그 뜻을 충분히 말로 표현해 내지 못하면 어쩌나 하고 걱정을 하였다.

魏步兵阮籍詩, 其源出於小雅. 雖無雕蟲之功, 而詠懷之作, 可以陶性靈·發幽思. 言在耳目之內, 情寄八荒之表, 洋洋乎會於風雅, 使人忘其鄙近, 自致遠大. 頗多感慨之詞. 厥旨淵放, 歸趣難求. 顔延註解, 怯言其志.

【步兵】 벼슬 이름. 阮籍이 步兵校尉를 역임함.
【雕蟲】 字句를 공교하게 다듬다(雕章琢句)의 뜻. 벌레가 나뭇잎을 갉듯이 공교하게 꾸며냄. 원래는 篆刻書法八體의 하나로 小技라는 뜻으로 바뀌었으며

다시 문장기교로 바뀜. 揚雄의 《法言》吾子篇에 「或問: 吾子少而好賦? 曰: 然, 童子雕蟲篆刻. 俄而曰: 壯夫不爲也」라 함.

【詠懷詩】阮籍의 〈詠懷詩〉 82首, 嚴羽의 《滄浪詩話》 詩評 十二에 「黃初之後, 唯阮籍詠懷之作, 極爲最古, 有建安風骨」이라 함.

【八荒】세상 밖. 八方의 荒遠이라는 뜻.

【風雅】《詩經》의 國風과 雅(小雅, 大雅)

【淵放】깊으면서 넓음.

【顏延年】《昭明文選》권23의 阮籍〈詠懷詩〉 17首에 「顏延年, 沈約等注」라 함.

참고 및 관련 자료

1. 완적(阮籍: 210~263)

자는 嗣宗. 三國시대 魏나라 陳留 尉氏(지금의 河南省 尉氏縣) 출신. 「建安七子」의 하나인 阮瑀의 아들. 老莊學에 밝았으며 琴詩書文 모두에 뛰어났던 인물. 放誕과 任情으로 禮俗에 얽매임이 없었으며 嵇康 등과 어울린 「竹林七賢」의 하나. 曹爽의 參軍, 司馬懿 부자의 從事中郎, 散騎常侍, 東平相, 步兵校尉 등을 지냈으며 특히 步兵으로 別號가 알려짐(《世說新語》 참조). 그가 남긴 글로는 〈詠懷詩〉82首 외에 〈豪傑詩〉, 〈達莊論〉, 〈大人先生傳〉 등이 있음. 그에 대한 陳伯君의 《阮籍集校注》가 1987년 出版되었음. 《三國志》권21, 《晉書》권49에 傳이 있음. 그 외에 《世說新語》에 그의 일화가 실려 있음.

阮籍. 南京 西善橋 宮山墓의 畫像

2. 〈詠懷詩〉(《文選》권23에 17首가 실려 있음)

(其一)

　　夜中不能寐, 起坐彈鳴琴.

　　薄帷鑒明月, 淸風吹我襟.

　　孤鴻號外野, 翔鳥鳴北林.

　　徘徊將何見? 憂思獨傷心.

(其二)

　嘉樹下成蹊, 東園桃與李.
　秋風吹飛藿, 零落從此始.
　繁華有憔悴, 堂上生荊杞.
　驅馬舍之去, 去上西山趾.
　一身不自保, 何況戀妻子?
　凝霜被野草, 歲暮亦云已.

(其三)

　平生少年時, 輕薄好絃歌.
　西游咸陽中, 趙李相經過.
　娛樂未終極, 白日忽蹉跎.
　驅馬復來歸, 反顧望三河.
　黃金百鎰盡, 資用常苦多.
　北臨太行道, 失路將如何!

(其四)

　昔聞東陵瓜, 近在青門外.
　連畛距阡陌, 子母相鉤帶.
　五色曜朝日, 嘉賓四面會.
　膏火自煎熬, 多財爲患害.
　布衣可終身, 寵祿豈足賴?

(其五)

　昔年四十五, 志尚好書詩.
　被褐懷珠玉, 顏閔相與期.
　開軒臨四野, 登高望所思.
　丘墓蔽山岡, 萬代同一時.
　千秋萬歲後, 榮名安所之?
　乃悟羨門子, 噭噭今自嗤.

(其六)

　獨坐空堂上, 誰可與歡者?
　出門臨永路, 不見行車馬.
　登高望九州, 悠悠分曠野.
　孤鳥西北飛, 離獸東南下.
　日暮思親友, 晤言用自寫.

3.《晉書》(臧榮緒)

阮籍, 字嗣宗, 陳留尉氏人也. 容貌瑰傑, 志氣宏放. 蔣濟辟爲掾, 後謝病去, 爲尙書郎, 遷步兵校尉, 卒.

4.《文心雕龍》才略篇

使氣以命詩, ……嗣宗倜儻, 故響逸而調遠.

5.《文選》권23〈詠懷詩〉李善 주

顏延年曰: 阮公身事亂朝, 常恐遇禍, 因玆發詠. 故每有憂生之嗟. 雖事在刺譏, 而文多隱避. 百世而下, 難以情測也.

6.《詩源辯體》권4 (明, 許學夷)

托旨太深, 觀者不能盡通其意. 鍾嶸謂其「言在耳目之內, 情奇八荒之表」是也.

7.《義門讀書記》권46 (淸, 何焯)

阮嗣宗詠懷詩, 其源本諸離騷. ……其歸在於魏·晉易代之事, 而其詞旨亦復難以直尋.

8.《詩品注》陳延杰

大槪阮詩源於小雅, 而又以楚騷·莊·列化之, 故自成家也.

9.《漢魏之朝百三家集》顏光祿集題辭(明, 張溥)

玩世如阮籍, 善對如樂廣, 其得功名耆壽, 或非無故也.

10.《隋書》經籍志.

魏步兵校尉阮籍集十卷. 注: 梁十三卷, 錄一卷.

008(上-8) 晉平原相陸機詩
진 평원상 육기의 시

진晉나라 평원상平原相 육기陸機의 시는 진사왕(陳思王, 曹植)에 그 근원을
두고 나왔다. 재주가 높고 어휘가 풍부하여 거론하는 문채마다 화려하고
아름답다. 그의 기백은 유공간(劉公幹, 劉楨)만 못하고 문장은 중선(仲宣, 王粲)에
미치지 못한다. 그는 규구規矩를 중시하고 기착綺錯을 귀히 여기느라 직치
直致의 기묘함을 잃는 일이 없도록 하였다. 그러나 그는 영화英華를 저작
咀嚼함에 있어서는 풍요롭고 기름져서 문장의 연천淵泉을 이루고 있었다.
장화張華가 그의 뛰어난 재능을 감탄한 것은* 진실로 믿을 만하도다.

晉魏平原相陸機詩, 其源出於陳思. 才高辭贍, 擧體華美.
氣少於公幹, 文劣於仲宣. 尚規矩, 不貴綺錯, 有傷直致
之奇, 然其咀嚼英華, 厭飫膏澤, 文章之淵泉也. 張公歎其
大才, 信矣!

【平原相】陸機가 平原(지명)의 相[平原內史]을 지내어 부른 칭호.
【風雅】《詩經》의 國風과 雅(小雅, 大雅)
【綺錯】시가의 표현수법으로 縱橫으로 交錯하여 아름답게 꾸며내는 것.
【直致】眞率表達의 경지.

【咀嚼英華】「좋은 결실과 꽃을 씹어 보다」의 뜻으로 精華한 것을 고루 음미함을 말함.

* 장화(張華)가 칭찬한 내용은 《世說新語》文學篇의 劉孝標 注에 실려 있음.

참고 및 관련 자료

1. 육기(陸機: 261~303)

자는 士衡. 晉나라 吳郡(지금의 江蘇省 蘇州) 출신. 그의 할아버지 陸遜과 아버지 陸抗 모두 삼국시대 吳나라 將相을 지냄. 陸機는 文才가 있었으며 西晉이 吳를 멸하자 10년간을 杜門讀書한 후, 아우 陸雲과 함께 洛陽으로 들어가 권력자들과 사귀어 「二十四友」에 이름이 오름. 뒤에 太子洗馬, 著作郎이 됨. 다시 成都王 司馬穎을 섬겨 平原内史에 임명되어 흔히 「陸平原」이라 불림. 八王之亂때 長沙王을 공격하다가 패하여 동생과 함께 처형됨. 그의 〈文賦〉는 중국문학비평에 있어서 중요한 저작이며 《陸士衡集》이 있음. 《晉書》 54에 傳이 있음.

2. 陸機詩

(1) 〈赴洛道中作〉二首(《文選》 권26)

　　(其一)

　　　　總轡登長路, 嗚咽辭密親.

　　　　借問子何之? 世網嬰我身.

　　　　永歎遵北渚, 遺思結南津.

　　　　行行遂已遠, 野途曠無人.

　　　　山澤紛紆餘, 林薄杳阡眠.

　　　　虎嘯深谷底, 雞鳴高樹巓.

　　　　哀風中夜流, 孤獸更我前.

　　　　悲情解物感, 沈思鬱纏綿.

　　　　佇立望故鄉, 顧影悽自憐.

　　(其二)

　　　　遠遊越山川, 山川脩且廣.

　　　　振策陟崇丘, 案轡遵平莽.

　　　　夕息抱影寐, 朝徂銜思往.

屯轡倚嵩巖, 側聽悲風響.

清露墜素輝, 明月一何朗!

撫几不能寐, 振衣獨長想.

(2)〈長歌行〉《文選》권28

逝矣經天日, 悲哉帶地川.

寸陰無停晷, 尺波豈徒旋.

年往迅勁矢, 時來亮急絃.

遠期鮮克及, 盈數固希全.

容華夙夜零, 體澤坐自捐.

茲物苟難停, 吾壽安得延?

俛仰逝將過, 倐忽幾何間.

慷慨亦焉訴, 天道良自然.

但恨功名薄, 竹帛無所宣.

迨及歲未暮, 長歌承我閑.

(3)〈猛虎行〉《文選》권28

渴不飲盜泉水, 熱不息惡木陰.

惡木豈無枝? 志士多苦心.

整駕肅時命, 杖策將遠尋.

飢食猛虎窟, 寒棲野雀林.

日歸功未建, 時往歲載陰.

崇雲臨岸駭, 鳴條隨風吟.

靜言幽谷底, 長嘯高山岑.

急絃無懦響, 亮節難爲音.

人生誠未易, 曷云開此衿?

眷我耿介懷, 俯仰愧古今.

3.《文心調龍》才略篇

陸機才欲窺深, 詞務索廣. 故思能入巧, 而不制繁.

4.《滄浪詩話》詩評 十二

晉人舍淘淵明・阮嗣宗外, 唯左太沖高出一時, 陸士衡獨在諸公之下.

5.《詩藪》外篇 卷二

鍾記室以士衡爲晉代之英, 嚴滄浪以士衡獨在諸公之下, 二語雖各舉所知,

咸自有謂. 學者精心體味, 兩得其說乃佳.

6.《詩源辯體》卷五「可謂探麗得珠」

陸士衡五言, 體雖漸入俳偶. 語雖漸入彫刻, 其古體猶有存者.

7.《詩源辯體》권5 第八條

士衡樂府五言, 體制聲調與子建相類.

8.《義門讀記》권47

陸士衡樂府數詩, 沈着痛快, 可以直追曹・王.

9.《義門讀書記》권46

鋪陳整贍, 實開顔光祿之先. 鍾嶸品第顔詩, 以爲其源出於陸機, 是也. 然士衡較爲遒秀.

10.《世說新語》文學篇 劉孝標 주《文士博》

機善屬文, 司空張華見其文章. 篇篇稱善, 猶譏其作文太冶, 謂曰: 人之作文, 患於不才, 至子爲文, 乃患太多也.

11.《晉書》陸機傳

人之爲文, 常恨才少, 而子更患其多.

12.《隋書》經籍志

晉平原內史陸機集十四卷. 注: 梁四十七卷, 錄一卷, 亡.

〈耙田圖〉 甘肅 嘉峪關 魏晉古墓 6호 磚畫 1972

진 황문시랑 반악의 시

진晉나라 황문시랑黃門侍郞 반악潘岳의 시는 그 근원이 중선(仲宣, 王粲)에서
나왔다. 이충李充의 《한림론翰林論》에서는 그의 시풍을 두고 "훨훨 날기가
마치 나는 새에 우모羽毛가 있는 것 같고 의복에 초곡綃縠이 있는 것 같다"*
라고 찬탄하였다. 그러나 육기陸機보다는 얕다. 사혼謝混은 이렇게 말하였다.
"반악의 시는 그 찬란함이 마치 비단을 펴놓은 것 같아 아름답지 않은
데가 없고, 육기의 글은 마치 모래를 헤쳐 금을 찾는 것 같아 자주 보물을
만나게 된다."

그러나 내 의견으로는 "익수(益壽, 謝混)는 자신의 시가 가볍고 화려하여
그 때문에 반악을 높이 본 것이며, 《한림론》의 독론篤論도 그 때문에
육기의 문장을 깊다고 찬탄한 것"이라 여긴다. 나는 늘 이렇게 말해왔다.
"육기의 재능이 바다와 같다면 반악의 재능은 강과 같다."

晉黃門侍郞潘岳詩, 其源出於仲宣. 翰林歎其「翩翩然如
翔禽之有羽毛, 衣服之有綃縠」猶淺於陸機. 謝混云:「潘詩
爛若舒錦, 無處不佳; 陸文如披沙簡金, 往王見寶」嶸謂:
「益壽輕華, 故以潘爲勝; 翰林篤論, 故歎陸爲深」余嘗言:
「陸才如海, 潘才如江」

【黃門侍郎】 벼슬 이름.

【翰林論】 晉나라 李充이 지은 5권. 책은 지금 傳하지 않음.

【綺縠】 비단의 文彩. 여기서는 文章의 아름다움을 비유한 것.

＊ 唐, 徐堅의 《初學記》에 《翰林論》을 引用하여 「潘安仁之爲文也, 猶翔禽之羽毛; 衣被之綺縠」이라 함.

【篤論】 《翰林論》의 편명인 듯 하나 구체적으로는 알 수 없음.

참고 및 관련 자료

1. 반악(潘岳: 247~300)

자는 安仁, 晉나라때 榮陽 中牟(지금의 河南省 鶴壁縣)출신 琅邪內史 潘芘의 아들. 어려서 文才가 있어 奇童이라 불렸음. 처음 河陽令이 되어 그곳에 桃李를 심은 일로 널리 알려졌으며, 뒤를 이어 黃門侍郎이 되어 「潘黃門」이라 불림. 「二十四友」의 하나로 趙王 司馬倫이 제위를 찬탈하자 中書令 孫秀가 반악이 모반을 꾀한다고 誣告하여 三族이 멸족당하는 화를 입음. 반악은 詩賦에 뛰어났으며 특히 哀誄의 글에 특징을 보임. 〈悼亡詩〉, 〈馬汧督誄〉, 〈哀永逝文〉 등이 가장 유명함. 《晉書》 권55에 傳이 있음. 明나라 張溥가 輯佚한 《潘黃文集》이 있음.

2. 〈悼亡詩〉 二首 (《文選》 권23)

(其一)

荏苒冬春謝, 寒暑忽流易.

之子歸窮泉, 重壤永幽隔.

私懷誰克從, 淹留亦何益?

僶俛恭朝命, 廻心反初役.

望廬思其人, 入室想所歷.

帷屏無髣髴, 翰墨有餘跡.

流芳未及歇, 遺挂猶在壁.

悵怳如或存, 周遑忡驚惕.

如彼翰林鳥, 雙栖一朝隻.

如彼遊川魚, 比目中路析.

春風緣隙來, 晨霤承檐滴.

寢息何時忘, 沈憂日盛積.
庶幾有時衰, 莊缶猶可擊.
(其二)

皎皎窗中月, 照我室南端.
清商應秋至, 溽暑隨節闌.
凜凜涼風升, 始覺夏衾單.
豈曰無重纊, 誰與同歲寒?
歲寒無與同, 朗月何朧朧.
展轉眄枕席, 長簟竟牀空.
牀空委清塵, 室虛來悲風.
獨無李氏靈, 髣髴覩爾容.
撫衿長歎息, 不覺涕霑胸.
霑胸安能已? 悲懷從中起.
寢興目存形, 遺音猶在耳.
上慙東門吳, 下愧蒙莊子.
賦詩欲言志, 此志難具紀.
命也可奈何! 長戚自令鄙.
(其三)

曜靈運天機, 四節代遷逝.
淒淒朝露凝, 烈烈夕風厲.
奈何悼淑儷, 儀容永潛翳.
念此如昨日, 誰知已卒歲.
改服從朝政, 哀心寄私制.
茵幬張故房, 朔望臨爾祭.
爾祭詎幾時, 朔望忽復盡.
衾裳一毀撤, 千載不復引.
亹亹朞月周, 戚戚彌相愍.
悲懷感物來, 泣涕應情隕.
駕言陟東阜, 望墳思紆軫.
徘徊墟墓間, 欲去復不忍.
徘徊不忍去, 徙倚步踟躕.
落葉委埏側, 枯荄帶墳隅.

孤魂獨煢煢, 安知靈與無?
投心遵朝命, 揮涕强就車.
誰謂帝宮遠? 路極悲有餘.

3. 《詩藪》外篇 卷二

潘·陸俱詞勝者也. 陸之才富, 而潘氣稍雄也.

4. 《世說新語》文學篇

孫興公云:「潘文爛若披錦, 無處不善;陸文若排沙簡金, 往往見寶.」

5. 《晉書》潘岳傳

史臣曰: 機文喩海, 韞蓬山而育蕪;岳藻如江, 濯美錦而增絢.

6. 《隋書》經籍志

晉黃門郎潘岳集十卷.

7. 《漁洋詩話》

潘岳宜在中品.

漢代 畫像石〈車馬紋〉

010(上-10) 晉黃門侍郎張協詩
진 황문시랑 장협의 시

　　진晉나라 황문시랑黃門侍郎 장협張協의 시는 왕찬王粲에 그 근원을 두고
나왔다. 그의 문체는 밝고 깨끗하며 병루病累가 적다. 또한 공교한 구성은
표현한 말과 그 대상의 모습이 똑같을 정도이다. 반악潘岳보다 웅혼하며
태충太冲보다 미려靡麗하다. 풍류가 있고 두루 달통하여 실로 절세絶世의
고수高手라 할 만하다. 그리고 문채도 총천蔥蒨하고 음운音韻도 갱장鏗鏘
하여 사람들로 하여금 미미亹亹하고 지칠 줄 모르고 그 맛에 반하게 한다.

　　晉黃門侍郎張協詩, 其源出於王粲. 文體華淨, 少病累.
又巧構形似之言. 雄於潘岳, 靡於太冲. 風流調達, 實曠代
之高手. 詞采蔥蒨, 音韻鏗鏘, 使人味之亹亹不倦.

【黃門侍郎】 장협이 황문시랑을 역임하여 부른 칭호.
【病累】 시가의 규율을 위반함.
【雄渾】 기개가 뛰어남.
【太冲】 左思를 가리킴. 太冲은 左思의 字.
【靡麗】 文彩가 繁盛함.
【曠代】 絶代. 「시대를 뛰어넘다」의 뜻.

【蔥蒨】푸르고 무성함. 쌍성연면어.

【鏗鏘】쟁쟁함. 첩운어.

【亹亹】매우 근면한 모습. 《詩經》大雅 棫鰲에「亹亹文王, 令聞不已」라 함.

참고 및 관련 자료

1. 장협(張協: ?~307?)

자는 景陽. 西晉 安平人. 公府掾, 秘書郎, 華陽令 등을 거쳐 司馬穎의 從事
中郎·中書侍郎을 지냄. 永嘉 초에 黃門侍郎을 제수받았으나 병으로 나가지
못하고 집에서 죽음. 그는 형 張載와 아우 張亢 등과 西晉의 「三張」이라
칭해짐. 그의 시는 지금 10여 수가 전하며 《隋書》 經籍志에 문집 4권이
저록되어 있으나 모두 失傳되었고 明, 張溥가 집록한 《漢魏六朝百三家集》에
《張孟陽·景陽集》이 있음. 《晉書》 권55에 傳이 있음. 《文選》에는 〈詠史〉
(권21), 〈雜詩〉 10수(권29), 〈七命〉(권35)이 실려 있음.

2. 〈雜詩〉(《文選》 권29)

(其一)

秋夜凉風起, 清氣蕩暄濁.

蜻蛚吟階下, 飛蛾拂明燭.

君子從遠役, 佳人守煢獨.

離居幾何時, 鑽燧忽改木.

房櫳無行跡, 庭草萋以綠.

青苔依空牆, 蜘蛛網四屋.

感物多所懷, 沈憂結心曲.

(其二)

大火流坤維, 白日馳西陸.

浮陽映翠林, 迴飈扇綠竹.

飛雨灑朝蘭, 輕露棲叢菊.

龍蟄暄氣凝, 天高萬物肅.

弱條不重結, 芳蕤豈再稷.

人生瀛海內, 忽如鳥過目.

川上之歎逝, 前脩以自勗.

(其三)

　　金風扇素節, 丹霞啓陰期.
　　騰雲似涌煙, 密雨如散絲.
　　寒花發黄采, 秋草含綠滋.
　　閑居玩萬物, 離羣戀所思.
　　案無蕭氏牘, 庭無貢公綦.
　　高尙遺王侯, 道積自成基.
　　至人不嬰物, 餘風足染時.

(其四)

　　朝霞迎白日, 丹氣臨湯谷.
　　翳翳結繁雲, 森森散雨足.
　　輕風摧勁草, 凝霜竦高木.
　　密葉日夜疎, 叢林森如束.
　　疇昔歡時遲, 晚節悲年促.
　　歲暮懷百憂, 將從季主卜.

(其五)

　　昔我資章甫, 聊以適諸越.
　　行行入幽荒, 歐駱從祝髮.
　　窮年非所用, 此貨將安設?
　　瓴甋夸璵璠, 魚目笑明月.
　　不見郢中歌, 能否居然別?
　　陽春無和者, 巴人皆下節.
　　流俗多昏迷, 此理誰能察!

3. 《詩品》序(006)

太康中, 三張二陸, 兩班一左, 勃爾俱興, 踵武前王, 風流未沫, 亦文章之中
興也.

4. 《晉書》권55 張協傳

於時天下已亂, 所在寇盜, 協遂棄絕人事, 屏居草澤, 守道不競, 以屬詠自娛.

5. 《義門讀書記》권47

胸次之高, 言語之妙, 景陽與元亮之在兩晉, 蓋猶長康·啓明之麗天矣. ……詩家
煉字琢句始於景陽, 而極於鮑明遠.

6.《文心雕龍》才略篇

孟陽·景陽才綺而相埒, 可謂魯衛之政, 兄弟之文也.

7.《漢魏六朝百三家集題辭》張孟陽景陽集

景陽文稍讓兄, 而詩獨勁出, 與張齊驅, 詩文之間, 互有短長.

8.《文選》권21

張景陽. 臧榮緒晉書曰: 張載字景陽, 載弟也. 兄弟並仕道不競, 以屬詠自娛. 少辟公府, 後爲黃門侍郎. 河間之亂, 遂絶人事, 終於家.

9.《隋書》經籍志

晉黃門郎張協集三卷, 注: 梁四卷, 錄一卷.

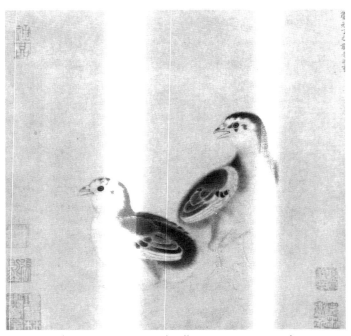

〈鷄雛待飼圖〉宋 李迪(그림) 臺北故宮博物館 소장

011(上-11) 晉記室左思詩
진 기실 좌사의 시

　진晉나라 기실記室 좌사左思의 시는 공간(公幹, 劉楨)에 그 근원을 두고 나왔다.* 문사가 전정典正하면서 함축이 있다. 자못 정밀하고 절실하며 풍유諷諭의 정치情致를 체득體得하고 있다. 비록 육기陸機보다는 세련됨이 적지만 반악潘岳보다는 깊다. 사강락(謝康樂, 謝靈運)은 일찍이 이렇게 평하였다. "좌태충(左太冲, 左思)의 시와 반안인(潘安仁, 潘岳)의 시는 고금 이래로 비교할 대상이 없을 정도로 독특하다."

　晉記室左思詩, 其源出於公幹. 文典以怨, 頗爲精切, 得諷諭之致. 雖野於陸機, 而深於潘岳. 謝康樂常言:「左太冲詩, 潘安仁詩, 古今難比.」

【記室】 벼슬 이름. 公府의 문서를 관장하는 직책.
＊ 淸, 劉熙載의 《藝槪》 詩槪에 「劉公幹·左太冲, 壯而不悲」라 하였음.
【文典而怨】 典은 典正하다의 뜻. 顔之推의 《顔氏家訓》 文章篇에 「吾家世文章, 甚爲典正, 不從流俗」이라 하였음. 「怨」은 「온」으로 읽으며 「蘊」과 같음. 蘊藉 하다의 뜻. 함축미가 있음을 말함. 《荀子》 哀公篇에 「富有天下而無怨財」의 注에 「怨讀爲蘊. 言雖有天下, 而無蘊畜私財也」라 함.

【野】세련되지 못함.《論語》□□篇에「質勝文則野, 文□質則史. 文質彬彬, 然後君子」라 함.

참고 및 관련 자료

1. 좌사(左思: 250?~305?)

자는 太冲. 晉나라 臨淄(지금의 山東省 淄博市) 출신. 秘書郎을 지냈으며, 용모가 심히 추하였고 말까지 더듬었으나 博學能文하여 많은 칭송을 받았음. 張華에게 발탁되어 祭酒가 되었으며, 다시 齊나라에 들어가자 齊王(司馬冏)이 그를 記室로 임명하였으나 이에 응하지 않았다고 함. 그 뒤 다시 賈謐이 비서로 추천하였으나 가밀이 주살되자 귀향하여 10년 만에 〈三都賦〉를 완성. 낙양 사람들이 이를 베끼기 위하여 낙양의 종이값이 올랐다는「洛陽紙高」의 고사를 낳음. 그의 시는 지금 14수가 전하며, 〈詠史詩〉8수가 가장 널리 알려짐. 원래 문집이 있었으나 지금은 전하지 않으며 뒷사람이 집일한《左太冲集》이 있음.《晉書》권40에 傳이 있음.

2. 〈詠史詩〉(《文選》권21)

(其一)

弱冠弄柔翰, 卓犖觀羣書.
著論準過秦, 作賦擬子虛.
邊城苦鳴鏑, 羽檄飛京都.
雖非甲冑士, 疇昔覽穰苴.
長嘯激淸風, 志若無東吳.
鉛刀貴一割, 夢想騁良圖.
左眄澄江湘, 右眄定羌胡.
功成不受爵, 長揖歸田廬.

(其二)

鬱鬱澗底松, 離離山上苗.
以彼徑寸莖, 蔭此百尺條.
世冑躡高位, 英俊沈下僚.
地勢使之然, 由來非一朝.

金張藉舊業, 七葉珥漢貂.
馮公豈不偉, 白首不見招.
(其三)
吾希段干木, 偃息藩魏君.
吾慕魯仲連, 談笑却秦軍.
當世貴不羈, 遭難能解紛.
功成恥受賞, 高節卓不羣.
臨組不肯緤, 對珪寧肯分.
連璽曜前庭, 比之猶浮雲.
(其四)
濟濟京城內, 赫赫王侯居.
冠蓋蔭四術, 朱輪竟長衢.
朝集金張館, 暮宿許史廬.
南鄰擊鐘磬, 北里吹笙竽.
寂寂揚子宅, 門無卿相輿.
寥寥空宇中, 所講在玄虛.
言論集宣尼, 辭賦擬相如.
悠悠百世後, 英名擅八區.
(其五)
皓天舒白日, 靈景耀神州.
列宅紫宮裏, 飛宇若雲浮.
峨峨高門內, 藹藹皆王侯.
自非攀龍客, 何爲欻來游.
被褐出閶闔, 高步追許由.
振衣千仞岡, 濯足萬里流.
(其六)
荊軻飲燕市, 酒酣氣益震.
哀歌和漸離, 謂若傍無人.
雖無壯士節, 與世亦殊倫.
高眄邈四海, 豪右何足陳.
貴者雖自貴, 視之若埃塵.
賤者雖自賤, 重之若千鈞.

(其七)

主父宦不達, 骨肉還相薄.

買臣困樵採, 伉儷不安宅.

陳平無産業, 歸來翳負郭.

長卿還成都, 壁立何寥廓.

四賢豈不偉, 遺烈光篇籍.

當其未遇時, 憂在塡溝壑.

英雄有迍邅, 由來自古昔.

何世無奇才, 遺之在草澤.

(其八)

習習籠中鳥, 舉翮觸四隅.

落落窮巷士, 抱影守空廬.

出門無通路, 枳棘塞中塗.

計策棄不收, 塊若枯池魚.

外望無寸祿, 內顧無斗儲.

親戚還相蔑, 朋友日夜疏.

蘇秦北游說, 李斯西上書.

俛仰生榮華, 咄嗟復彫枯.

飮河期滿腹, 貴足不願餘.

巢林棲一枝, 可爲達士模.

3. 《文心雕龍》才略篇
左思奇才, 業深覃思, 盡銳於三都, 拔萃於詠史, 無遺力矣.

4. 《滄浪詩話》詩評 第十一
晉人舍陶淵明·阮嗣宗外, 惟左太冲高出一時.

5. 《古詩源》(淸, 沈德潛)
太冲拔出於衆流之中, 豐骨勁氣, 盡掩諸家.

6. 《隋書》經籍志
晉齊王府記室左思集二卷. 殘. 梁有五卷, 錄一卷.

012(上-12) 宋臨川太守謝靈運詩
송 임천태수 사령운의 시

    宋송나라 임천태수臨川太守 사령운謝靈運의 시는 진사왕(陳思王, 曹植)에 그 근원을 두고 나왔으며, 경양(景陽, 張協)의 문체가 섞여 있다. 그 때문에 교사巧似함을 숭상하면서도 일탕逸蕩함은 그들을 넘어선다. 자못 번무繁蕪한 점이 병폐이다. 만약 사람이 흥이 많으면서 재주가 높으면 눈에 닿는 것마다 문득 글로 쓰며, 안으로 생각의 궁핍함이 없으면 밖으로 사물에 빠뜨림이 없어 그 글이 번부繁富하게 된다고 나는 늘 여겨왔다. 마땅히 그러하리라. 그리하여 그의 시 속에는 명구가절名句佳節이 그 어느 곳에나 드러나 보이고 아름다운 전고典故와 새로운 음율이 서로 이어져 힘차게 내닫는다. 비유컨대 청송靑松이 관목灌木을 뚫고 우뚝 서듯, 백옥白玉이 티끌모래를 비추듯 하여 그 고결함을 폄훼할 수가 없다. 일찍이 전당錢塘의 두명사杜明師가 동남쪽에서 어떤 자가 자신의 집으로 들어오는 모습을 꿈속에서 보았다. 그날 저녁 사령운이 회계會稽에서 태어났다. 열흘 후, 사령운의 조부인 사현謝玄이 죽었다. 그 집에서는 어린아이인 사령운을 얻기 어려운 보배라 여겨 두명사에게 가르쳐 길러달라고 보냈다. 사령운은 열다섯에 비로소 도읍 건강建康으로 되돌아왔다. 그래서 그를 객아客兒라고 부르는 것이다.

宋臨川太守謝靈運詩. 其源出於陳思, 雜有景陽之體.
故尚巧似, 而逸蕩過之. 頗以繁蕪爲累. 嶸謂:「若人興多
才高, 寓目輒書, 內無乏思, 外無遺物, 其繁富宜哉!」然名
章迥句, 處處間起; 麗典新聲, 絡繹奔會. 譬猶靑松之拔
灌木, 白玉之暎塵沙. 未足貶其高潔也. 初, 錢塘杜明師,
夜夢東南有人來入其館. 是夕, 卽靈運生於會稽. 旬日而謝
安亡. 其家人以子孫難得, 送靈運於杜, 治養之. 十五方
還都, 故名客兒.

【巧似】 실물과 똑같이 표현함. 謝靈運은 山水詩의 大家로 산수의 모습을
  보는 듯이 공교하게 묘사하는 데에 뛰어났었다는 뜻임.
【逸蕩】 超脫放縱함을 일컫는 말.
【繁蕪】 富艶과 같은 뜻임. 흥성하면서 아름다움. 여기서는 「지나치게 과장
  하여 꾸미다」의 뜻으로 쓰였음.
【錢塘】 지명. 지금의 杭州.
【杜明師】 인명, 자세한 사적은 알 수 없음.
【會稽】 지명. 지금의 紹興.
【建康】 지명. 지금의 南京. 東晉과 南朝시대의 首都였음.

참고 및 관련 자료

1. 사령운(謝靈運: 385~433)
중국 최고의 山水詩人. 南朝 劉宋 陽夏(지금의 河南省 太康縣) 출신. 謝玄의
손자이며 집안의 封號인 康樂公을 세습받아 흔히 「謝康樂」이라 불림. 晉나라
때에는 劉毅의 記室參軍을 지냈고, 이어 劉裕(뒤에 宋을 세운 인물)의 參軍이
됨. 유유가 북벌할 때 〈撰征賦〉를 지었고, 송이 들어서자 黃門侍郎, 相國從
事中郎 등을 역임함. 다시 宋 少帝 때에는 永嘉太守가 되었으나 山水에 정을

두고 결국 사직한 후 會稽로 들어가 隱士 王弘之 등과 어울림. 이 때에
〈山居賦〉를 지었음. 文帝 때에 다시 벼슬길로 나와 臨川太守를 거쳐 秘書監,
侍中 등을 역임함. 族弟인 謝惠連 및 何長瑜, 荀雍, 羊璿之 등과 산수를
유람하였으며, 뒤에 모반의 죄명으로 廣州에서 棄市됨.《宋書》권67과《南史》
권19에 傳이 있음. 明나라 사람이 집일한《謝康樂集》이 있음.

2. 謝靈運詩

(1)〈晚出西射堂〉(《文選》권22)

　　步出西城門, 遙望城西岑.
　　連鄣疊巇崿, 靑翠杳深沈.
　　曉霜楓葉丹, 夕曛嵐氣陰.
　　節往戚不淺, 感來念已深.
　　羈雌戀舊侶, 迷鳥懷故林.
　　含情尙勞愛, 如何離賞心?
　　撫鏡華緇鬢, 攬帶緩促衿.
　　安排徒空言, 幽獨賴鳴琴.

(2)〈登池上樓〉(《文選》권22)

　　潛虯媚幽姿, 飛鴻響遠音.
　　薄霄愧雲浮, 棲川怍淵沈.
　　進德智所拙, 退耕力不任.
　　徇祿反窮海, 臥痾對空林.
　　傾耳聆波瀾, 擧目眺嶇嶔.
　　初景革緒風, 新陽改故陰.
　　池塘生春草, 園柳變鳴禽.
　　祁祁傷豳歌, 萋萋感楚吟.
　　索居易永久, 離羣難處心.
　　持操豈獨古, 無悶徵在今.

(3)〈游南亭〉(《文選》권22)

　　時竟夕澄霽, 雲歸日西馳.
　　密林含餘淸, 遠峯隱半規.
　　久痾昏墊苦, 旅館眺郊歧.
　　澤蘭漸被逕, 芙蓉始發池.
　　未厭靑春好, 已覩朱明移.

謝靈運《三才圖會》

感感感物歎, 星星白髮垂.
藥餌情所止, 衰疾忽在斯.
逝將候秋水, 息景偃舊崖.
我志誰與亮? 賞心惟良知.

(4) 〈石壁精舍還湖中作〉(《文選》권22)

昏旦變氣候, 山水含清暉.
清暉能娛人, 遊子憺忘歸.
出谷日尚早, 入舟陽已微.
林壑斂暝色, 雲霞收夕霏.
芰荷迭映蔚, 蒲稗相因依.
披拂趨南徑, 愉悅偃東扉.
慮澹物自輕, 意愜理無違.
寄言攝生客, 試用此道推.

3. 《文心雕龍》 明詩篇

宋初文詠, 體有因革, 莊老告退, 而山水方滋. 儷采百字之偶, 爭價一句之奇;
情必極貌以寫物, 詞必窮力而追新.

4. 《古詩源》(淸, 沈德潛)

謝詩經營慘淡, 鉤深索隱, 而一歸自然. 山水閑適, 時遇理趣, 匠心獨運, 少任
規則. 建安諸子非其所屑, 此目衡以下?

5. 《隋書》 經籍志

宋臨川內史謝靈運集十九卷注: 梁二十卷, 錄一卷.

〈雪窗讀書圖〉宋 작자미상

卷中

(013～033)

〈觀荷圖〉淸 金農(그림). 미국 샌프란시스코 아시아미술관 소장

中品序:

[中序-1]

하나의 품品에는 대략 세대를 선후로 삼았을 뿐. 우열로 평가하거나 차례를 정한 것은 아니다. 또한 그 사람은 이미 갔지만 그 문장은 평론을 해야 하는 것들이었다. 이 《시품詩品》에 거론된 평론은 지금 살아 있는 자는 언급하지 않았다.

무릇 말로써 평론하고 사실로써 비교해야 통담通談이 될 수 있다. 이는 나라를 다스리는 문장은 응당 옛것을 널리 증거자료로 삼고, 덕을 궁구하여 평해야 하는 것과 같다. 그러나 정성情性을 음영吟詠한 시詩라는 것도 역시 그 용사用事를 귀히 여겨야 되지 않겠는가? 예를 들면 "그대 그리움 마치 물흐르듯 하네:(思君如流水)"란 표현은 눈앞에 보이는 것과 같고, "높은 누대에 쓸쓸한 바람도 많네:(高臺多悲風)"역시 눈앞에 펼쳐진 상황과 같다. 그런가하면 "이른 새벽 농수에 오르도다:(淸晨登隴首)"는 아무런 사실적인 전고典故가 없으며, "밝은 달이 쌓인 눈에 비치네:(明月照積雪)"라는 표현은 어찌 경사經史에서 나올 수 있는 것이겠는가?

고금의 뛰어난 표현을 보면 거의가 보충하거나 빌려온 것이 아니라 모두가 직심直尋에서 비롯된 것이다. 안연지顔延之·사장謝莊의 시는 더욱 번밀繁密한 모습인데 이는 시대에 따라 그러한 변화를 보인 것이다. 따라서 대명大明·태시泰始 연간의 문장은 거의가 똑같은 책에서 베낀 듯 차이가 없다.

一品之中, 略以世代爲先後, 不以優劣爲詮次, 又其人旣往, 其文克定, 今所寓言, 不錄存者. 夫屬詞比事, 乃爲通談. 若乃經國文符, 應資博古; 撰德駁奏, 宜窮往烈. 至乎吟詠情性, 亦何貴於用事?「思君如流水」, 旣是卽目,「高臺多悲風」, 亦惟所見;「淸晨登隴首」, 羌無故實;「明月照積雪」, 詎出經史. 觀古今勝語, 多非補假, 皆由直尋. 顏延·謝莊, 尤爲繁密, 於時化之. 故大明·泰始中, 文章殆同書抄.

【一品之中】본 《詩品》은 上卷, 中卷, 下卷으로 분권되어 있으며 그 분권 자체가 上品, 中品, 下品이다. 그리고 品마다 거론된 시인은 시대순으로 되어 있다. 단 南朝는 조대마다 짧아 걸쳐 살았던 사람의 소속이 보는 이에 따라 다를 수도 있다.

【通談】通常的인 의견. 常談.

【用事】詩文 중의 典故.

【思君如流水】徐幹(036) 〈室思〉의 구절.

【高臺多悲風】曹植(004) 〈雜詩〉의 구절.

【淸晨登隴首】《北堂書鈔》에 의하면 張華(016)의 시구로「淸晨登隴首, 坎壇行 山難」이라 하였음.

【明月照積雪】謝靈運(012) 〈歲暮〉의 구절.

【直尋】胸懷를 직접 표현함.

【顏延】顏延之, 顏延年(025).

【謝莊】⇒045.

【繁密】번잡하면서 세밀함.

【大明】宋 孝武帝의 연호. 457~464년

【泰始】宋 明帝의 연호. 464~471년

1.《文心雕龍》事類篇

事類者, 蓋文章之外, 據事以類義, 援古以證今者也. 昔文王繇易, 剖判爻位,
旣濟九三, 遠引高宗之伐. 明夷六五, 近書箕子之貞. 斯略擧人事, 以徵義者也.
至若胤征義和, 陳政典之訓, 盤庚誥民, 敍遲任之言. 此全引成辭, 以明理者也.
然則明理引乎成辭, 徵義擧乎人事. 迺聖賢之鴻謨, 經籍之通矩也.

2.〈雜詩(室思)〉(徐幹)

思君如流水, 何有窮已時.

3.〈雜詩〉(曹植)

高臺多悲風, 朝日照北林.

4. 汪中《詩品注》에 引用된 許文雨.《漢書》武帝紀. 王士禎〈論詩〉

許文雨曰: 案吳均答柳惲詩云: 淸晨發隴西. 沈約有應思起句曰: 西征登隴首.
仲偉殆誤合二句僞一句耶. 按《漢書》武帝紀, 太始二年詔曰: 往者朕郊見上帝, 西登
隴首, 獲白麟以饋宗廟. 又禮樂志載郊祀歌云: 朝隴首, 覽西垠. 雷電燎. 獲白麟,
卽賦其事. 是登隴首之語, 確有史實可稽. 仲偉於是僞人言矣. 王士禎論詩云:
五字淸晨登隴首, 羌無故實更人思, 定知妙不關文字, 已是千秋幼婦詞. 則又爲
仲偉所誤矣.

5.〈歲暮〉謝靈運

明月照積雪, 朔風勁且哀.

漢代 畫像石〈車馬紋〉

　　근래 임방任昉, 왕원장(王元長, 王融) 등은 그 문사에 있어서 기이한 것을 중히 여기지 않고 도리어 새로운 일에 다툼을 하듯 관심을 가졌다.

　　그 뒤의 작자들은 점차 속俗됨에 젖어 마침내 구절마다 허어虛語를 없이 하고 시어詩語마다 허자虛字를 없애려고 억지로 비틀어서라도 보납補衲하여 시문을 좀갉듯이 함이 이미 심해졌다. 이리하여 오직 자연스러운 영지英旨로 그러한 시를 쓰는 사람을 거의 만나볼 수가 없게 되었다. 글이 이미 고매함을 잃고 나면 어쩔 수 없이 전고나 혹은 사물의 뜻을 갖다 붙이려 애쓰게 되니, 비록 천재성을 버리고 껍질에 불과한 학문만 했다면 역시 하나의 이치라 할 수 있겠는가?

　　近任昉·王元長等, 辭不貴奇, 競湏新事. 爾來作者, 寖以成俗. 遂乃句無虛語, 語無虛字, 拘攣補衲, 蠹文已甚. 但自然英旨, 罕値其人. 詞旣失高, 則宜加事義. 雖謝天才, 且表學問, 亦一理乎?

【任昉】字는 彦升(032). 南朝 梁나라의 文學家. 中品.
【王元長】王融(054). 南朝 齊나라의 문학가. 下品.

【補衲】補綴과 같음.
【英旨】眞美함을 뜻함. 기가 청신하고 精美함을 말함.

참고 및 관련 자료

1.《南齊書》文學傳論
今之文章, 罍有三體. 次則□□事比類, 非對不發, 博物加□, 職成拘制. 或全借古語, 用申今情. 崎嶇牽引, □□偶說.

2.《南史》任昉傳
好作詩, 用事過多, 轉爲穿鑿.

3.《詩品注》(汪中)
古直曰: 案以上揭當時文弊□□□之.

[中序-3]

    육기陸機의 〈문부文賦〉는 통활하여 폄훼할 것이 없고, 이충李充의 《한림翰林》은 소홀하여 핍절함이 없다. 왕미王微의 《홍보鴻寶》는 빽빽하여 재단이 되어 있지 않고, 안연지顔延之의 논문論文은 정밀하여 이해할 수가 없다.

    지우摯虞의 《문지文志》는 상세하면서 박식하고 게다가 풍성하기까지 하여 자못 「지언知言」이라 할 수 있다.

    이 몇 사람을 보건대 모두가 문체가 담담한 쪽으로 흘러 우열이 드러나지 않는다. 사령운謝靈運이 시를 모을 때 만나는 시마다 즉시 수집하였으며,* 장즐張騭의 〈문사론文士論〉에서는 만나는 글마다 즉시 평론을 덧붙였다. 이 몇몇 뛰어난 인물들의 저작은 그 종지宗旨가 모두 문장 자체에 있었지 품평에 뜻을 둔 적은 없었다.

    陸機文賦, 通而無貶; 李充翰林, 疎而不切; 王微鴻寶, 密而無裁; 顔延論文, 精而難曉; 摯虞文志, 詳而博贍, 頗曰知言. 觀斯數家, 皆就談文體, 而不顯優劣. 至於謝客集詩, 逢詩輒取; 張騭文士, 逢人卽書. 諸英志錄, 竝義在文, 曾無品第.

【陸機】⇒008 〈文賦〉는《文選》권17 에 실려 있음

【文賦】육기의 代表的 文章으로 文이란 무엇인가에 대한 賦.《文選》권17에 臧榮緖《晉書》를 인용하여「陸機妙解情理, 心識文體, 故作文賦」라 함.

【李充】자는 弘度. 東晉 때 江夏人.

【翰林論】모두 54권이었으나 전하지 않으며,《全晉文》에 일부가 輯錄되어 있음.

【王微】자는 景玄(026). 南朝 宋나라 시인.

【鴻寶】《隋書》經籍志에 王微《鴻寶》10권이 저록되어 있으나 지금은 전하지 않음.

【顔延之】⇒025

【論文】안연지의 〈庭誥〉라는 글이 있음.

【摯虞】구체적으로 알 수 없음.

【文志】《隋書》經籍志에 摯虞《文章志》4권이 저록되어 있으나 지금은 전하지 않음.

【知言】《孟子》公孫丑(上)에「敢問夫子惡乎長? 曰: 我知言, ……何謂知言? 曰: 詖辭知其所蔽, 淫辭知其所陷, 邪辭知其所離, 遁辭知其所窮」이라 함.

＊《隋書》經籍志에 사령운의《詩集》50권.《詩集抄》10권.《詩英》9권 등이 저록되어 있으나 모두 失傳됨.

【張騭】《隋書》經籍志에 張隲이라 되어 있으나 즐(騭)의 오자로 보임. 자세한 사적은 알 수 없음.

【文士論】《隋書》經籍志에《文士傳》50권이 실려 있으나 失傳됨.

【諸英】여러 뛰어난 인물들.

> **참고 및 관련 자료**

1.《文心雕龍》序志篇

◎ 陸賦巧而碎亂.(黃季剛先生札記曰: 碎亂者, 蓋謂其不能具條貫. 然陸本賦體, 勢不能如散文之敍錄有綱. 此與總術篇所云, 昔陸氏文賦, 號爲曲盡, 然汎論纖悉, 而實體未該, 皆疑少過.)

◎ 詳觀近代之論文者多矣. 至于魏文述典. 陳思序書. 應瑒文論. 陸機文賦. 仲洽流別. 弘範儒林. 名照曜隙, 鮮觀衢路.

◎ 魏典密而不周. 陳書辯而無當. 應論華而疏畧. 陸賦巧而碎亂. 流別精而少巧.
儒林淺而寡要.

2.《詩品注》(汪中)

許文雨曰: 案陸機文賦, 妙解情理, 心識文體, 自可謂之通矣. 但仲偉謂其無貶,
則殊不見然. 賦中明有雖應不和, 雖和不悲, 雖悲不雅, 旣雅不豔云云, 卽區分
褒貶之證也.

〈臥石老梅圖〉 明 陳洪綬(그림)

[中序-4]

종영鍾嶸 내가 지금 기록하는 것은 다만 오언시五言詩에만 국한하였다. 비록 그렇기는 하나, 고금을 망라하여 사문詞文은 거의 다 모았다. 그리고 경솔하게 청탁淸濁을 밝히고 병리病利를 가려내어 무릇 1백 2십 명에 이르게 되었다. 나의 품평에 오른 자들은 모두가 재자才子라 할 수 있으나 상, 중, 하 삼품의 오르내림은 고정적이거나 불변不變한 것은 아니며, 다만 조정調整의 필요에 따라 설명한 것이니 청컨대 지혜로운 자의 평론을 부탁할 따름이다.

嶸今所錄, 止乎五言. 雖然, 網羅今古, 詞文殆集, 輕欲
辨彰淸濁, 掎撫病利. 凡百二十人. 預此宗流者, 便稱才子.
至斯三品升降, 差非定制, 方申變裁, 請寄知者爾.

【淸濁】 우열을 뜻함.
【掎撫】 指摘해냄. 曹植의 〈與楊德祖書〉에 「劉季緖才不逮於作者, 而好詆訶文章, 掎撫利病」이라 함.
【百二十人】 上品11人. 中品39人. 下品72人 모두 122명을 품평함. ⇒참고
【方申】 方은 '將', '바야흐로', 申은 '表明하다'의 뜻.

1.《詩品注》(汪中)에 인용된 陳延杰

陳延傑曰: 陳振孫書錄解題曰:「鍾嶸以古今作者, 三品而評之. 上品十一人,
中品三十九人, 下品六十九人. 今考上中二品, 適合陳氏之數. 唯下品有七十三人,
不知陳氏何云六十九也. 都凡百二十有三人.」鍾氏云:「百二十人者」, 蓋擧其成數
而言也.

2.《詩品注》(汪中)에 인용된 許文雨

案仲偉評小謝綺麗風謠, 己非盡五言. 又評夏侯湛見重潘安仁, 以世說考之,
乃湛周詩爲安仁所稱, 然周詩實四言也. 可知古人著書, 例不甚嚴.

013(中-1) 漢上計秦嘉, 妻徐淑詩
한상계 진가와 그의 처 서숙의 시

한漢나라 상계上計 진가秦嘉와 그의 처 서숙徐淑 부부의 일은 이미 가슴 아픈 일로 널리 알려져 있으며, 그들 문장 역시 처창悽愴하고 안타깝다. 당시 오언시를 지은 자들이 불과 몇 명이 되지 않은 때였는데 여인이 두 사람이나 된다. 서숙의 서별시敍別詩인 〈답부시答夫詩〉는 반희班姬의 〈단선시團扇詩〉에 버금간다 할 수 있다.

漢上計秦嘉, 妻徐淑詩, 夫妻事旣可傷, 文亦悽怨. 二漢 爲五言者, 不過數家, 而婦人居二. 徐淑敍別之作, 亞於 團扇矣.

【上計】 벼슬 이름. 上掾과 같은 직책으로 보임. 秦嘉가 上計라는 벼슬을 역임 하여 부른 것.

【夫妻】 秦嘉와 그 부인 서숙(徐淑). 부인 서숙이 병이 들어 친정으로 돌아 가면서 겪은 슬픈 이야기.

【敍別詩】 이별의 슬픔을 읊은 시. 〈答夫詩〉를 가리킴.

【班姬】 班婕妤. 〈團扇詩〉는 〈紈扇詩〉, 또는 〈紈素詩〉라고도 함. 003 참조.

1. 진가(秦嘉: ?)와 서숙(徐淑: ?)

진가는 字가 士會이며 東漢 隴西人이다. 桓帝(147~167) 때 郡의 上計라는
벼슬을 지냈으며 뒤에 洛陽으로 올라와 黃門郎이 되었다. 병으로 津鄕亭에서
죽었다.

徐陵의 《玉臺新詠》 권1에 〈贈婦詩〉 3首와 徐淑의 〈答詩〉 1首가 실려 있다.
그 외에 宋代 《竹莊詩話》 권2에 《西溪叢語》를 인용하여 秦嘉 부부의 시와
편지에 대한 고사를 자세히 싣고 있다.

2. 《玉臺新詠》 권1

◎ 秦嘉 〈贈婦詩〉 三首

序: 秦嘉, 字士會, 隴西人也. 爲郡上掾, 其妻徐淑, 寢疾還家, 不獲面別, 贈詩云爾.

(其一)

　　人生譬朝露, 居世多屯蹇.

　　憂艱常早至, 懽會常苦晚.

　　念當奉時役, 去爾日遙遠.

　　遣車迎子還, 空往復空返.

　　省書情悽愴, 臨食不能飯.

　　獨坐空房中, 誰與相勸勉.

　　長夜不能眠, 伏枕獨展轉.

　　憂來如尋環, 匪席不可卷.

(其二)

　　皇靈無私親, 爲善荷天祿.

　　傷我與爾身, 少小罹煢獨.

　　旣得結大義, 懽樂苦不足.

　　念當遠離別, 思念敍款曲.

　　河廣無舟梁, 道近隔丘陸.

　　臨路懷惆悵, 中駕正躑躅.

　　浮雲起高山, 悲風激深谷.

　　良馬不回鞍, 輕車不轉轂.

　　針藥可屢進, 愁思難爲數.

　　貞士篤終始, 思義不可屬.

秦嘉와 그의 처 徐淑의 시 《옥대신영》

(其三)

　　蕭蕭僕夫征, 鏘鏘揚和鈴.

　　清晨當引邁, 束帶待鷄鳴.

　　顧看空室中, 髣髴想姿形.

　　一別懷萬恨, 起坐爲不寧.

　　何用敍我心, 遺思致款誠.

　　寶釵可燿首, 明鏡可鑒形.

　　芳香去垢穢, 素琴有清聲.

　　詩人感木瓜, 乃欲答瑤瓊.

　　愧彼贈我厚, 慙此往物輕.

　　雖知未足報, 貴用敍我情.

◎ 徐淑〈答夫詩〉

　　妾身兮不令, 嬰疾兮來歸.

　　沈滯兮家門, 歷時兮不差.

　　曠廢兮侍覲, 情敬兮有違.

　　君令兮秦命, 遠適兮京師.

　　悠悠兮離別, 無因兮敍懷.

　　瞻望兮踊躍, 佇立兮徘徊.

　　思君兮感結, 夢想兮容輝.

　　君發兮引邁, 去我兮日乖.

　　恨無兮羽翼, 高飛兮相追.

　　長吟兮永歎, 淚下兮霑衣.

3.《詩藪》內篇 卷二(明. 胡應麟)

秦嘉夫婦往還曲折, 具載詩中, 眞事眞情, 千秋如在, 非他托興可以比肩.

4.《隋書》經籍志

梁有婦人, 後漢黃門郞秦嘉妻徐淑集一卷, 亡.

5.《全後漢文》卷66

秦嘉, 桓帝時仕郡. 擧上計掾. 入洛除黃門郞, 病卒於津鄕亭.

014(中-2) 魏文帝詩
위문제의 시

위문제(魏文帝, 曹丕)의 시는 이릉李陵에 그 근원을 두고 있으며, 자못 중선(仲宣, 王粲)의 체를 겸유하고 있다. 백여 편으로 헤아리는 그의 시는 모두가 한결같이 비질鄙質하여 마치 사람들이 평상시 서로 대화를 주고받는 것과 같다. 오직 "서북에 뜬 구름 있어:(西北有飛雲)"*의 10여 수는 특히 아름답고 부섬富贍하여 즐길 만한 것으로 비로서 그의 공교함을 발견할 수 있는 것이다. 그렇지 않았다면 그가 어찌 많은 시인들을 전형銓衡하고 그 동생들 속에서도 뛰어날 수 있었겠는가?

魏文帝詩, 其源出於李陵, 頗有仲宣之體, 體則新奇. 百許篇率皆鄙質如偶語. 惟「西北有浮雲」十餘首, 殊美贍可翫, 始見其工矣, 不然, 何以銓衡群彦, 對揚厥弟者耶?

【李陵】上品 002참조.
【仲宣】王粲. 上品 006참조.
【鄙質】野하면서 질박함. 문채를 중시하지 않음.
【偶語】서로 平談을 나눔. 짝을 이루어 대화함.
＊曹操〈雜詩〉의 구절. 참고란을 볼 것.

【富贍】풍부함. 富麗贍美함.

【銓衡】품평하고 평가함.

＊ 曹操의《典論》〈論文〉과　〈與吳質書〉등에서 文人들을 평론한 글을 두고 이른 말. 〈論文〉에「今之文人, 魯孔融文擧, 廣陵陳琳孔璋, 山陽王粲仲宣, 北海 徐幹偉長, 陳留阮瑀元瑜, 汝南應瑒德璉, 東平劉楨公幹: 斯七子者, 於學無所遺, 於辭無所假, 咸以自騁驥騄於千里, 仰齊足而幷馳」라 함.

참고 및 관련 자료

1. 위문제(魏文帝) 조비(曹丕: 187~226)

字는 子桓, 三國 魏 沛國 譙(지금의 安徽省 亳縣) 출신. 曹操의 둘째 아들. 漢末에 五官中郞將, 副丞相등을 지냈으며 조조가 죽고 나서 魏王과 漢丞相의 직위를 계승함. 그 뒤 獻帝 延康 元年(220年)「禪讓」이라는 명목으로 漢나라 帝位를 물려 받아 魏를 세우고 黃初로 改元, 국호를 魏로 하여 洛陽을 도읍 으로 정함. 재위 7년에 죽어 시호를 文皇帝로 함. 文藝에 관심이 깊어 詩賦 100여 편과《典論》을 지음.《典論》속의 〈論文篇〉은 文學批評의 글로 널리 알려 짐. 단《典論》은 전하지 않으며 〈論文篇〉은《文選》에 실려 있음.《三國志》 권2에 紀가 있음. 한편 그의 〈燕歌行〉은 현존 최초의 七言詩로 알려져 있음.

2. 〈雜詩〉(曹操) 二首 (《文選》권29)

(其一)

漫漫秋夜長, 烈烈北風涼.
展轉不能寐, 披衣起彷徨.
彷徨忽已久, 白露沾我裳.
俯視淸水波, 仰看明月光.
天漢回西流, 三五正縱橫.
草蟲鳴何悲, 孤雁獨南翔.
鬱鬱多悲思, 綿綿思故鄕.
欲飛安得翼, 欲濟河無梁.
向風長歎息, 斷絶我中腸.

(其二)

西北有浮雲, 亭亭如車蓋.

惜哉時不遇, 適與飄風會.
吹我東南行, 行行至吳會.
吳會非我鄉, 安得久留滯.
棄置物復陳, 客子常畏人.

3. 《文心雕龍》(劉勰) 才略篇

魏文之才, 洋洋淸綺, 舊談抑之, 謂去植千里. 然子建思捷而才儁, 詩麗而表逸;
子桓慮詳而力緩, 故不競於先鳴, 而樂府淸越, 典論辯要, 佚用短長亦無懵焉.
但俗情抑揚, 雷同一響, 遂令文帝以位尊減才, 思王以勢窘益價, 未爲篤論也.
仲宣溢才, 捷而能密, 文多兼善, 辭少瑕累, 摘其詩賦, 則七子之冠冕乎? 琳·瑀
以符檄擅聲, 徐幹以賦論標美, 劉楨情高以會采, 應瑒學優以得文, 路粹, 楊修,
頗懷筆記之工, 丁儀, 邯鄲, 亦含論述之美, 有足算焉! 劉劭, 趙都, 能攀於前修,
何晏, 景福, 克光於後進; 休璉風情, 則百壹標其志; 吉甫文理, 則臨丹成其采;
嵇康師心以遣論; 阮籍使氣以命詩, 殊聲而合響, 異翮而同飛.

4. 《古詩源》淸, 沈德潛

子桓詩有文士氣, 一變乃父悲壯之習, 要其便娟婉約, 能移人情.

漢代 畫像石〈斧車紋〉

015(中-3) 晉中散嵇康詩
진 중산 혜강의 시

　　진晉나라 중산中散 혜강嵇康의 시는 자못 위문제(魏文帝, 曹丕)와 흡사하다.＊
다만 앞선 점이 있다면 준절峻切함일 것이다. 직접 힐난함이 강하여 그로써
자신의 재능을 노출시키기 때문에 연아淵雅한 정치情致를 손상시킨다.
그러나 비유에 의탁함이 청원淸遠하여 진실로 감재鑑裁함이 있으니 역시
고의高義를 잃지는 않고 있다 할 것이다.

　　晉中散嵇康詩, 頗似魏文, 過爲峻切, 訐直露才, 傷淵雅
之致. 然託喩淸遠, 良有鑒裁, 亦未失高流矣.

【中散】 벼슬 이름. 嵇康이 中散大夫를 역임하여 부른 칭호.
＊ 陳延杰의 《詩品注》에 「叔夜有超絶塵世之想, 其遨游快志, 亦頗似魏文焉」
　 이라 하였음.
【峻切】 격렬함. 우뚝함. 淸. 劉熙載의 《藝槪》〈詩槪〉에 「叔夜之詩, 峻烈」
　 이라 함.
【訐直露才】 시비를 곧바로 힐난하느라 자신의 재능을 노출시킴. 《詩品注》에
　 「叔夜拒鍾會, 與山濤絶交, 皆其訐直者」라 하였고, 明 胡應麟의 《詩藪》外篇
　 卷二에 「嗣宗·叔夜幷以放誕名, 而阮之識, 遠非嵇比也, ……中散, ……徒以
　 口舌獲戾, 悲夫!」라 함.

【淵雅】 淵深高雅한 모습.
【鑒裁】 깊이 헤아려 감식하고 식별하는 능력.

참고 및 관련 자료

1. 혜강(嵇康: 223~262)

字는 叔夜. 三國시대 魏나라 譙郡(지금의 安徽省 亳縣) 출신. 어려서 고아가 되었음. 재주가 있고 생각이 俊爽하여 많은 이들의 시선을 끌었음. 老莊을 좋아했으며 詩文, 音樂에 밝았음. 中散大夫를 역임하여 「嵇中散」으로 불림. 阮籍, 山濤, 向秀, 阮咸, 王戎, 劉伶 등과 어울려 「竹林七賢」으로 불림. 司馬氏(뒤에 晉나라를 세운 가문)가 정권을 휘두를 때 친구인 山濤(巨源)가 이에 동조하자 그에게 絶交 편지를 보낸 것으로 유명함. 결국 鍾會의 모함을 입어 司馬昭에게 피살되었으며 사형장에서 〈廣陵散〉을 연주한 일화로 유명함. 작품으로는 〈琴賦〉, 〈養生論〉, 〈聲無哀樂論〉, 〈與山巨源絶交書〉등이 있음. 《晉書》권49에 전이 있으며 本姓은 奚氏였으나 銍縣의 嵇山으로 옮겨 살아 嵇氏로 바꾸었다 함. 魯迅이 輯校한 《嵇康集》이 있음.

2. 嵇康詩

(1) 〈答二郭〉 (三首중 第 1首)

天下悠悠者, 下京趨上京.
二郭懷不羣, 超然來北征.
樂道託萊廬, 雅志無所營.
良時遘其願, 遂結歡愛情.
君子義是親, 恩好篤平生.
寡志自生災, 屢使衆釁成.
豫子匿梁側, 聶政變其形.
顧此懷惕惕, 慮在苟自寧.
今當寄他域, 嚴駕不得停.
本圖終宴婉, 今更不克幷.
二字贈嘉詩, 馥如幽蘭馨.
戀土思所親, 不知氣憤盈.

(2) 〈述志詩〉

(其一)

潛龍育神軀, 濯鱗戲蘭池.

延頸慕大庭, 寢足俟皇羲.

慶雲未垂景, 盤桓朝陽陂.

悠悠非吾匹, 疇肯應俗宜.

殊類難徧周, 鄙意紛流離.

轗軻丁悔吝, 雅志不得施.

耕耨感寧越, 馬席激張儀.

逝將離羣侶, 仗策追洪崖.

焦鵬振六翮, 羅者安所羈.

浮游太清中, 更求新相知.

比翼翔雲漢, 飲露餐瓊枝.

多念世間人, 夙駕咸驅馳.

冲靜得自然, 榮華安足爲.

(其二)

斥鷃擅蒿林, 仰笑神鳳飛.

坎井蝤蛭宅, 神龜安所歸.

恨自用身拙, 任意多永思.

遠實與世殊, 義譽非所希.

往事旣已謬, 來者猶可追.

何爲人事閒, 自令心不夷.

慷慨思古人, 夢想見容輝.

願與知己遇, 啓憤啓其微.

巖穴多隱逸, 輕擧求吾師.

晨登箕山巓, 日夕不知飢.

玄居養營魄, 千載長自綏.

(3) 〈酒會詩〉

樂哉苑中遊, 周覽無窮已.

百卉吐芳華, 崇基邈高跱.

林木紛交錯, 玄池戲魴鯉.

輕丸斃朔禽, 纖綸出鱄鮪.

坐中發美讚, 異氣同音軌.
臨川獻清酌, 微歌發皓齒.
素琴揮雅操, 淸聲隨風起.
斯會豈不樂, 恨無東野子.
酒中念幽人, 守故彌終始.
但當體七絃, 寄心在知己.

3. 《晉書》권49 嵇康傳

嵇康, 字叔夜, 譙國銍人也. 其先姓奚, 會稽上虞人. 以避怨徙焉. 銍有嵇山, 家於其側, 因而命氏. 康有奇才, 學不師受, 博覽無不該通. 長好老莊, 與魏宗室婚. 拜中散大夫. 以呂安事繫獄遇害.

4. 《隋書》經籍志

魏中散大夫嵇康集十二卷, 梁十五卷, 錄一卷.

5. 《文心雕龍》體性篇

叔夜儁俠, 故興高而采烈.

嵇康. 南京 西善橋 宮山墓의 畫像

016(中-4) 晉司空張華詩
진 사공 장화의 시

　　진晉나라 사공司空 장화의 시는 왕찬王粲에 그 근원을 두고 나왔다. 그 체제는 화렴華艷하나 흥취의 의탁은 기이하지 않다. 문자를 교묘히 사용하고 연야妍冶하게 하기에 힘썼다. 그 이름이 비록 전대前代보다 높지만 소량疏亮한 선비들은 오히려 그가 아녀자와 같은 다정多情함과 풍운의 기백氣魄이 적다고 안타깝게 여겼다.* 사강락(謝康樂, 謝靈運)은 이렇게 말하였다.

　　"장공張公은 천여 수의 시가 있다 하나 모두가 똑같은 체에서 나온 것과 같아 보인다."

　　지금 장화의 시를 중품中品에 넣었지만 오히려 그만도 못하다. 그렇다고 하품下品에 넣으려 하였으나 이는 그를 너무 낮추는 것 같은 괴로움도 있다. 그러니 결국 그 둘 사이쯤이라 할 수 있다.

　　晉司空張華詩, 其源出於王粲. 其體華艷, 興託不奇. 巧用文字, 務爲妍冶. 雖名高曩代, 而疏亮之士, 猶恨其兒女情多, 風雲氣少. 謝康樂云:「張公雖復千篇, 猶一體爾.」今置之中品疑弱; 處之下科恨少. 在季孟之間矣.

【司空】벼슬 이름. 三公 중의 하나로 張華가 司空을 역임하여 부른 칭호.

【姸冶】아름답다의 뜻. 쌍성연면어.

【曩代】前代. 지난 세대. 앞 朝代

【疏亮】疏通豁達함. 大放한 모습.

* 淸 何焯《義門讀書記》46권에 「張茂先勵志詩, 張公詩惟此一篇, 餘皆女郞詩也」라 함

【季孟之間】둘의 중간쯤이라는 뜻.《史記》孔子世家에 「魯亂, 孔子適齊, 異日, 景公止孔子曰: 『奉子以季氏, 吾不能. 以季孟之間待之』라 하였고, 何晏의《集解》에 孔安國의 말을 인용하여 「魯三卿, 季氏爲正卿, 最貴; 孟氏爲下卿, 不用事. 言待之以二者之間也」라 함

참고 및 관련 자료

1. 장화(張華: 232~300)

자는 茂先, 范陽 方城(지금의 河北城 固安縣) 출신. 어려서 才學이 있었고, 讖緯, 方技, 五行, 符瑞 등에 관심을 가져 유명한《博物志》를 지음. 阮籍은 그를 「五佑之才」라 평함. 太常博士를 거쳐 晉나라 때는 黃門侍郞을 제수받고 關內侯에 봉해짐. 뒤에 吳를 벌한 공로로 廣武縣侯를 거쳐 司空에 오름. 惠帝 즉위 후 太子少傅가 되었으며 趙王(司馬倫)이 賈后를 폐위시키려 할 때 동조하지 않아 피살됨. 그의 詩文은 거의 佚失되었으며 뒷사람이 輯佚한《張茂先集》이 있음.《晉書》권36에 張華傳이 있음.

2. 張華詩

(1) 〈雜詩〉(《文選》권29)

　　晷度隨天運, 四時互相承.
　　東壁正昏中, 固陰寒節升.
　　繁霜降當夕, 悲風中夜興.
　　朱火靑無光, 蘭膏坐自凝.
　　重衾無暖氣, 挾纊如懷冰.
　　伏枕終遙昔, 寤言莫予應.
　　永思慮崇替, 慨然獨撫膺.

(2) 〈情詩〉(《文選》卷29) 二首

  (其一)

    清風動帷簾, 晨月照幽房.

    佳人處遐遠, 蘭室無容光.

    襟懷擁靈景, 輕衾覆空床.

    居歡惕夜促, 在感怨宵長.

    拊枕獨嘯歎, 感慨心內傷.

  (其二)

    遊目四野外, 逍遙獨延佇.

    蘭蕙緣清渠, 繁華蔭綠渚.

    佳人不在玆, 取此欲誰與.

    巢居知風寒, 穴處識陰雨.

    不曾遠別離, 安知慕儔侶.

(3) 〈答何劭詩〉(《文選》권20)

    駕言歸外庭, 放志永棲遲.

    相伴步園疇, 春草鬱鬱滋.

    榮觀雖盈目, 親友莫與俱.

    悟物增隆思, 結戀慕同儕.

    援翰屬新詩, 永歎有餘懷.

3. 《詩源辯體》권5. 제 20조

張茂先五言, 得風人之致.

4. 《詩源辯體》권5. 제 21조

茂先情麗, 正叔語工. 茂先如『朱火清無光, 蘭膏坐自凝』, 『佳人處遐遠, 蘭室無容光』, 『巢居知風寒, 穴處識陰雨. 不曾遠別離, 安知慕儔侶』等句, 甚情甚麗.

5. 《晉書》張華傳

張華字茂先, 范陽方城人也. 學業優博, 辭藻溫麗. 拜黃門侍郎中書令, 加散騎常侍, 代下邳王晃爲司空. 遇趙王倫將篡, 稱詔害之. 著博物志十篇, 及文章並行于世.

6. 《隋書》經籍志

晉司空張華集十卷, 錄一卷.

017(中-5) 魏尙書何晏, 晉馮翊守孫楚,
晉著作郞王瓚(讚), 晉司徒掾張翰,
晉中書令潘尼詩
위 상서 하안, 진 풍익수 손초,
진 저작랑 왕찬, 진 사도연 장한,
진 중서령 반니의 시

위魏나라 상서尙書 하안(何晏, 何平叔), 진晉나라 풍익수馮翊守 손초(孫楚, 孫子荊),
진晉나라 저작랑著作郞 왕찬(王瓚, 王正長), 진晉나라 사도연司徒掾 장한(張翰,
張季鷹), 진晉나라 중서령中書令 반니(潘尼, 潘正叔)의 시이다.

하안(何晏, 何平叔)의 〈의고시擬古詩〉 홍곡편鴻鵠篇은 풍규風規가 잘 드러난
작품이다. 손초(孫楚, 孫子荊)의 「영우零雨」, 왕찬(王瓚, 王正長)의 「삭풍朔風」 이후
비록 끊임없이 이러한 작품이 이어졌지만 실로 널리 알려지지 못하였다.

장한(張翰, 張季鷹)의 「황화黃華」의 노래, 반니(潘尼, 潘正叔)의 「녹번綠蘩」
구절은 비록 아름다움을 고루 갖추지는 못하였지만, 그 문채는 높고
화려하여 규룡虯龍의 편갑片甲과 봉황의 깃털 하나쯤은 체득하였다고 볼
수 있다. 사적은 같으나 온전한 성인聖人일 수는 없으니, 중품中品에 소속
시킴이 마땅하다 할 것이다.

魏尙書何晏, 晉馮翊守孫楚, 晉著作郞王瓚讚, 晉司徒掾
張翰, 晉中書令潘尼詩. 平叔鴻鵠之篇, 風規見矣. 子荊
零雨之外, 正長朔風之後, 雖有累札, 良亦無聞. 季鷹黃華

之唱, 正叔綠蘩之章. 雖不具美, 而文彩高麗. 竝得虯龍片甲, 鳳皇一毛. 事同駁聖, 宜居中品.

【鴻鵠】何晏의 〈擬古詩〉에 「鴻鵠比翼遊」의 구절을 말함.
【風規】風格과 規範.
【零雨】孫楚의 〈征西官屬送於陟陽侯作〉에 「晨風飄歧路, 零雨被秋草」의 구절. 淸 何焯의 《義門讀書記》권16에 「此詩, 骨力甚健」이라 함.
【朔風】王讚의 〈雜詩〉에 「朔風度秋草, 邊馬有歸心」의 구절.
【黃華】張翰의 〈雜詩〉에 「黃華如散金」을 말함. 《義門讀書記》권47에 「此詩, 胸懷本趣」라 함.
【綠蘩】潘尼의 〈迎大駕詩〉에 「綠蘩被廣隰」이라 함.
【事同駁聖】事跡이 같다 해도 온전한 성인은 아님. 여기서의 聖人은 종영의 《詩品》에 최고의 경지에 오른 시인을 뜻함. 駁聖은 「雜駁한 聖人」, 즉 색깔이 뒤섞여 純色이 되지 못함을 뜻함.

┌─────────────────┐
│ 참고 및 관련 자료 │
└─────────────────┘

1. 하안(何晏: 190~249)
자는 平叔, 삼국시대 魏나라 宛(지금의 하남성 南陽) 사람. 漢나라 何進의 손자로 어려서 曹操에게 눈에 띄어 才名을 떨침. 尙書에 올랐으며 曹爽의 무리에게 동조했다가 司馬懿에게 피살됨. 老莊에 심취했으며 夏侯玄, 王弼 등과 玄學을 창도하여 淸談의 기풍을 일으킴. 〈道德論〉, 〈無爲論〉 등의 글이 있으며 《論語集解》를 남김. 《三國志》권9에 傳이 있음.
(1) 《三國志》魏志 何晏傳
　　何晏, 字平叔, 南陽宛人. 曹爽秉政, 以晏爲尙書. 爲司馬宣王所誅. 晏少以才秀知名, 好老莊言, 作道德論及諸文賦, 著述凡數十篇.
(2) 何晏詩
　　〈擬古〉(《世說新語》規箴篇 注《名士傳》)
　　鴻鵠比翼遊, 羣飛戲太淸.

134 시품

常畏入羅網, 憂禍一旦並.

豈若集五湖, 從流唼浮萍.

永寧曠中懷, 何爲怵惕驚.

(3)《詩源辯體》권4 제46조(明, 許學夷)

何晏五言二篇, 托物興寄, 體制猶存.

(4)《隋書》經籍志

魏尙書何晏集十一卷. 梁十卷, 錄一卷.

(5) 李充《翰林論》

以風規治道, 蓋有詩人之旨焉.

2. 손초(孫楚: ?~294)

자는 子荊. 晉나라 초기 太原 中都(지금의 山西省 平遙縣) 출신. 재주가 있었으나 40여 세에 관직에 나서서 著作郎이 되었다가 惠帝때 憑翊太守가 되었음.《晉書》권56에 傳이 있으며 뒷사람이 집일한《孫子荊集》이 있음.

(1)《晉書》孫楚傳

孫楚, 字子荊, 太原中都人也. 才藻卓絶, 爽邁不羣. 惠帝初, 爲憑翊太守卒.

(2)孫楚詩

〈征西官屬送於陟陽侯作詩〉(《文選》권20)

晨風飄歧路, 零雨被秋草.

傾城遠追送, 餞我千里道.

三命皆有極, 咄咄安可保.

莫大於殤子, 彭聃猶爲夭.

吉凶如糾纏, 憂喜相紛繞.

天地爲我鑪, 萬物一何小.

達人垂大觀, 誡此苦不早.

乖離卽長衢, 惆悵盈懷抱.

孰能察其心, 鑒之以蒼昊.

齊契在今朝, 守之與偕老.

(3)《義門讀書記》권46

此詩骨力甚健.

(4)《隋書》經籍志

晉馮翊太守孫楚集六卷.

3. 왕찬(王讚: ?)

자는 正長. 義陽人으로 司空掾과 散騎侍郞을 지냄. 臧榮緒《晉書》에「王讚, 字正長, 義陽人也. 博學有俊才. 辟司空掾, 歷散騎侍郞卒」이라 함.《文選》 권29에 그의 〈雜詩〉 1수가 실려 있음.

(1)《文選》注에 인용된 臧榮緒《晉書》王讚傳

　　王讚, 字正長, 義陽人. 辟司空掾, 歷散騎侍郞卒.

(2) 王讚詩

　　〈雜詩〉(《文選》권29)

　　　朔風動秋風, 邊馬有歸心.

　　　胡寧久分析, 靡靡忽至今.

　　　王事離我志, 殊隔過商參.

　　　昔往鶬鶊鳴, 今來蟋蟀吟.

　　　人情懷舊鄕, 客鳥思故林.

　　　師涓久不奏, 誰能宣我心.

(3)《宋書》謝靈雲傳 論

　　子荊零雨之章, 正長朔風之句, 並直擧胸情, 非傍詩史. 正以音律, 取高前式.

(4)《隋書》經籍志

　　梁有散騎侍郞王讚集五卷. 亡.

4. 장한(張翰: ?)

자는 季鷹. 晉나라 吳郡(지금의 蘇州市) 출신. 淸才가 있고 文章에 뛰어나 「江東步兵」으로 불림. 제왕 사마경(司馬冏)을 모셔 大司馬東曹掾이 되었으나 가을 바람이 불자 고향의 苦菜와 순갱(蓴羹), 농어회(鱸魚膾)맛을 잊지 못하여 즉시 귀향한 「吳江鱸魚(松江鱸魚)」의 고사를 남긴 것으로 유명함. 《晉書》권92에 傳이 있음.

(1)《晉書》張翰傳

　　張翰, 字季鷹, 吳郡人. 齊王冏辟爲大司馬東曹掾, 見秋風起, 思吳中苦菜 蓴羹鱸魚膾. 遂命駕而歸. 有淸才, 善屬文, 其文筆數十篇, 行于世.

(2) 張翰詩

　　〈雜詩〉(《文選》권29)

　　　莫春火氣應, 白日照園林.

　　　靑條若總翠, 黃華如散金.

嘉卉亮有觀, 顧此難久耽.

延頸無良塗, 頓足託幽深.

榮與壯俱去, 賤與老相尋.

歡樂不照顏, 慘愴發謳吟.

謳吟何嗟及, 古人可慰心.

(3)《文心雕龍》才略篇

　季應辨切于短韻.

(4)《隋書》經籍志

　梁有大司馬東曹掾張翰集二卷, 錄一卷.

5. 반니(潘尼: 250?~310)

자는 正叔. 晉나라 榮陽 中牟(지금의 河南省 鶴壁縣) 출신. 平原内史 潘滿의
아들. 숙부인 潘岳과 함께 「兩潘」으로 칭해짐. 晉 武帝때 秀才로 천거되어
太常博士에 올랐으며 惠帝 때에는 太子舍人에 오름. 그 외에 黃門侍郎, 散騎
常侍, 中書令을 거쳐 懷帝 때에는 太常卿에 오름.《晉書》권55에 傳이 있음.
〈安身論〉이 유명하며 후인이 집일한《潘太常集》이 있음.

(1)《晉書》潘尼傳

　潘尼字正叔, 少有清才. 與岳俱以文章見知, 永興末, 爲中書令.

(2)潘尼詩

　〈迎大駕〉(《文選》권26)

　　南山鬱岑崟, 洛川迅且急.

　　青松蔭修嶺, 綠蘩被廣隰.

　　朝日順長塗, 夕莫無所集.

　　歸雲乘幰浮, 淒風尋帷入.

　　道逢深識士, 擧手對吾揖.

　　世故尙未夷, 崤函方嶮澀.

　　狐狸夾兩轅, 豺狼當路立.

　　翔鳳嬰籠檻, 騏驥見維縶.

　　俎豆昔常聞, 軍旅素未習.

　　且少停君駕, 徐待干戈戢.

(3)《隋書》經籍志

　晉太常卿潘尼集十卷.

018(中-6) 魏侍中應璩詩
위 시중 응거의 시

위魏나라 시중侍中 응거應璩의 시는 위魏 문제(文帝, 曹丕)를 비조鼻祖로 여겨 답습하였다.* 고어古語를 잘 활용하여 그 지시하는 사물이 은근하며 아의 雅意가 깊고 독실하여 시인으로서의 격자지지激刺之旨를 체득하였다. 「제제 금일소: 濟濟今日所」에 이르러서는 그 화미華靡함이 가히 풍송諷誦의 맛을 느끼게 한다.

魏侍中應璩詩, 祖襲魏文, 善爲古語. 指事殷勤, 雅意深篤, 得詩人激刺之旨. 至於「濟濟今日所」, 華靡可諷味焉.

---

* 陳延杰의 《詩品注》에 「今觀其文體, 頗似魏文『西北有浮雲』也」라 함.
【指事殷勤】 사건을 지적함이 은근함. 《文選》 李善 주에 《楚國先賢傳》을 인용하여 「汝南應璩作『詩一百』以譏切時事」라 함.
【激刺之旨】 《毛詩序》에 「上以風化下, 下以風刺上」이라 하였음.
【濟濟今日所】 응거의 佚詩로 보임. 글자도 잘못된 것으로 봄. 黃季剛은 「應之 濟濟今日所, 是其詩佚句. 刺有僞字」라 함.

1. 응거(應璩: 190~252)

자는 休璉, 汝南人. 應瑒의 아우로 明帝 때 散騎侍郎을 거쳐 侍中에 오름.
〈百一詩〉를 지어 당시를 풍자하였음. 원래 文集 10권이 있었으나 없어지고
明 張溥가 집일한 《應德璉·休璉集》이 있음.《三國志》魏志 권21 王粲傳에
일부 기록이 전함.

2. 〈百一詩〉(《文選》권21)

序: 時謂曹爽曰:「公今聞周公巍巍之稱, 安知百慮有一失乎?」

下流不可處, 君子愼厥初.
名高不宿著, 易用受侵誣.
前者隳官去, 有人適我閭.
田家無所有, 酌醴焚枯魚.
問我何功德, 三入承明廬.
所占於此土, 是謂仁智居.
文章不經國, 筐篋無尺書.
用等稱才學, 往往見歎譽.
避席跪自陳, 賤子實空虛.
宋人遇周客, 慙愧靡所如.

3. 《楚國先賢傳》(張方賢) (이하 《文選》권21)

汝南應休璉作百一篇詩, 譏切時事, 徧以示在事者, 咸皆怪愕, 或以爲應焚棄之,
何晏獨無怪也.

4. 《翰林論》(李充)

應休璉五言詩百數十篇, 以風規治道, 蓋有詩人之旨焉.

5. 《晉陽秋》(孫盛)

應璩作五言詩百三十篇, 言時事頗有補益, 世多傳之.

6. 《文章錄》

璩字休璉, 博學好屬文, 明帝時歷官散騎侍郎. 曹爽多違法度, 璩爲詩以諷焉.
典著作, 卒.

7.《文章志》

璩, 汝南人也. 詩序曰: 下流. 應侯自誨也.

8.《文心雕龍》明詩篇

若乃應璩百一, 獨立不懼. 辭譎義貞, 亦魏之遺直也.

9.《三國志》魏志 권21 王粲傳 本文 및 注

瑒弟璩, 以文章顯. 官至侍中. 注: 文章敍錄曰: 璩字休璉, 博學好屬文, 善爲
書記文. 明帝世歷官散騎常侍. 齊王卽位, 稍遷侍中, 大將軍長史曹爽秉政, 多違
法度, 璩爲詩以諷焉. 其言雖頗諧合, 多切時要, 世共傳之. 復爲侍中典著作,
嘉平四年卒. 追贈衛尉.

10.《詩源辯體》

應璩百一詩則猶近拙樸.

11.《齊書》文學傳論

應璩指事. 成書古詩存曰: 純用古事, 筆力足以運之, 故佳.

12.《隋書》經籍志

魏衛尉卿應璩集十卷, 梁有錄一卷.

漢代 畫像石〈車馬紋〉

019(中-7) 晉淸河守陸雲, 晉侍中石崇,
晉襄城太守曹攄, 晉朗陵公何劭詩
진 청하수 육운, 진 시중 석숭,
진양성태수 조터, 진 낭릉공 하소의 시

진晉나라 청하수淸河守 육운陸雲, 진晉나라 시중侍中 석숭(石崇, 石季倫), 진晉
나라 양성태수襄城太守 조터(曹攄, 顔遠), 진晉나라 낭릉공朗陵公 하소何劭의
시이다.
청하수淸河守 육운陸雲을 평원(平原, 陸機)에 비교한다면 아마 진사왕(陳思王,
曹植)과 백마왕(白馬王, 曹彪)을 비교하는 것과 같을 것이다. 둘 모두 어진 형
뻘이다. 그 때문에 「이륙二陸」이라 부르는 것이다. 석숭(石崇, 石季倫)과 조터
(曹攄, 顔遠)는 둘 모두 뛰어난 문장을 지었다. 치우침 없이 논한다면 하소
何劭가 가장 훌륭하다.

晉淸河守陸雲, 晉侍中石崇, 晉襄城太守曹攄, 晉朗陵公
何劭詩. 淸河之方平原, 殆如陳思之匹白馬, 于其哲昆, 故稱
二陸. 季倫·顔遠, 竝有英篇. 篤而論之, 朗陵爲最.

【方】比와 같음. 비교함.
【哲昆】哲은 賢哲. 昆은 昆仲. 어진 형이라는 뜻.
【二陸】陸機와 陸雲.

1. 육운(陸雲: 262~303)

자는 士龍, 吳郡 출신. 陸機의 아우. 두 형제 모두 문장에 뛰어나 「二陸」이라 불림. 成都王(司馬穎)을 섬겨 淸河內史를 지냈음. 그 때문에 흔히 陸淸河로 불림. 그 형이 피살당하자 陸雲도 함께 해를 입음.《晉書》권54에 傳이 있으며, 明 張溥가 집일한《陸士龍集》이 있음.

(1)《晉書》陸雲傳

　　陸雲, 字士龍, 六歲能屬文. 與兄機齊名. 雖文章不及, 而持論過之. 成都王
　　穎表爲淸河內史, 機被收, 並受害. 所著文章三百四十九篇, 又撰新書十篇,
　　並行于世.

(2)《隋書》經籍志

　　晉淸河太守陸雲集十二卷. 梁十卷, 錄一卷.

(3)陸雲詩

〈爲顧彦先贈婦往返〉(《文選》권25. 4首중 2首)

　　(其一)

　　　　我在三川陽, 子居五湖호.

　　　　山海一何曠, 譬彼飛鳧호.

　　　　目想淸慧姿, 耳存淑媚音.

　　　　獨寐多遠念, 寤言撫空衿.

　　　　彼美同懷子, 非爾誰爲心.

　　(其二)

　　　　悠悠君行邁, 煢煢妾獨止.

　　　　山河安可踰, 永路隔萬里.

　　　　京師多妖冶, 粲粲都人子.

　　　　雅步擢纖腰, 巧言發皓齒.

　　　　佳麗良可美, 衰賤焉足紀.

　　　　遠蒙眷顧言, 銜恩非望始.

(4)《文心雕龍》才略篇

　　士龍朗練, 以識檢亂, 故能布采鮮淨, 敏於短篇.

2. 석숭(石崇: 249~300)

자는 季倫. 西晉 渤海 南皮(지금의 河北省 南皮縣) 출신. 처음 修武令, 城陽

太守를 거쳐 吳를 벌한 공로로 安陽鄕侯에 봉해짐. 그 뒤 散騎常侍, 侍中, 荊州刺史 등을 역임함. 荊州에서 客商을 압박하여 재산을 모아 巨富가 되었으며 사치와 호사를 누림. 河陽에 金谷園을 지어 王愷 등과 富를 경쟁한 일화가 《世說新語》 등에 실려 있음. 뒤에 淮南王 司馬允, 齊王 司馬冏 등과 결탁했다가 趙王 司馬倫에게 참수당함.《晉書》권33에 傳이 있음. 지금은 五言詩 3수가 전하며 그 중〈王明君辭〉가 가장 유명함.

(1)《晉書》石崇傳

　　石崇, 字季倫, 渤海南皮人也. 少敏惠, 好學不倦. 拜黃門郞, 累遷散騎常侍中衞卿, 爲趙王倫所誅.

(2)《隋書》經籍志

　　晉衞卿石崇集六卷, 梁有錄一卷.

(3)石崇詩

〈王明君辭(幷書)〉《文選》권27)

　　王明君者, 本是王昭君. 以觸文帝諱改之. 匈奴盛, 請婚於漢元帝, 以後宮良家子昭君配焉. 昔公主嫁烏孫, 令琵琶馬上作樂, 以慰其道路之思, 其送明君, 亦必爾也. 其造新曲, 多哀怨之聲, 故敍之於紙云爾.

　　我本漢家子, 將適單于庭.

　　辭訣未及終, 前驅已抗旌.

　　僕御涕流離, 轅馬悲且鳴.

　　哀鬱傷五內, 泣淚沾朱纓.

　　行行日已遠, 遂造匈奴城.

　　延我於穹廬, 加我閼氏名.

　　殊類非所安, 雖貴非所榮.

　　父子見陵辱, 對之慙且驚.

　　殺身良不易, 默默以苟生.

　　苟生亦何聊, 積思常憤盈.

　　願假飛鴻翼, 乘之以遐征.

　　飛鴻不我顧, 佇立以屛營.

　　昔爲匣中玉, 今爲糞上英.

　　朝華不足歡, 甘與秋草幷.

　　傳語後世人, 遠嫁難爲情.

(4)淸, 何焯《義門讀書記》권47

　　石季倫〈王明君辭〉, 逼似陳王. 此詩可以諷失節之士.

3. 조터(曹攄: ?~308)

자는 顔遠. 譙國人. 처음 緱臨淄令을 시작으로 洛陽令을 지냈으며 齊王 司馬 冏을 보좌하여 左思와 함께 記室을 지냄. 惠帝末에 襄城太守를 지냈고 永嘉 때에는 征南司馬가 되었으나 流人 왕유(王逌)를 토벌하다가 패하여 죽음. 지금은 五言詩 3수가 전하며 〈感舊詩〉가 유명함. 《晉書》권90에 傳이 있음.

(1)《晉書》曹攄傳

曹攄, 字顔遠, 譙國譙人也. 好學善屬文, 惠帝末, 爲襄城太守. 永嘉二年, 爲征南司馬, 與流人王逌戰死之.

(2)《隋書》經籍志

梁有征南司馬曹攄集二卷. 錄一卷.

(3)曹攄詩

〈感舊詩〉(《文選》권29)

富貴他人合, 貧賤親戚離.

廉藺門易軌, 田竇相奪移.

晨風集茂林, 棲鳥去枯枝.

今我唯困蒙, 羣士所背馳.

鄕人敦懿義, 濟濟蔭光儀.

對賓頌有客, 擧觴詠露斯.

臨樂何所歎, 素絲與路歧.

(4)《義門讀書記》권47

曹顔遠〈感舊詩〉, 淺薄無餘味. 殷令軍誦之而泣下. 蓋各有所感耳.

4. 하소(何劭: ?~301)

자는 敬祖. 陳國人. 처음 祠國掾을 시작으로 尙書左僕射에 올랐으며 죽은 후 郞陵郡公에 습봉됨. 시호는 康子. 《晉書》권33에 傳이 있음.

(1)《晉書》何劭傳(略)

何劭, 字敬祖, 陳國陽夏人也. 博學善屬文, 趙王倫簒位, 以劭爲太宰, 永寧 元年薨, 贈司徒, 謚曰康子. 劭父曾封朗陵侯, 劭嗣爵.

(2)《隋書》經籍志

梁有太宰何劭集一卷. 錄一卷.

(3)何劭詩

◎〈遊仙詩〉(《文選》권21)

靑靑陵上松, 亭亭高山柏.

光色冬夏茂, 根柢無凋落.
吉士懷貞心, 悟物思遠託.
揚志玄雲際, 流目矚巖石.
羨昔王子喬, 友道發伊洛.
迢遞陵峻岳, 連翩御飛鶴.
抗跡遺萬里, 豈戀生民樂?
長懷慕仙類, 眩然心緜邈.

◎〈贈張華〉(《文選》권24)
　　四時更代謝, 懸象迭卷舒.
　　莫春忽復來, 和風與節俱.
　　俯臨清泉涌, 仰觀嘉木敷.
　　周旋我陋圃, 西瞻廣武廬.
　　旣貴不忘儉, 處有能存無.
　　鎮俗在簡約, 樹塞焉足慕.
　　在昔同班司, 今者並園墟.
　　私願偕黃髮, 消搖綜琴書.
　　擧爵茂陰下, 携手共躊躕.
　　奚用遺形骸, 忘荃在得魚.

◎〈雜詩〉(《文選》권29)
　　秋風乘夕起, 明月照高樹.
　　間房來清氣, 廣庭發暉素.
　　靜寂愴然歎, 惆悵出遊顧.
　　仰視垣上草, 俯察階下露.
　　心虛體自輕, 飄搖若仙步.
　　瞻彼陵上相, 想與神人遇.
　　道深難可期, 精微非所慕.
　　勤思終遙夕, 永言寫情慮.

(4)《義門讀書記》권46
　　何敬祖〈遊仙詩〉, 遊仙正體. 弘農其變. 此詩似爲愍懷太子作.

(5)《文心雕龍》才略篇
　　陸機才欲窺深, 辭務索廣, 故思能入巧, 而不制繁. 七龍朗練, 以識檢亂, 故能布采鮮淨, 敏於短篇. ……曹攄清靡於長篇.

(6) 臧榮緖《晉書》

何劭, 字敬宗, 陳國人也. 博學多聞, 善屬篇章. 初爲相國掾, 稍遷尙書左
僕射, 薨.

〈雙鴻圖〉 明 呂紀(그림)

020(中-8) 晉太尉劉琨, 晉中郎盧諶詩
진 태위 유곤, 진 중랑 노심의 시

진晉나라 태위太尉 유곤劉琨과 진나라 중랑中郎 노심盧諶의 시는 왕찬
王粲에 그 근원을 두고 나왔다.* 처려지사凄戾之詞를 잘 썼으며 스스로
청발淸拔한 기백이 있다고 여겼다. 유곤은 이미 뛰어난 재능을 체득하고
있었으며 게다가 액운을 만나기까지 하였다. 상란喪亂의 감정을 잘 표현
하였고 감한感恨의 가사가 많은 것은 바로 이 때문이다. 진晉나라 중랑
中郎 노심盧諶이 그의 작품을 이어받았지만 약간 미치지 못한다.

晉太尉劉琨, 晉中郎盧諶詩, 其源出於王粲. 善爲悽戾之辭,
自有淸拔之氣. 琨旣體良才, 又罹厄運, 故善敍喪亂, 多感
恨之詞. 中郎仰之, 微不逮者矣.

* 淸, 劉熙載의 《藝槪》詩槪에 「鍾嶸謂越石詩出於王粲, 以格言耳」라 함.
【悽戾】悲涼함. 처연함.
【淸拔】淸勁하고 挺拔함. 明, 許學夷《詩源辯體》권5 二十七條에 「劉越石五言,
　　篇什不多, 其〈贈盧諶〉及〈扶風歌〉, 語甚渾樸, 氣頗遒邁, 元裕之詩謂『可惜幷州
　　劉越石, 不敎橫槊建安中』是也」라 함.

1. 유곤(劉琨: 270~318?)

자는 越石, 晉 中山(지금의 河北省 定縣)의 魏昌人. 나이 26세에 司隷從事가 되었으며 유곤의 형제 및 石崇, 歐陽建, 陸機, 陸雲 등과 文才로 이름을 날려 「二十四友」라 불림. 八王之亂을 거쳐 懷帝 때 幷州刺史가 되었으며 다시 司空에 오름. 뒤에 모함에 걸려 살해되었으며 侍中, 太尉를 추증받았음. 시호는 愍.《晉書》권62에 전이 있으며「先吾着鞭」,「枕戈得旦」,「聞鷄起舞」등의 고사를 낳은 것으로도 유명함. 明, 張溥가 집일한《劉中山集》이 있음.

(1)《晉書》劉琨傳(略)

　　劉琨, 字越石, 中山魏昌人. 少得儁朗之目, 文詠頗爲當時所評. 永嘉元年 爲幷州刺史, 愍帝卽位拜大將軍司空都督幷冀幽諸軍事, 元帝稱制, 轉琨 侍中太尉, 後爲段匹磾縊殺.

(2)《隋書》經籍志

　　晉太尉劉琨集九卷, 梁十卷. 劉琨別集十二卷.

(3)《漁洋詩話》

　　劉琨宜在上品.

(4)劉琨詩

◎〈重贈盧諶詩〉(《文選》권25)

　　握中有懸璧, 本自荊山璆.

　　惟彼太公望, 昔在渭濱叟.

　　鄧生何感激, 千里來相求.

　　白登幸曲逆, 鴻門賴留侯.

　　重耳任五賢, 小白相射鉤.

　　苟能隆二伯, 安問黨與讎.

　　中夜撫枕歎, 想與數子游.

　　吾衰久矣夫, 何其不夢周.

　　誰云聖達節, 知命故不憂.

　　宣尼悲獲麟, 西狩涕孔丘.

　　功業未及建, 夕陽忽西流.

　　時哉不我與, 去乎若雲浮.

　　朱實隕勁風, 繁英落素秋.

狹路傾華蓋, 駿駬摧雙輈.

何意百鍊剛, 化爲繞指柔.

◎〈扶風歌〉(《文選》권28)

朝發廣莫門, 莫宿舟水山.

左手彎繁弱, 右手揮龍淵.

顧瞻望宮闕, 俯仰御飛軒.

據鞍長歎息, 淚下如流泉.

繁馬長松下, 發鞍高岳頭.

烈烈悲風起, 冷冷澗水流.

揮手長相謝, 哽咽不能言.

浮雲爲我結, 歸鳥爲我旋.

去家日已遠, 安知存與亡.

慷慨窮林中, 抱膝獨摧藏.

麋鹿遊我前, 猿猴戲我側.

資糧旣乏盡, 薇蕨安可食.

攬轡命徒侶, 吟嘯絶巖中.

君子道微矣, 夫子故有窮.

惟昔李騫朝, 寄在匈奴庭.

忠信反獲罪, 漢武不見明.

我欲竟此曲, 此曲悲且長.

棄置勿重陳, 重陳會心傷.

(3) 淸, 劉熙載《藝槪》

鍾嶸謂越石詩出于王粲, 以格言耳. 案仲宣流客, 而遭喪亂, 其詞悽戾, 越石
所處境同也. ……兼悲壯者, 其惟劉越石乎!

(4)《文心雕龍》才略篇

劉琨雅壯而多風, 盧諶情發而理昭, 亦遇之于時勢也.

2. 노심(盧諶: 284~350)

자는 子諒, 范陽人. 劉琨의 主簿를 거쳐 從事中郎을 지냄. 뒤에 石崇에게 의지
했다가 冉閔이 石崇을 誅殺할 때 함께 죽임을 당함.《晉書》권44에 傳이 있음.

(1)《晉書》盧諶傳(略)

盧諶, 字子諒, 范陽涿人也. 好老莊, 善屬文. 爲劉琨司空主簿, 轉從事中郎,
流離世故終隨冉閔軍於襄國遭害.

(2)《隋書》經籍志

    晉司空從事中郎盧諶集十卷, 梁有錄一卷.

(3) 盧諶詩

    ◎〈覽古詩〉(《文選》권21)

        趙氏有和璧, 天下無不傳.

        秦人來求市, 厥價徒空言.

        與之將見賣, 不與恐致患.

        簡才備行李, 圖令國命全.

        藺生在下位, 繆子稱其賢.

        奉辭馳出境, 伏軾遙入關.

        秦王御殿坐, 趙使擁節前.

        揮袂睨金柱, 身玉要俱捐.

        連城既偽往, 荊玉亦真還.

        爰在澠池會, 二主克交歡.

        昭襄欲負力, 相如折其端.

        眥血下沾襟, 怒髮上衝冠.

        西缶終雙擊, 東瑟不更彈.

        捨生豈不易, 處死誠獨難.

        秇威章臺顛, 彊禦亦不干.

        屈節邯鄲中, 俛首忍迴軒.

        廉公何爲者, 負薪謝厥愆.

        智勇冠當世, 弛張使我歎.

    ◎〈時興詩〉(《文選》권30)

        亹亹圖象運, 悠悠方儀廓.

        忽忽歲云暮, 游原采蕭藿.

        北踰芒與河, 南臨伊與洛.

        凝霜霑蔓草, 悲風振林薄.

        槭槭芳葉零, 榮榮芬葉落.

        下泉激洌清, 曠野增遼索.

        登高眺遐荒, 極望無崖垠.

        形變隨時化, 神感因物作.

        澹乎至人心, 恬然存玄漠.

021(中-9) 晉宏(弘)農太守郭璞詩
진 굉농태수 곽박의 시

진晉나라 굉농태수(宏農太守, 弘農太守) 곽박郭璞의 시는 반악潘岳을 법으로 삼고 있어 그의 문체는 반악과 서로 빛을 다투며, 그 훌륭한 빛을 가이 즐길 만하다. 그에 이르러 비로소 영가永嘉의 평담平淡한 작품이 변하게 되었다. 그 때문에 그를 중흥中興의 제일第一이라 부르는 것이다. 이충李充의 《한림론翰林論》에서는 시詩에서 그를 으뜸이라 여겼다. 다만 〈유선시游仙詩〉 는 가사가 강개慷慨한 쪽에 치우쳐 현학玄學의 종지宗旨와는 거리가 멀고 얼그러져 있다. 그는 "어찌 호표의 모습이리오?:(奈何虎豹姿)"라 읊었고, 또 "날개를 퍼득여 진경에 살도다:(戢翼棲榛梗)"라 하였다, 이는 감람坎壈한 영회 詠懷의 구절로 열선列仙의 취향은 아니다.

晉宏弘農太守郭璞詩, 憲章潘岳, 文體相輝, 彪炳可翫. 始變永嘉平淡之體, 故稱中興第一. 翰林以爲詩首. 但遊仙 之作, 辭多慷慨, 乖遠玄宗. 而云「奈何虎豹姿」, 又云「戢翼 棲榛梗」, 方是坎壈詠懷, 非列仙之趣也.

【宏農太守】弘農太守
【憲章】「법으로 여기다」의 뜻.

【永嘉】晉 懷帝의 연호. 30⌐~313년. 上品序 참조.

【中興】《詩經》大雅 烝民篇 序에 「任賢使能, 周室中興焉」이라 함. 여기서는 동진의 건국으로 남방에서 다시 흥성함을 뜻하며 東晉 시대를 지칭하는 말로 쓰임.

【翰林論】李充의 저작으로 지금은 전하지 않음(前出).

【玄宗】玄學의 宗旨. 魏晉시대의 玄風을 말함.

【奈何虎豹姿】逯欽立 집록의 《先秦漢魏晉南北朝詩》에 이 구절이 없는 것으로 보아 곽박의 佚詩로 여겨짐. 그 다음의 「戢翼棲榛梗」의 구절도 佚詩임.

【坎壈】첩운연면어로 뜻을 이루지 못한 모습을 표현하는 말.

【列仙】신선들. 여기서는 곽박이 〈游仙詩〉를 썼지만 위에 든 두 구절은 仙風이 아니라는 뜻.

참고 및 관련 자료

1. 곽박(郭璞: 276~324)

자는 景純. 晉나라 河東 聞喜(지금의 山西省 聞喜縣) 출신. 五行, 天文, 卜筮, 占卜에 두루 밝아 이름을 날렸으며, 詩文은 물론 學問에도 뛰어난 업적을 남김. 弘農(宏農)太守를 역임하였음. 《爾雅》,《山海經》에 주를 달고, 《穆天子傳》, 《方言》 등을 짓기도 하였음. 《晉書》권72에 傳이 있음.

2. 《晉書》郭璞傳(略)

郭璞, 字景純, 河東聞喜人也. 博學有高才, 而訥於言論. 詞賦爲中興之冠. 所作詩賦誄頌數萬言. 王敦起璞爲記室參軍, 敦將擧兵, 使璞筮, 璞曰:「無成」敦怒收斬之. 敦平, 追贈宏農太守.

3. 《隋書》經籍志

晉弘農太守郭璞集十七卷. 梁十卷, 錄一卷.

4. 《漁洋詩話》

郭璞宜在上品.

5. 〈遊仙詩〉7首(《文選》권21)

　(其一)

　　京華遊俠窟, 山林隱遯棲.

朱門何足榮? 未若託蓬萊.
臨源挹清波, 陵崗掇舟蕤.
靈谿可潛盤, 安事登雲梯.
漆園有傲吏, 萊氏有逸妻.
進則保龍見, 退爲觸藩羝.
高蹈風塵外, 長揖謝夷齊.

(其二)

青谿千餘仞, 中有一道士.
雲生梁棟間, 風出窗戶裏.
借問此何誰? 云是鬼谷子.
翹迹企潁陽, 臨河思洗耳.
閶闔西南來, 潛波渙鱗起.
靈妃顧我笑, 粲然啓玉齒.
蹇脩時不存, 要之將誰使?

(其三)

翡翠戲蘭苕, 容色更相鮮.
綠蘿結高林, 蒙籠蓋一山.
中有冥寂士, 靜嘯撫清絃.
放情陵霄外, 嚼藥挹飛泉.
赤松臨上遊, 駕鴻乘紫煙.
左挹浮丘袖, 右拍洪崖肩.
借問蜉蝣輩, 寧知龜鶴年?

(其四)

六龍安可頓, 運流有代謝.
時變感人思, 已秋復願夏.
淮海變微禽, 吾生獨不化.
雖欲騰丹谿, 雲螭非我駕.
愧無魯陽德, 迴日向三舍.
臨川哀年邁, 撫心獨悲吒.

(其五)

逸翮思拂霄, 迅足羨遠遊.
清源無增瀾, 安得運吞舟?

珪璋雖特達, 明月難闇投.
潛穎怨青陽, 陵苕哀素秋.
悲來惻丹心, 零淚緣纓流.
(其六)
雜縣寓魯門, 風煖將為菑.
吞舟涌海底, 高浪駕蓬萊.
神仙排雲出, 但見金銀臺.
陵陽挹丹溜, 容成揮玉杯.
姮娥揚妙音, 洪崖頷其頤.
升降隨長煙, 飄飄戲九垓.
奇齡邁五龍, 千歲方嬰孩.
燕昭無靈氣, 漢武非仙才.
(其七)
晦朔如循環, 月盈已見魄.
蓐收清西陵, 朱羲將由白.
寒露拂陵苕, 女蘿辭松柏.
蕣榮不終朝, 蜉蝣豈見夕?
圓丘有奇草, 鍾山出靈液.
王孫列八珍, 安期鍊五石.
長揖當塗人, 去來山林客.

6. 기타 참고자료

(1)《南齊書》文學傳論

江左風味, 盛道家之言, 郭璞舉其靈變.

(2)《文心雕龍》明詩篇

江左篇製, 溺乎玄風. 袁孫以下, 雖各有雕采, 然辭趣一揆. 莫與爭雄. 所以
景純仙篇, 挺拔而為峻矣.

(3)《文心雕龍》才畧篇

景純豔逸, 足冠中興.

(4)《晉書》

璞詞賦為中興之冠.

(5) 劉熙載

郭景純亮節之士, 游仙詩假棲遁之言, 而激烈悲憤, 自在言外.

(6) 許學夷

愚按景純游仙中, 雖雜坎壈之語, 至如放情凌霄外, 嚼蘂挹飛泉, 神仙排雲出, 但見金銀臺, 升降隨長煙, 飄飄戲九垓, 鮮裳逐電曜, 雲蓋隨風廻等句, 則亦稱工矣.

(7) 陳祚明

景純本以仙姿遊于方內, 其超越恒情, 乃在造語奇傑, 非關命意. 遊仙之作, 明屬寄託之詞, 如以列仙求之, 非其本旨矣.

(8) 方植之

景純此詩, 正道其本事, 鍾記室乃譏之, 誤也.

(9) 鄭文焯

湘綺翁論璞遊仙詩舉典繁富, 言之有物, 蓋託詠當時宮中之事, 喻以列仙之遊, 義多諷歎, 而此謂坎壈自悲, 未爲得也.

(10) 古直

乖遠玄宗, 非列仙之趣. 言其名雖遊仙實則詠懷, 非貶辭也. 乃李善不寤, 而有見非前識之言. 沈歸愚, 陳沆亦遂集矢仲偉, 以爲妄. 然沈氏曰: 遊仙詩本有託而言, 坎壈詠懷, 其本旨也. 陳氏曰: 六龍安可頓一首, 直舉胸臆, 慷慨如斯, 其說皆本之仲偉, 而反操矛入室, 何哉!

漢代 畫像石〈車騎紋〉

022(中-10) 晉吏部郞袁宏詩
진 이부랑 원굉의 시

진晉나라 이부랑吏部郞 원굉(袁宏, 袁彦伯)의 시이다. 원굉彦伯의 〈영사詠史〉
시는 그 문체는 비록 강한 힘을 갖추고 있지 못하나 내용이 선명鮮明하고
긴건緊健하여 범속凡俗함을 벗어남이 아주 대단하다.

晉吏部郞袁宏詩, 彦伯詠史, 雖文體未遒, 而鮮明緊健,
去凡俗遠矣.

【吏部郞】 벼슬 이름. 吏部의 郞官.
【未遒】 遒는 强勁有力함을 뜻함.
【緊健】 쌍성연면어로 쓰였음. 緊湊하면서도 穩健함을 뜻함.

참고 및 관련 자료

1. 원굉(袁宏: 328~376)
자는 彦伯. 侍中 袁猷의 손자. 어릴 때 자는 虎. 陳郡 河陽(지금의 河南省
太康縣) 출신. 어려서 고아였으나 재주가 뛰어났고 文章에 絶美했다고 함.
謝尙의 추천을 받아 桓溫의 記室이 되기도 하였으며, 뒤에 吏部郞을 거쳐

東陽太守에 오름. 그는 많은 著作을 남겼으며 그 중《後漢紀》30권과《竹林名士傳》,〈北征賦〉,〈三國名臣頌〉등이 유명함.《晉書》권92에 傳이 있음.

2.《晉書》袁宏傳(略)

袁宏, 字彥伯, 侍中猷之孫也. 有逸才, 文章絶美. 謝尙書引爲參軍, 累遷大司馬桓溫記室, 後自李部郎出爲東郡太守卒. 撰後漢紀三十卷, 及竹林名士傳三卷, 詩賦誄表等雜文凡三白首, 傳於世.

3.《隋書》經籍志

陳東陽太守袁宏集十五卷, 梁二十卷, 錄一卷.

4. 袁宏詩

〈詠史詩〉二首(《文選》에는 없음)

(其一)

周昌梗槪臣, 辭達不爲訥.

汲黯社稷器, 棟梁天表骨.

陸買厭解紛, 詩與酒檮杌.

婉轉將相門, 一言和平勃.

趨舍各有之, 俱令道不沒.

(其二)

無名困螻蟻, 有名世所疑.

中庸難爲體, 狂狷不及時.

楊惲非忌貴, 知及有餘辭.

躬畊南山上, 蕪穢不遑治.

趙瑟奏哀音, 秦聲歌新詩.

吐音非凡唱, 負此欲何之.

5.《世說新語》文學篇

袁虎少貧, 爲人傭載運租. 謝鎭西徑船行, 其夜淸風朗月, 聞江渚間估客船上有詠詩聲, 甚有情致, 所誦五言, 又其所未嘗聞, 歎美不能已. 卽遣委曲訊問, 乃是袁自詠其所作詠史詩, 因此相邀, 大相賞得.

6.《續晉陽秋》

虎少有逸才, 文章絶麗, 曾爲詠史詩, 是其風情所寄. 謝尙鎭牛渚, 乘秋佳風月, 率爾與左右微服泛江, 會虎在運租船中諷詠, 聲旣淸會辭又藻拔, 卽其詠史之

作也. 尚佳其率有勝敗, 卽遣要迎談話申旦, 自此名譽日茂.

7.《文心雕龍》才略篇

袁宏發軫以高驤, 故卓出而多偏.

〈飛鳥琺瑯瓶〉도자기 그림 청

023(中-11) 晉處士郭泰機, 晉常侍顧愷之,
　　　　　　　宋謝世基, 宋參軍顧邁,
　　　　　　　宋參軍戴凱詩
　　　　　　진 처사 곽태기, 진 상시 고개지,
　　　　　　송 사세기, 송참 군고매,
　　　　　　송 참군 대개의 시

　　진晉나라 처사處士 곽태기郭泰機, 진晉나라 상시常侍 고개지(顧愷之, 顧長康),
송宋나라 사세기謝世基, 송宋나라 참군參軍 고매顧邁, 송宋나라 참군參軍
대개戴凱의 시이다.

　　곽태기郭泰機의 〈한녀寒女〉시는 고원孤怨한 정취가 넘쳐난다. 이는 당연히
한을 담을 수밖에 없는 것이었다. 고개지(顧愷之, 顧長康)는 능히 두 개의
운韻으로 네 수首의 시에 화답*하는 아름다운 작품을 읊어냈다. 사세기
謝世基는 〈횡해橫海〉를, 고매顧邁는 〈홍비鴻飛〉라는 시를 남겼다. 대개戴凱는
사람됨은 실제로 가난하고 파리羸瘰하였지만 문장에 대한 재주는 풍부하고
건강하였다. 이상 다섯 사람을 보건대 그들이 남긴 문장은 비록 많지 않지만
기조氣調는 경발警拔하였다. 나는 그들을 상품上品에 진입시키고자 하였지만
포조鮑照·강엄江淹도 상품에 오르지 못하였음을 이유로 한자리 뛰어내려
중품中品으로 결정하였고, 모두들 "그렇게 함이 마땅하다!"라 하였다.

晉處士郭泰機, 晉常侍顧愷之, 宋謝世基, 宋參軍顧邁,
宋參軍戴凱詩. 泰機寒女之製, 孤怨宜恨. 長康能以二韻

答四首之美. 世基橫海, 顧邁鴻飛. 戴凱人實貧羸, 而才章富健. 觀此五子, 文雖不多, 氣調警拔. 吾許其進, 則鮑照·江淹, 未足逮止. 越居中品, 僉曰:「宜哉!」

【處士】 벼슬없이 지낸 인물을 부르는 말.

【寒女】 郭泰機의 〈答傅咸〉에 「皦皦白素絲, 織爲寒女衣」라 하였으며, 淸, 何焯의 《義門讀書記》 권16에 「詩乃贈傅, 非答也」라 하여 뒷사람이 잘못 轉寫한 것이라 함.

＊ 자세한 典故나 내용을 알 수 없음.

【橫海】 謝世基가 사형에 이르러 지은 시. 참고란을 볼 것.

【鴻飛】 顧邁의 佚詩句. 고매의 시는 지금 전하는 것이 없음.

【貧羸】 집안이 가난하고 몸은 쇠약함을 뜻함.

【警拔】 시의 품격이 특출하고 뛰어남.

> 참고 및 관련 자료

1. 곽태기(郭泰機: ?)

河南人, 가난한 문벌 출신으로 벼슬길에 오르지도 못하였음. 그 때문에 處士라 부른 것. 《答傅咸詩》 1수만이 전함.

(1) 《文選》注에 引用된 《傅咸集》

  河南郭泰機, 寒素後門之士, 不知余無能爲益, 以詩見激切, 可施用之才而況沉淪不能自拔于世. 余雖心知之, 而末如之何, 此屈非復文辭所了. 故直戲以答其詩云. 咸詩不傳.

(2) 郭泰機詩

  〈答傅咸〉(《文選》 권25)

  皦皦白素絲. 織爲寒女衣.
  寒女雖妙巧. 不得秉杼機.
  天寒知運速. 況復鴈南飛.
  衣工秉刀尺. 棄我勿若遺.

人不取諸身. 世士焉所希.
　　況復已朝餐. 曷由知我饑.

2. 고개지(顧愷之: 346~407)

자는 長康. 晉나라 때의 유명한 畫家. 어릴 때 자는 虎頭. 晉陵 無錫(지금의 江蘇省 無錫) 출신으로 재기가 넘쳤음. 桓溫이 그를 大司馬參軍으로 삼았으며 謝安은 그를 「역대 이래 더 없는(蒼生來所無) 인물」이라 칭찬함. 당시 사람들은 그를 三絶, 즉 才絶, 畫絶, 癡絶로 불렀음. 저서로《文集》,《啓蒙記(啓矇記)》가 있었으나 지금은 전하지 않으며《晉書》권92에 전이 있고,《世說新語》,《歷代名畫記》등에 그의 일화가 전함.

(1)《晉書》顧愷之傳(略)

　　顧愷之, 字長康, 晉陵無錫人也, 傅學有才氣, 義熙中爲散騎常侍, 俗傳愷之三絶. 才絶, 癡絶, 畫絶. 著文集及啓矇記行于世.

(2)《隋書》經籍志

　　晉通直常侍顧愷之集七卷. 梁二十卷.

(3)顧愷之詩

　　〈四詩〉(《陶淵明集》에 도연명의 시로 잘못 수록되어 있음.《藝文類聚》에는〈神情詩〉라 함)

　　春水滿四澤, 夏雲多奇峰.

　　秋月揚明輝, 冬嶺秀孤松.

(4)《世說新語》言語篇(《晉書》권92 文苑傳도 같음)

　　顧長康拜桓宣武墓, 作詩云:「山崩溟海竭, 漁鳥將何依?」

(5)《世說新語》文學篇 주에 인용된《續晉陽秋》

　　爲散騎常侍與謝瞻連省夜於月下長詠, 自云得先賢風制, 瞻每遙贊之. 愷之得此, 彌自力忘倦.

(6)《世說新語》文學篇 注에 인용된《晉中興書》

　　愷之傅學有才氣, 爲人遲鈍而自衿尙, 爲時所笑.

3. 사세기(謝世基: ?~426)

남조 宋나라 衛將軍 謝晦의 從子.《宋史》謝晦傳에 일부 기록이 있을 뿐임.

(1)《宋書》謝晦傳

　　晦兄絢, 高祖鎭軍長史, 早卒. 世基, 絢之子也, 有才氣. ……世基臨死爲連句詩曰:「偉哉橫海鯨, 壯矣垂天翼. 一旦失風水, 翻爲螻蟻食.」晦續之曰:「功遂侔昔人, 退保無智力. 已涉大行險, 斯路信難陟.」

(2)謝世基 시는 전하는 것이 없음.

4. 고매(顧邁: ?)

생애를 자세히 알 수 없으며 전하는 시도 없음. 다만 《隋書》經籍志《王微集》아래의 注에 「梁又宋征北行參軍顧邁集二十卷, 亡」이라는 기록이 보일 뿐임.

5. 대개(戴凱: ?)

역시 생애를 알 수 없으며 《隋書》經籍志 宋《湯惠休集》 아래의 주에 「梁又戴凱之集六卷, 亡」이라는 기록이 보일 뿐임.

顧愷之 〈女史箴圖〉

024(中-12) 宋徵士陶潛詩
송 징사 도잠의 시

송宋나라 징사徵士 도잠(陶潛, 陶淵明)의 시는 응거應璩에 그 원류를 두고 나왔으며* 또한 좌사左思의 풍력風力과도 결합되어 있다. 그의 문체는 생정省淨하여 거의 장어長語가 없다. 독실한 시의詩意가 매우 고졸古拙하며 사흥詞興이 완협婉愜하다. 매번 그의 문장을 볼 때면 그의 덕이 그리워진다. 세상에는 그의 시가 질직質直하다고 한탄한다. 그의 "환담 속에 봄술을 마시도다;(歡言酌春酒)"나 "날은 저문데 하늘에 구름 한 점 없도다;(日暮天無雲)"등의 구절에 이르면, 그 풍화風華하고 청미清靡한 맛이 어찌 농촌 사람들의 거친 언어라고만 할 수 있겠는가? 도연명은 고금 은일시인隱逸詩人의 종宗이로다.

宋徵士陶潛詩, 其源出於應璩, 又協左思風力. 文體省淨, 殆無長語. 篤意眞古, 辭興婉愜. 每觀其文, 想其人德, 世歎其質直. 至如「歡言酌春酒」, 「日暮天無雲」, 風華清靡, 豈直爲田家語耶? 古今隱逸詩人之宗也.

【徵士】학문과 덕행이 높아 임금이 불러도 벼슬에 응하지 않는 은사를 지칭하는 말. 덕행군자를 뜻함.

＊ 應璩의 시는 《論語》에 있는 내용을 읊은 것이 많다. 즉「下流不可處」,
「是謂仁智居」 등이다. 陶潛 역시 《論語》의 내용을 담은 것이 많다. 즉「舊穀
猶儲今」,「屢空常晏如」,「憂道不憂貧」,「曲肱豈傷衝」 등이다. 이러한 이유로
그 근원이 같다고 본 것이다. 그러나 異論도 있다. ⇒ 참고란을 볼 것.

【省淨】 문체가 간결하고 군더더기가 없으며 깨끗하다는 뜻. 《詩源辯體》 권6
제14조에 「靖節詩不爲冗語, 惟意盡便了」라 함.

【眞古】 진솔하고 古拙함. 《詩源辯體》 권6 제17조에 「靖節去古漸遠, 直是寫
己懷」라 함.

【婉愜】 곱고 恰當함.

【想其人德】 《史記》 孔子世家에 「太史公曰:『余讀孔氏書, 想見其爲人』」이라 함.

【質直】 질박하여 너무 직선적임. 《詩源辯體》 권6 제12조에 「靖節詩直寫己懷,
自然成文, 中唯『饑來驅我去, 不知何必舊』,『天道幽且遠』 二三篇, 語近質野耳」
라 하였다.

【歡言酌春酒】 〈讀山海經〉의 구절. 酌은 醉로 된 곳도 있음.

【日暮天無雲】 〈擬古〉 詩의 구절.

참고 및 관련 자료

1. 도연명(陶潛: 365~427)

晉·宋 시기의 詩人. 이름은 淵明으로 더 널리 알려져 있으며 일명 潛, 字는
元亮, 私諡는 靖節. 尋陽 柴桑(지금의 江西省 九江市) 출신. 그의 曾祖인
陶侃은 東晉의 開國功臣으로 大司馬 등을 지냈으며 祖父는 太守를 지내기도
했음. 그러나 아버지는 일찍 죽었고 어머니는 東晉 때 名臣인 孟嘉의 딸이었음.

陶淵明(陶潛).《三才圖會》

도연명은 한때 州의 祭酒, 鎭軍, 建威參軍
을 지냈으나 彭澤令이 되자 80여 일 만에
「五斗米」 고사를 남긴 채 낙향하여 〈歸去
來辭〉를 지음. 그 외에 〈田園詩〉와 〈桃花
源記〉,〈五柳先生傳〉 등을 남겨 중국 최고
의 田園詩人으로 추앙됨. 단 《詩品》에서는
그의 시를 中品에 넣어 당시 詩風과 차이에서
질박하다는 이유로 낮추고 있음을 알 수 있음.

韓國文學에도 至大한 영향을 미쳤음.《晉書》권94,《宋書》권93,《南史》권75에 전이 있으며,《陶淵明集》이 전함.

2.《晉書》陶淵明傳(略)

陶潛, 字元亮, 大司馬侃之曾孫也. 博學善屬文.

3.《宋書》陶潛傳(略)

陶潛 字淵明, 或云淵明, 字元亮, 尋陽柴桑人也. 爲彭澤令去職, 賦歸去來, 義熙末徵著作佐郎不就, 自以曾祖晉世宰輔(侃爲晉大司馬), 恥復屈身後代, 自高祖王業漸隆, 不復肯仕. 所著文章, 皆題其年月, 義熙以前則書晉氏年號, 自永初以來, 唯云甲子而已. 元嘉四年卒, 時年六十三.

4. 陶淵明詩

◎〈讀山海經〉(《陶淵明集》)(13首 중 제1수)

孟夏草木長, 繞屋樹扶疎.
衆鳥欣有託, 吾亦愛吾廬.
旣耕亦已種, 時還讀我書.
窮巷隔深轍, 頗廻故人車.
歡言酌春酒, 摘我園中蔬.
微雨從東來, 好風與之俱.
汎覽周王傳, 流觀山海圖.
俯仰終宇宙, 不樂復何如.

◎〈歸田園居〉(《陶淵明集》)

少無適俗韻, 性本愛邱山.
誤落塵網中, 一去三十年.
羈鳥戀舊林, 池漁思故淵.
開荒南野際, 守拙歸園田.
方宅十餘畝, 草屋八九間.
楡柳蔭後簷, 桃李羅堂前.
曖曖遠人村, 依依墟里煙.
狗吠深巷中, 鷄鳴桑樹顚.
戶庭無塵雜, 虛室有餘閒.
久在樊籠裏, 復得返自然.

◎〈擬古〉(《陶淵明集》권4)

日暮天無雲, 春風扇微和.

佳人美清夜, 達曙酣且歌.

歌竟長歎息, 持此感人多.

皎皎雲間月, 灼灼葉中華.

豈無一時好, 不久當如何.

◎〈飲酒〉(《陶淵明集》권3) 其五

結廬在人境, 而無車馬喧.

問君何能爾? 必遠地自偏.

採菊東籬下, 悠然見南山.

山氣日夕佳, 飛鳥相與還.

此中有眞意, 欲辨已忘言.

◎〈雜詩〉(《陶淵明集》권4) 其一

人生無根帶, 飄如陌上塵.

分散逐風轉, 此已非常身.

落地爲兄弟, 何必骨肉親!

得歡當作樂, 斗酒聚比鄰.

盛年不重來, 一日難再晨.

及時當勉勵, 歲月不待人.

5.《漁洋詩話》

陶潛宜在上品.

6.《詩源辯體》

鍾嶸謂淵明詩, 其源出於應璩. 又協左思風力. 葉少蘊賞辨之矣. 愚按太冲詩渾樸與淵明畧相類. 又太冲常用魚虞二韻, 靖節亦常用之. 其聲氣又相類. 應璩有百一詩, 亦用此韻, 中有云:「前者墮官去, 有人適我閭. 田家無所有, 酌酒焚枯魚.」又三叟詩簡澹無文, 中具問答, 亦與靖節口語相近. 嶸蓋得之於驪黃間耳. 要知靖節爲詩, 只是寫胸中之妙, 何嘗依倣前人哉! 山谷謂淵明爲詩直寄焉耳, 斯得之矣.

7. 陶淵明의 名字에 관한 考察(汪中《詩品注》)

張續曰: 梁昭明太子傳稱陶淵明字元亮, 或云潛字淵明. 顔延之誄亦云有晉徵士尋陽陶淵明, 以統及延之所書, 則淵明固先生之名, 而字也. 先生作孟嘉傳, 稱淵名先親, 君之第四女, 嫁先生爲外大父, 先生又及其先親, 義必以名自見, 豈得自稱字哉? 統與延之所書, 可信不疑. 晉史謂潛字元亮, 南史謂潛字淵明,

皆非也. 先生於義熙中祭程氏妹, 亦稱淵明, 至元嘉中對檀道濟之言, 則云潛也何敢望賢. 年譜(吳仁傑)云在晉名淵明. 在宋名潛, 元亮之字則未嘗易, 此言得之矣.

8. 기타 陶淵明에 대한 後人의 評과 관련된 자료는 汪中《詩品注》(1978, 正中書局, 臺北), 楊祖聿《詩品校注》(1981. 文史哲出版社. 臺北) 및 《陶淵明集校箋》(楊勇. 1975. 成偉出版社. 臺北)등을 참조할 것.

〈蘭竹圖〉 淸 鄭燮(그림)

025(中-13) 宋光祿大夫顔延之詩
송 광록대부 안연지의 시

송宋나라 광록대부光祿大夫 안연지顔延之의 시는 육기陸機에 그 근원을 두고 나왔다* 교사巧似를 숭상하였으며, 체재體裁가 기밀綺密하고 정유情喩가 연심淵深하다. 움직임에 조금도 허산虛散함이 없어 일구일자一句一字가 모두 시의詩意에 닿고 있다.** 또한 고사古事를 즐겨 인용하되 구속을 뛰어넘고 있다. 비록 수일秀逸한 맛에는 충분치 못하지만 이는 경륜經綸·문아文雅한 재주를 발휘하느라 그렇게 된 것이다. 그의 그러한 재주가 다른 사람만 못하였더라면 그는 곤지困躓의 고통에 빠졌을 것이다. 탕혜휴湯惠休는 이렇게 말하였다.

"사령운謝靈運의 시는 부용芙蓉이 물 위로 피어오른 것 같고, 안연지의 시는 채색을 입히고 금을 조각한 것 같다."

안연지는 종신토록 이를 자신의 병폐로 여겼다.

宋光祿大夫顔延之詩. 其源出於陸機. 尚巧似, 體裁綺密, 情喩淵深, 動無虛散. 一句一字, 皆致意焉. 又喜用古事, 彌見拘束. 雖乖秀逸. 固是經綸文雅. 才減若人, 則蹈於困躓矣. 湯惠休曰:「謝詩如芙蓉出水, 顔如錯彩鏤金」 顔終身病之.

【光祿大夫】 벼슬 이름이며 爵號.

＊ 淸, 何焯의 《義門讀書記》 권46의 〈答賈長淵〉評에 「鋪陳整贍, 實開顔光祿
之先. 鍾嶸品第顔詩, 以爲其源出於陸機, 是也. 然士衡較爲遒秀」라 하였다.

【巧似】 「體物」이라는 시 비평용어와 같음. 사물을 모습 그대로 표현해 내는
것. 《宋書》 謝靈運전에 「自漢至魏, 四百餘年, 辭人才子, 文體三變. 相如巧
爲形似之言, 班固長於情理之說」이라 하였고 陸機의 〈文賦〉에 「賦體物而
瀏亮」이라 함.

【綺密】 화려하고 明密함. 《宋書》 謝靈運전에 「爰逮宋氏, 顔·謝騰聲, 靈運之
興會標擧, 延年之體裁明密, 幷方軌前秀, 垂範後昆」이라 함.

【虛散】 흩어져 산만함. 《義門讀書記》 권47에 顔延之를 評하여 「麗不病蕪」라
하였고, 陳延杰의 《詩品注》 卷中에 「顔詩緣情而發, 又頗自檢束, 故動無虛
散焉」이라 함.

＊＊ 淸, 劉熙載의 《藝槪》 詩槪에 「字字稱量而出, 無一苟下也」라 함.

【古事】 典故를 뜻함. 이 典故를 널리 이용한 것은 顔延之에서 시작되었다 함.
宋, 張戒의 《歲寒堂詩話》 권1에 「詩以用事爲博, 始於顔光祿」이라 함.

【彌見拘束】 彌는 뛰어넘다(越加)의 뜻. 본 詩品序 참조.

【經綸】 治理. 다스림. 《易》 屯괘에 「雲電屯, 君子以經綸」이라 함.

【困躓】 困厄과 窮逼함. 困厄과 쓰러짐.

【湯惠休】 惠休上人. 048 참조. 湯惠休의 評語는 참고란을 볼 것.

참고 및 관련 자료

1. 안연지(顔延之: 384~456)

자는 延年. 琅邪 臨沂(지금의 山東省 臨沂縣) 출신. 어려서 고아로 자랐으며
筆墨에 모두 뛰어나 謝靈運과 이름을 다툼. 벼슬이 金紫光祿大夫를 지내어
「顔光祿」이라 부름. 《南史》 권34. 《宋書》 권73에 傳이 있으며 明, 張溥의
집일본 《顔光祿集》이 있음.

2. 《宋書》 顔延之傳(略)

顔延之, 字延年, 琅邪臨沂人也. 少孤貧, 居負郭, 室巷甚陋, 好讀書, 無所不覽,
文章之美, 冠絶當時. 孝建三年卒, 時年七十三. 追贈散騎常侍, 特進金紫光祿
大夫如故, 諡曰憲子. 延之與陳郡謝靈運, 俱以詞采齊名, 自潘岳陸機之後,

文士莫及也, 江左稱顏謝焉.

3.《隋書》經籍志

宋特進顏延之集二十五卷, □□十卷. 又有顏延之逸集一□□, 亡.

4. 顏延之詩

◎〈五君詠〉(《文選》권21)

(1) 阮步兵(阮籍)

　阮公雖淪跡, 識密鑒亦洞□

　沈醉似埋照, 寓辭類託諷□

　長嘯若懷人, 越禮自警眾□

　物故不可論, 途窮能無慟□

(2) 嵇中散(嵇康)

　中散不偶世, 本自餐霞人□

　形解驗默仙, 吐論知凝神□

　立俗迕流議, 尋山洽隱淪□

　鸞翮有時鎩, 龍性誰能馴□

(3) 劉參軍(劉伶)

　劉伶善閉關, 懷情滅聞見□

　鼓鐘不足歡, 榮色豈能眩□

　韜精日沈飲, 誰知非荒宴□

　頌酒雖短章, 深衷自此見□

(4) 阮始平(阮咸)

　仲容青雲器, 實稟生民秀□

　達音何用深, 識微在金奏□

　郭奕已心醉, 山公非虛覯□

　屢薦不入官, 一麾乃出守□

(5) 向常侍(向秀)

　向秀甘淡薄, 深心託豪素□

　探道好淵玄, 觀書鄙章句□

　交呂既鴻軒, 攀嵇亦鳳舉□

　流連河裏遊, 惻愴山陽賦□

◎〈秋胡行〉(《文選》권21)

(其一)

椅梧傾高鳳, 寒谷待鳴律.

影響豈不懷, 自遠每相匹.

婉彼幽閑女, 作嬪君子室.

峻節貫秋霜, 明艷侔朝日.

嘉運旣我從, 欣願自此畢.

(其二)

燕居未及歡, 良人顧有違.

脫巾千里外, 結綬登王畿.

戒徒在昧旦, 左右來相依.

驅車出郊郭, 行路正威遲.

存爲久離別, 沒爲長不歸.

(其三)

嗟余怨行役, 三陟窮晨暮.

嚴駕越風寒, 解鞍犯霜露.

原隰多悲涼, 廻飆卷高樹.

離獸起荒蹊, 驚鳥縱橫去.

悲哉宦遊子, 勞此山川路.

(其四)

迢遙行人遠, 宛轉年運徂.

浪時爲此別, 日月方向除.

孰知寒暑積, 僶俛見榮枯.

歲暮臨空房, 涼風起坐隅.

寢興日已寒, 白露生庭蕪.

(其五)

勤役從歸願, 反路遵山河.

昔辭秋未素, 今也歲載華.

蠶月觀時暇, 桑野多經過.

佳人從所務, 窈窕援高柯.

傾城誰不顧, 弭節停中阿.

卷中　171

(其六)

年往誠思勞, 路遠闊音形.

雖爲五載別, 相與昧平生.

捨車遵往路, 鳧藻馳目成.

南金豈不重, 聊自意所輕.

義心多苦調, 密此金玉聲.

(其七)

高節難久淹, 朅來空復辭.

遲遲前塗盡, 依依造門基.

上堂拜嘉慶, 入室問何之.

日暮行采歸, 物色桑榆時.

美人望昏至, 惵歎前相持.

(其八)

有懷誰能已, 聊用申苦難.

離居殊年載, 一別阻河關.

春來無時豫, 秋至恒早寒.

明發動愁心, 閨中起長歎.

慘悽歲方晏, 日落遊子顏.

(其九)

高張生絕絃, 聲急由調起.

自昔枉光塵, 結言固終始.

如何久爲別, 百行愆諸己.

君子失明義, 誰與偕沒齒.

愧彼行露詩, 甘之長川汜.

6.《宋書》謝靈運傳

縱橫俊發, 過於延之, 深密則不如也.

7.《文心雕龍》才略篇

陸機才欲窺深, 辭務索廣, 故思能入巧, 而不制煩.

8.《石林詩話》

湯惠休稱謝靈運詩爲初日芙蓉, 最當人意. 初日芙蓉, 非人力所能爲, 而精采華
妙之意, 自然見于造化之外. 靈運諸詩, 可以當此者亦無幾.

9.《碧溪詩話》(黃徹)

顏延之嘗問鮑照, 己與靈運優劣. 照曰: 謝五言如初發芙蓉, 自然可愛. 君詩鋪
錦列繡, 亦雕繢滿眼. 鍾嶸詩品乃記湯惠休云: 謝如芙蓉出水, 顏如錯采鏤金,
與本傳不同. 傳又稱延之嘗薄惠休制作, 以爲委巷中歌謠耳. 豈惠休因爲延地
所薄, 遂爲芙蓉錯鏤之語, 故史取以文飾之耶?

10.《詩源辯體》

豈當時以艱澀深晦者爲鋪錦鏤金耶? 然延年較靈運, 其妙合自然者, 雖不可得,
而拙處亦少, 觀其集當知之.

〈耕織圖〉 清 焦秉貞(그림)

026(中-14) 宋豫章太守謝瞻, 宋(晉)僕射謝混,
宋太尉袁淑, 宋徵君王微,
宋征虜將軍 王僧達詩

송 예장태수 사첨, 송 복야 사혼,
송 태위 원숙, 송 징군 왕미,
송 정로장군 왕승달의 시

송宋나라 예장태수豫章太守 사첨謝瞻, 송(宋, 晉)나라 복야僕射 사혼謝混, 송宋나라 태위太尉 원숙袁淑, 송宋나라 징군徵君 왕미王微, 송宋 정로장군征虜將軍 왕승달王僧達 등 다섯 사람의 시는 장화張華에 근원을 두고 나왔다.※ 그들은 재력才力이 고약苦弱하였다. 그 때문에 청천淸淺한 면에 힘을 기울여 풍류로운 미취媚趣를 터득하였다. 실제적인 성취를 고찰해보면 사예장(謝豫章, 謝瞻)과 사복야(謝僕射, 謝混)는 평등한 높이에 서서 서로 맞응대하는 예로써 대해도 될 정도이다. 그러나 왕정군(王徵君, 王微) 원태위(袁太尉, 袁淑)에 비하면 그들 뒷수레에 타야 할 정도의 차이이다. 왕정로(王征虜, 王僧達)는 가장 뛰어난 자로서 화류驊騮 같은 뛰어난 준마를 만나도 그에 앞서 내달을 만한 인물이다.

宋豫章太守謝瞻, 宋晉僕射謝混, 宋太尉袁淑, 宋徵君
王微, 宋征虜將軍僧達詩, 其源出於張華. 才力苦弱, 故務
其清淺, 殊得風流媚趣. 課其實錄, 則豫章·僕射, 宜分庭
抗禮; 徵君·太尉, 可託乘後車; 征虜卓卓, 殆欲度驊騮前.

【僕射】벼슬 이름.

【徵君】徵士와 같음. 벼슬을 거부한 고절한 선비를 부르는 칭호.

＊ 본《詩品》張華(016)에 「其體華艶, 興托不奇」와 이곳의 「殊得風流媚趣」를 같은 源流로 본 것.

【媚趣】예쁘게 표현하려는 취향. 張華의 「妍冶」와 같음.

【實錄】실제의 기록과 부합한가의 내용.《漢書》司馬遷傳의 贊에 「其文直, 其事核, 不虛美, 不隱惡, 故謂之實錄」이라 함.

【後車】뒷 수레. 즉 隨從, 追從의 뜻.《詩經》小雅 縣蠻에 「命彼後車, 謂之 載之」라 함.

【卓卓】아주 뛰어난 모습.

【驊騮】駿馬의 이름.

참고 및 관련 자료

1. 사첨(謝瞻: 387~421)

자는 宣遠, 일명 檐, 자는 通遠. 陳郡 陽夏人으로 宋나라 때 黃門侍郎을 지냈으며 그 아우 謝晦와 더불어 권력을 누림. 집안이 모두 이름을 날려 아우 謝靈運과 族叔인 謝混이 모두 當代의 유명한 인물임.《宋書》권56에 傳이 있으며 五言詩 6首가 전함.

(1)《宋書》謝瞻傳(略)

　　謝瞻, 字宣遠, 一名檐, 字通遠, 陳郡陽夏人. 年六歲能屬文, 爲紫石英讚果然詩. 當時才士, 莫不歎異. 瞻善於文章, 辭采之美, 與族叔混, 弟靈運相抗. 爲豫章太守卒.

(2)《隋書》經籍志

　　宋豫章太守謝瞻集三卷.

(3) 謝瞻詩

　　◎〈答靈運〉(《文選》卷25)

　　　　夕霽風氣涼, 間房有餘淸.

　　　　開軒滅華燭, 月露皓以盈.

　　　　獨夜無物役, 寢者亦云寧.

　　　　忽獲秋霖唱, 懷勞奏所誠.

歎彼行旅艱, 深玆巻□□.

　　伊余雖寡慰, 殷憂聿□□.

　　牽率酬嘉藻, 長揖悵□□.

◎〈九日從宋公戲馬臺□□孔令〉(《文選》卷20)

　　風至授寒服, 霜降休□□.

　　繁林收陽采, 密苑解□□.

　　巢幕無留燕, 遵渚有□□.

　　輕霞冠秋日, 迅商□□□.

　　聖心眷嘉節, 揚鑾□□□.

　　四筵霑芳醴, 中堂□□□.

　　扶光迫西氾, 歡餘□□□.

　　逝矣將歸客, 卷素□□□.

　　臨流怨莫從, 歡心□□□.

◎〈王撫軍庾西陽集別□□豫章太守庾被徵還東〉(《文選》卷20)

　　祗召旅北京, 守官□□服.

　　方舟析舊知, 對筵□□□.

　　舉觴矜飲餞, 指途□□宿.

　　來晨無定端, 別晷□□□.

　　頹陽照通津, 夕陰□□□.

　　榜人理行艫, 輶軒□□□.

　　分手東城闉, 發櫂□□□.

　　離會雖相雜, 逝川□□□.

　　誰謂情可書, 盡言□□□.

2. 사혼(謝混: ?~412)

字는 叔源. 小字는 益壽. 晉 陳郡 陽夏(지금의 河南省 太康縣) 사람. 謝炎의
막내아들. 어릴 때부터 文□가 있어 王珣이 孝武帝에게 추천. 드디어 晉陵公主를
아내로 맞음. 中書令, 中領□, 尚書左僕射 등을 지냈으며 뒤에 劉毅에게 黨附
했다가 太尉 劉裕에게 피살됨. 《晉書》권79에 傳이 있으며 五言詩 6수가 전함.

(1)《晉書》謝混傳(略)

　　謝混, 字叔源, 小有美□, 善屬文. 歷仕至尚書左僕射, 以黨劉毅被殺, 時義
　　熙八年也. 仲偉此書稱為僕射誤.

(2)《隋書》經籍志

　　晉左僕射謝混集二卷, 梁五卷.

(3) 謝混詩

　〈游西池〉(《文選》卷22)

　　悟彼蟋蟀唱, 信此勞者歌.

　　有來豈不疾, 良游常蹉跎.

　　逍遙越城肆, 願言屢經過.

　　廻阡被陵闕, 高臺眺飛霞.

　　惠風蕩繁囿, 白雲屯曾阿.

　　景昃鳴禽集, 水木湛清華.

　　褰裳順蘭沚, 徙倚引芳柯.

　　美人愆歲月, 遲暮獨如何.

　　無爲牽所思, 南榮戒其多.

3. 원숙(袁淑: 408~453)

자는 陽源. 陳郡 陽夏人. 彭城王의 祭酒를 시작으로 左衛率府가 됨. 孝武帝가
들어서자 侍中太尉가 되었으며 뒤에 劉劭에게 피살됨. 五言詩 5수가 전하며
《宋書》 권70에 전이 있음. 明, 張溥의 《漢魏六朝百三家集》에 《袁忠憲集》
題辭가 있음.

(1)《宋書》袁淑傳(略)

　　袁淑. 字陽源, 陳郡陽夏人. 少有風氣, 不爲章句之學, 而博涉多通. 好屬文,
　　辭采遒豔, 縱橫有才辯. 歷仕至太子左衛率, 爲元凶劭所殺, 追贈侍中太尉.
　　文集傳于世.

(2)《隋書》經籍志

　　宋太尉袁淑集十一卷, 并目錄, 梁十卷, 錄一卷.

(3) 袁淑詩

　〈効古〉(《文選》卷31)

　　訐此倦遊士, 本家自遼東.

　　昔隸李將軍, 十載事西戎.

　　結車高闕下, 極望見雲中.

　　四面各千里, 從橫起嚴風.

　　寒燠豈如節, 霜雨多異同.

夕寐北河陰, 夢還甘泉□.

勤役未云已, 壯年徒爲□.

迺知古時人, 所以悲轉□.

4. 왕미(王微: ?)

자는 景玄. 琅邪 臨沂人. 南平□(鑠)의 右軍咨議參軍을 제의받았으나 나가지 않았으며 江湛이 다시 吏部□□으로 천거하였음. 지금은 五言詩 5수가 전함. 《宋書》卷 62, 《南史》卷21에 傳이 있음.

(1)《宋書》王微傳(略)

王微, 字景玄, 琅邪臨沂人. □少好學, 無不通覽, 善屬文. 除南平王鑠右軍咨議, 稱疾不就, 所著文集傳於世.

(2)《隋書》經籍志

宋秘書監王微集十卷.

(3)王微詩

◎〈雜詩〉(《文選》卷30)

(其一)

桑妾獨何懷, 傾筐未盈把.

自言悲苦多, 排却不肯捨.

妾悲叵陳訴, 塡憂不銷冶.

寒雁歸所從, 半塗失憑假.

壯情抃驅馳, 猛氣捫朝社.

常懷雲漢慚, 常欲復周雅.

重名好銘勒, 輕軀願圍寫.

萬里度沙漠, 懸師踰朔野.

傳聞兵失利, 不見來歸者.

奚處埋旅鹿, 何處喪車馬.

拊心悼恭人, 零淚覆面下.

徒謂久別離, 不見長孤寡.

寂寂掩高門, 廖廖空廣廈.

待君竟不歸, 收顏今就槚.

(其二)

思婦臨高臺, 長想憑華軒.

弄絃不成曲, 哀歌送苦言.
箕帚留江介, 良人應雁門.
詎憶舞衣苦, 但只狐白溫.
日暗牛羊下, 野雀滿空園.
孟冬寒風起, 東壁正中昏.
抱景自愁怨, 朱火獨照人.
誰知心思亂, 所思不可論.

◎〈詠愁〉
自余抱羈思, 眇與日月長.
載離非宋遠, 誰謂河難航.
憂隨積霖密, 慨因朗旭彰.
負之苦不勝, 卽之竟無方.
如彼引鯤魚, 待盡守空梁.
天地豈私貧, 運至豈固當.
旣悟非形兆, 兹數詎可攘.

5. 왕승달(王僧達: 423~458)

琅邪 臨沂人. 元嘉 때에 始興王의 後軍參軍을 거쳐 征虜將軍에 오름. 여러 차례 임금의 노여움을 산 끝에 옥사함. 五言詩 4수가 전하며《宋書》卷75,《南史》卷21에 傳이 있음.

(1)《宋書》王僧達傳(略)

王僧達, 琅邪臨沂人. 少好學, 善屬文, 年未二十爲始興王濬後軍參軍. 遷太子舍人, 性好鷹犬, 爲宣城太守, 好遊獵, 肆意馳騁, 或三五日不歸, 受辭訟多在獵所. 累遷中書令, 自負才器, 以不得爲宰相爲恨. 屢經犯忤, 賜死獄中.

(2)《隋書》經籍志

宋護軍將軍王僧達集十卷, 梁有錄一卷.

(3) 王僧達詩

◎〈答顔延年〉(《文選》卷26)
長卿冠華陽, 仲連擅海陰.
珪璋旣文府, 精理亦道心.
君子聳高駕, 塵軌實爲林.
崇情苻遠迹, 清氣溢素襟.

結遊累年義, 篤顧棄浮沈.
寒榮共偃曝, 春醴時獻斟.
聿來歲序暄, 輕雲出東岑.
麥壟多秀色, 楊園流好音.
歡此乘日暇, 忽忘逝景侵.
幽衷何用慰, 翰墨久謠吟.
棲鳳難爲條, 淑覿非所臨.
誦以永周旋, 匣以代兼金.

◎〈私琅邪王擬古〉(《文選》卷31)
少年好馳俠, 旅宦遊闒源.
既踐終古迹, 聊訊興亡言.
隆周爲藪澤, 皇漢成山樊.
久沒離宮地, 安識壽陵園.
仲秋邊風起, 孤蓬卷霜根.
白日無精景, 黃沙千里昏.
顯軌莫殊轍, 幽塗豈異魂.
聖賢良已矣, 抱命復何怨.

◎〈七夕月下〉
遠山歛氛祲, 廣庭揚月波.
氣往風集隙, 秋還露凝柯.
節期既已屢, 中宵振綺羅.
來歡詎終夕, 收淚泣分河.

송 법조참군 사혜련의 시

송宋나라 법조참군法曹參軍 사혜련(謝惠連, 小謝)의 시이다. 그小謝는 재사
才思가 풍부하고 민첩하다. 한스럽기는 그의 난옥蘭玉같은 재주가 너무
일찍 조락凋落하여, 긴 고삐를 가지고도 신나게 달려보지 못하였다는
점이다* 〈추회秋懷〉·〈도의擣衣〉 등의 작품은 비록 사령운謝靈運의 예리한
사고를 그대로 회복하였다 하나 역시 어찌 추가하였다고까지 말할 수
있겠는가? 그는 또 기려綺麗한 가요에 그 공교함이 나타나 풍인風人으로서
제일이라 할 수 있다.

《사씨가록謝氏家錄》에 이런 기록이 있다.

"사강락(謝康樂, 謝靈運)이 매번 사혜련을 대할 때마다 문득 가어佳語를 얻곤
하였다. 뒤에 영가永嘉의 서당西堂에서 시상詩想이 떠올라 짓고자 하였으나
날이 새도록 성취하지 못하였다. 그때 꿈속에 홀연히 사혜련이 나타나자
이에 '못가에 봄풀 피어오르네;(池塘生春草)'라는 글귀를 이루게 되었다.
그 때문에 그는 일찍이 '이 시어는 신이 도운 것이다. 내가 지은 것이 아니다'
라고 말하였다."**

宋法曹參軍謝惠連詩, 小謝才思富捷, 恨其蘭玉夙凋, 故長
轡未騁. 秋懷·擣衣之作, 雖復靈運銳思, 亦何以加焉?

又工爲綺麗歌謠, 風人第一. 謝氏家錄云:「康樂每對惠連,
輒得佳語. 後在永嘉西堂思詩, 竟日不就. 寤寐間, 忽見惠連,
卽成『池塘生春草』, 故常云:『此語有神助, 非吾語也.』」

【法曹參軍】 벼슬 이름.
【小謝】 族兄인 謝靈運과 대비하여 謝惠連을 小謝라고 부른 것.
【蘭玉】 謝惠連이 37세에 죽어 안타까움을 표시한 말. 남의 우수한 자제를
　　칭찬하는 말.《世說新語》言語篇에「譬如芝蘭玉樹, 欲使其生於階庭耳」라 함.
＊ 明, 張薄의《漢魏之朝百三家集題辭》《謝法曹集》에 〈雪賦〉雖名高麗, 學
　　希逸〈月賦〉, 僅雁序耳. 詩則〈秋懷〉·〈擣衣〉二篇居最.《詩品》云:『康樂銳思,
　　無以復加』, 若〈西陵遇風〉則非敵矣. ……小謝雖才, 得兄益顯」라 하였고, 淸,
　　何焯의《義門讀書記》권46에 사혜련의 〈西陵遇風獻康樂〉시에 대한 評語에
　　서「淸使婉轉, 此等語, 亦復惠章陳王. 但比之康樂爲差勝耳」라 함.
【綺麗】 사혜련의 樂府詩는 지금 14수가 전하며 그 중 〈塘上行〉의 경우「垂穎
　　臨淸池, 擢彩仰華甍. 沾泥若雨潤, 蕤蕤葉芳馨」이라 함.
【風人】 원래 古代의 採詩之官. 뒤에 樂府作家, 詩人 등으로 쓰임.
＊＊ 이 고사는 참고란을 볼 것.

> 참고 및 관련 자료

1. 사혜련(謝惠連: 407~433)
宋의 文學家. 陳郡 陽夏人. 謝靈運의 族弟. 丹陽尹 謝方明의 아들이며 文帝 元嘉
7년에 彭城王 劉義康의 法曹參軍을 지냄. 사령운과 함께「大小謝」로 불림.
《宋書》권53과《南史》권19에 傳이 있음. 五言詩 28수와 散句 약간이 전함.

2.《宋書》謝惠連傳(略)
謝惠連, 幼而聰敏, 年十歲, 能屬文. 族兄靈運, 深相知賞. 元嘉七年, 爲司徒彭
城王義康法曹參軍, 是時義康台東府城城塹中, 得古冢爲之改葬, 使惠連爲祭文.
留信, 待成, 其文甚美. 又爲雪賦, 亦以高麗見奇. 文章並傳於世, 十年卒, 時年
三十七.

3. 《**隋書**》經籍志

宋司徒府參軍謝惠連集六卷, 梁五卷, 錄一卷.

4. 謝惠連詩

◎〈秋懷〉(《文選》권23)

平生無志意, 少小嬰憂患.
如何乘苦心, 矧復值秋晏.
皎皎天月明, 奕奕河宿爛.
蕭瑟含風蟬, 寥唳度雲雁.
寒商動清閨, 孤燈曖幽幔.
耿介繁慮積, 展轉長宵半.
夷險難豫謀, 倚伏昧前算.
雖好相如達, 不同長卿慢.
頗悅鄭生偃, 無取白衣宦.
未知古人心, 且從性所翫.
賓至可命觴, 朋來當染翰.
高臺驟登踐, 清淺時陵亂.
頹魄不再圓, 傾羲無兩旦.
金石終銷毀, 丹青暫彫煥.
各勉玄髮歡, 無貽白首歎.
因歌遂成賦, 聊用布親串.

◎〈擣衣〉(《文選》권30)

衡紀無淹度, 晷運倏如催.
白露滋園菊, 秋風落庭槐.
蕭蕭莎雞羽, 冽冽寒螿啼.
夕陰結空幕, 宵月皓中閨.
美人戒裳服, 端飾相招攜.
簪山出北房, 鳴金步南階.
欄高砧響發, 楹長杵聲哀.
微芳起兩袖, 輕汗梁雙題.
紈素既已成, 君子行未歸.
裁用笥中刀, 縫爲萬里衣.
盈篋自予手, 幽緘俟君開.
腰帶準疇昔, 不如今是非.

028(中-16) 宋參軍鮑照詩
송 참군 포조의 시

　　宋송나라 참군參軍 포조鮑照의 시는 이장(二張; 張協·張華)에 그 근원을 두고 나왔다. 형상사물形狀寫物의 시어를 잘 표현해 내었다.

　　그는 경양(景陽, 張協)의 기이한 점을 계승하고 무선(茂先, 張華)의 미만靡嫚한 점을 잘 융합하였다. 그의 골절骨節은 사혼謝混보다 강하고, 매진하여 내닫는 정도는 안연지顏延之보다 빨랐다. 이상 네 사람의 특징을 총집하되 독창적인 아름다움을 발휘하였고 양대(兩代; 宋·齊)를 뛰어넘되 홀로 우뚝하였다. 그러나 안타까운 것은 그의 재주는 뛰어나나 사람이 비천하였다. 그 때문에 당대當代에 그 이름이 인멸湮滅당하고 말았다. 그러나 그는 교사巧似를 귀히 여겨 위측危仄도 꺼리지 않았다. 그 때문에 자못 청아淸雅한 절조에 흠집을 내고 있다. 그래서 험속險俗한 자들을 들먹일 때면 흔히 포조를 빗대어 부회附會하곤 한다.*

　　宋參軍鮑照詩, 其源出於二張. 善製形狀寫物之詞. 得景陽之詭詭; 含茂先之靡嫚. 骨節强於謝混; 驅邁疾於顏延. 總四家而擅美, 跨兩代而孤出. 嗟其人秀才微, 故取湮當代. 然貴尚巧似, 不避危仄, 頗傷淸雅之調. 故言險俗者多以附照.

【參軍】벼슬 이름.

【形狀寫物】狀態나 事物을 잘 形容하고 그려낸다는 뜻.

【誠詭】奇異함을 뜻함. 淸, 何焯의 《義門讀書記》 권47에 포조의 〈東門行〉을
 평하여 「直追十九首, 又近景陽. 鮑詩中過事夸飾, 奇之又奇」라 하였고, 淸,
 劉熙載의 《藝槪》 詩槪에도 역시 「景陽詩開鮑明遠」이라 하였다.

【靡嫚】아름답고 고움. 쌍성연면어. 《義門讀書記》에 포조의 樂府詩를 평하여
 「詩至明遠, 已發露無餘, 李·杜·元·白, 皆從此出也. 鍾記室謂: 其含景陽之誠詭,
 兼茂先之靡嫚, 知其最深. 然亦具太沖之瑰奇」라 하였다.

【擅美】아름다움을 드러냄. 《宋書》 謝靈運傳에 「相如巧爲形似之言, 班固長
 於情理之說, 子建·仲宣以氣質爲體, 并標能美, 獨映當時」라 함.

【湮滅】鮑照는 《宋書》나 《南史》에 傳이 없음.

【危仄】험측(險仄). 규율을 벗어나 새로운 도전을 시도하는 것.

＊《南齊書》 文學傳을 볼 것.

참고 및 관련 자료

1. 포조(鮑照: 약 415~470, 혹 421~465)

자는 明遠. 東海(지금의 山東省 郯縣) 사람. 집이 가난했으며 臨川王 劉義慶의
侍郎을 역임하였다. 뒤에 宋 文帝가 中書舍人으로 승진시켰으며 다시 臨海王
이 荊州를 진수할 때 前軍參軍이 되었다. 그러나 임해왕이 난을 일으키자 그에
휩쓸려 죽음을 당하였다. 포조의 史跡은 그 때문에 따로이 傳이 없고 《宋書》
와 《南史》의 臨川烈武王道規傳에 부록으로 들어 있다. 明, 張溥가 집일한
《鮑參軍集》이 있다.

2. 《宋書》 臨川烈武王道規傳(略)

鮑照, 字明遠, 文辭贍逸, 嘗爲古樂府, 文甚遒麗. 世祖以照爲中書舍人, 上好爲
文章, 自謂物莫能及. 照悟其旨, 爲文多鄙言累句. 當世咸稱照才盡, 實不然也.
後臨海王子頊爲荊州, 照爲前軍參軍. 子頊敗爲亂兵所殺.

3. 《隋書》 經籍志

宋征虜記室參軍鮑照集十卷. 梁六卷.

4. 《直齋書錄解題》

照東海人, 唐人避武后諱, 改爲昭. 云上黨人, 非也.

5. 《漁洋詩話》

鮑照宜在上品.

6. 《滄浪詩話》詩評 제13조

顔不如鮑, 鮑不如謝.

7. 《詩源辨體》卷七, 二十□條.

謝靈運經緯綿密, 鮑明遠步驟軼蕩. 明遠五言如〈數詩〉, 〈□客〉, 〈薊門〉, 〈東武〉等篇, 在靈運之上. 然靈運體□俳偶, 而明遠復漸入律體. 但靈運體雖俳偶而經緯綿密, 遂自成體; 明遠□步驟軼蕩, 而復入此窘步, 故□傷其體耳. 以全集觀, 當自見矣. 滄浪謂顔不如鮑, 鮑不如謝, 正以此也.

8. 鮑照詩

◎〈代出自薊北門行〉(《文選》권28)

　　羽檄起邊亭, 烽火入咸陽.
　　徵騎屯廣武, 分兵救朔方.
　　嚴秋筋竿勁, 虜陳精且強.
　　天子按劍怒, 使者遙相□.
　　雁行緣石徑, 魚貫度飛梁.
　　簫鼓流漢颺, 旌甲被胡□.
　　疾風衝塞起, 沙礫自飄揚.
　　馬毛縮如蝟, 角弓不可張.
　　時危見臣節, 世亂識忠良.
　　投軀報明主, 身死爲國殤.

9. 〈詠史〉(《文選》권21)

　　五都矜財雄, 三川養□利.
　　百金不市死, 明經有□位.
　　京城十二衢, 飛甍各□次.
　　仕子影華纓, 游客竦□□.
　　明星最未晞, 軒蓋已□□.
　　賓御紛颯沓, 鞍馬光照地.
　　寒暑在一時, 繁華及春媚.
　　君平獨寂寞, 身世兩相□.

029(中-17) 齊吏部謝朓詩
제 이부 사조의 시

제齊나라 이부吏部 사조謝朓의 시는 사혼謝混에 그 근원을 두고 나왔지만, 세밀함에 치우쳐 자못 짝을 이루지는 못한다. 한 장章 내에서도 스스로 옥석玉石을 뒤섞어 놓은 것 같다.

그러나 그의 기발한 시와 뛰어난 글귀에서는 왕왕 경책警策과 주력遒力을 가지고 있음을 볼 수 있다. 이는 족히 숙원(叔源, 謝混)으로 하여금 걸음을 멈추게 하고, 명원(明遠, 鮑照)으로 하여금 안색을 변하게 할 수 있다. 그의 시에서는 단서端緖, 즉 기구起句를 특출하게 써내었지만 말구末句는 대개 형편없는 경우가 있다* 이는 시의詩意는 예리하나 재주가 빈약하였기 때문이다. 이리하여 후진의 사자士子들로부터 탄식과 경모를 함께 받게 되었다.

사조는 나와 더불어 가장 많이 시를 논한 인물이다. 그는 감정의 격함과 그로 인한 돈좌頓挫가 실제 작품보다 더 심하였던 인물이었다.

齊吏部謝朓詩, 其源出於謝混. 微傷細密, 頗在不倫. 一章之中, 自有玉石. 然奇章秀句, 往往警遒. 足使叔源失步, 明遠變色. 善自發詩端, 而末篇多躓, 此意銳而才弱也. 至爲後進士子之所嗟慕. 朓亦與余論詩, 感激頓挫過其文.

【玉石】「玉石俱焚」의 준말. 옥과 돌이 함께 불에 타 없어짐. 좋고 나쁨의 구별이 없음을 뜻함.《尚書 亂征편에 「火炎崑岡, 玉石俱焚」이라 함.

【警遒】警策과 遒力. 힘이 있음을 뜻함.

* 明, 楊愼의《昇庵詩話》卷二에 「五言律起句最難, 六朝人稱謝朓工於發端, 如『大江流日夜, 客心悲未央』, 雄壓千古矣」라 함.

【頓挫】抑揚. 변화. 감정의 기복을 뜻함.

참고 및 관련 자료

1. 사조(謝朓: 464~499)

자는 玄暉. 陳郡 陽夏 사람. 귀족 출신으로 어머니는 宋나라 長城公主. 齊나라 中書吏部郎을 역임했으며 永元(齊, 東昏侯의 연호, 499~501) 元年 江祐[江祐] 등과 始安王 遙光을 옹립하려다가 죄에 걸려 옥사함. 당시 36세. 사조는 풍격이 秀逸하여 소위「新變體」를 창시했으며 五言詩의 律詩化에 지대한 영향을 미쳤음. 永明體의 대표적 시인이며, 李白이 매우 숭앙했던 인물.《南齊書》권47 및《南史》권19에 傳이 있음.

2.《南齊書》謝朓傳(略)

謝朓, 字玄暉, 陳郡陽夏人也. 少好學, 有美名. 文章清麗, 長五言詩. 沈約常云:「二百年來, 無此詩」也.

3.《南史》謝朓傳(略)

謝朓爲隨王子隆鎭西功曹, 累遷尙書吏部郎, 爲江祐搆死.

4.《隋書》經籍志

齊吏部郎謝朓集十二卷, 謝朓逸集一卷.

5.《古詩源》

玄暉靈心秀口, 每誦名句, 淵然冷然, 覺筆墨之中, 筆墨之外, 別有一段深情妙理.

6. 謝朓詩

◎〈遊東田〉(《文選》권22)

戚戚苦無悰, 攜手共行樂.
尋雲陟累樹, 隨山望菌閣.
遠樹曖芊芊, 生煙紛漠漠.

魚戲新荷動, 鳥散餘花落.

不對芳春酒, 遠望靑山郭.

◎〈暫使下都夜發新林至京邑贈西府同僚〉(《文選》권26)

大江流日夜, 客心悲未央.

徒念關山近, 終如返路長.

秋河曙耿耿, 寒渚夜蒼蒼.

引領見京室, 宮雉正相望.

金波麗鳷鵲, 玉繩低建章.

驅車鼎門外, 思見昭邱陽.

馳暉不可接, 何況隔兩鄉.

風雲有鳥道, 江漢限無梁.

常恐鷹隼擊, 時菊委嚴霜.

寄言蔚羅者, 寥廓已高翔.

◎〈之宣城出新林浦向板橋〉(《文選》권27)

江路西南永, 歸流東北鶩.

天際識歸舟, 雲中辨江樹.

旅思倦搖搖, 孤遊昔已屢.

旣歡懷祿情, 復協滄洲趣.

囂塵自玆隔, 賞心於此遇.

雖無玄豹姿, 終隱南山霧.

◎〈始出尙書省〉(《文選》권30)

惟昔逢休明, 十載朝雲陛.

旣通金閨籍, 復酌瓊筵醴.

宸景厭昭臨, 昏風淪繼體.

紛虹亂朝日, 濁河穢淸濟.

防口猶寬政, 餐荼更如薺.

英袞暢人謀, 文明固天啓.

靑精翼紫軑, 黃旗映朱邸.

還睹司隷章, 復見東都禮.

中區咸已泰, 輕生諒昭洒.

趨事辭宮闕, 載筆陪旌棨.

邑里向疏蕪, 寒流自淸泚.

衰柳尙沈沈, 凝露方泥泥.

零落悲友朋, 歡娛燕兄弟.

旣秉丹石心, 寗流素絲涕.

因此得蕭散, 垂竿深潤底.

◎〈觀朝雨〉(《文選》권30)

朔風吹飛雨, 蕭條江山來.

旣灑百常觀, 復集九成臺.

空濛如薄霧, 散漫似輕埃.

平明振衣坐, 重門猶未開.

耳目暫無擾, 懷古信悠哉.

戢翼希驤首, 乘流畏曝鰓.

動息無兼遂, 歧路多徘徊.

方同戰勝者, 去剪北山萊.

6.《本事詩》唐. 孟棨

梁高重謝朓詩, 曰:「三日不讀謝詩, 便覺口臭.」

7.《義門讀書記》권46. (〈暫使下都夜發〉詩에 대한 평)

玄暉俊句爲多, 然求其一篇盡善, 蓋不易得.

8.《詩源辯體》권8, 7조

玄暉特不如靈運者, 匪直才力小弱. 靈運語俳而氣古, 玄暉調俳而氣今.

〈犁田圖〉 甘肅 嘉峪關 魏晉古墓 6호 磚畵 1972

030(中-18) 齊(梁)光祿江淹詩
제 광록 강엄의 시

　　제(齊, 梁)나라 광록光祿 강엄(江淹, 江文通)의 시이다. 그文通의 시체詩體는 총잡總雜하며, 모의摹擬에 뛰어난 재주를 보였다. 근력筋力은 왕미王微에게서 얻고 성취는 사조謝朓에게서 배웠다. 강엄이 선성태수宣城太守 직에서 물러나 후에는 건강建康의 야정冶亭에 머물고 있었다. 그런데 그의 꿈에 어떤 잘생긴 장부 하나가 자칭 곽박郭璞이라 하며 강엄에게 이렇게 말하는 것이었다.

　　"내 붓 한 자루가 그대에게 가 있는 지 몇 년이 되었소. 나에게 되돌려 주어야겠소."

　　강엄이 품속을 헤쳐 찾아내자 과연 오색필이 나왔다. 이를 곽박에게 돌려주었다. 그러한 일이 있은 후 강엄의 시는 도대체 시어詩語가 되지 못하였다. 그 때문에 세상에서는 강엄의 재주가 그때 다한 것이라고 전해 온다.*

　　齊梁光祿江淹詩, 文通詩體總雜, 善於摹擬. 筋力於王微, 成就於謝朓. 初, 淹罷宣城郡, 遂宿冶亭, 夢一美丈夫, 自稱郭璞, 謂淹曰:「吾有筆在卿處多年矣, 可以見還」淹探懷中, 得五色筆以授之. 爾後爲詩, 不得成語, 故世傳江淹才盡.

【光祿】벼슬 이름. 작호. 강엄은 金紫光祿大夫를 역임함.

【總雜】총체적이며 복잡함.

【筋力】詩의 힘, 骨力이라는 용어와 같음.

【冶亭】지금 南京市의 冶城. 亭은 남북조시대 마을을 뜻함.

＊《南史》江淹傳과 明, 胡應麟의《詩藪》참조.

<hr />

참고 및 관련 자료

1. 강엄(江淹: 444~504. 혹은 505)

자는 文通, 梁나라 때 人物(본편 제목의「齊光祿江淹」에서의 齊는 梁으로
되어야 함). 濟陽 考城(지금의 河南省 考城縣) 출신. 司馬相如를 흠모하였으며
宋에서 齊나라로, 다시 梁으로 이어지면서 散騎常侍를 지냈으며 뒤이어 金紫
光祿大夫를 역임함. 강엄의 시는 幽深奇麗하여 宋・齊 시인 鮑照와 비슷함.
《梁書》권14 및《南史》권59에 傳이 있으며 明, 張溥가 집일한《江醴陵集》이
있음.

2.《梁書》江淹傳(略)

江淹, 字文通, 濟陽考城人也. 天監元年, 爲散騎相侍, 左衛將軍, 遷金紫光祿
大夫卒. 諡曰憲伯. 淹少以文章顯, 晚節才思微退, 時人皆謂之才盡. 凡所著述
百餘篇, 自撰爲前後集, 並齊史十志, 並行于世.

3.《隋書》經籍志

梁金紫光祿大夫江淹集九卷. 江淹後集十卷, 梁二十卷.

4.《漁洋詩話》

江淹宜在上品.

5. 江淹詩

〈雜體詩〉(《文選》卷31, 총30首임)

◎〈古別離〉

　　　遠與君別者, 乃至雁門關.

　　　黃雲蔽千里, 游子何時還.

　　　送君如昨日, 檐前露已團.

不惜蕙草晚, 所悲道里寒.
君在天一涯, 妾身長別離.
願一見顏色, 不異瓊樹枝.
兔絲及水萍, 所寄終不移.

◎〈阮步兵籍詠懷〉
青鳥海上游, 鸑斯蒿下浮.
沈浮不相宜, 羽翼各有歸.
飄颻可終極, 沆瀁安是非.
朝雲乘變化, 光曜世所希.
精衛銜木石, 誰能測幽微.

◎〈陶徵君潛田居〉
種苗在東皋, 苗生滿阡陌.
雖有荷鋤倦, 濁酒聊自適.
日暮巾柴車, 路闇光已夕.
歸人望煙火, 稚子候簷隙.
問君亦行爲, 百年會有役.
但願桑麻成, 蠶月得紡績.
素心正如此, 開徑望三益.

◎〈休上人怨別〉
西北秋風至, 楚客心悠哉.
日暮碧雲合, 佳人殊未來.
露采方泛灩, 月華始徘徊.
寶書爲君掩, 瑤瑟詎能開.
相思巫山渚, 悵望陽雲臺.
膏爐絕沈燎, 綺席生塵埃.
桂水日千里, 因之平生懷.

6.《滄浪詩話》

擬古惟江文通最長, 擬淵明似淵明, 擬康樂似康樂, 擬左思似左思, 擬郭璞似郭璞, 獨擬李都尉一首, 不似西漢耳.

7.《詩藪》(明, 胡應麟) 外篇 卷二

文通擬漢三詩俱遠. 獨魏文·陳思·劉楨·王粲四作, 置之魏風莫辨, 眞杰思也. ……人才之固有盡時, 精力疲, 志意怠, 而夢徵焉. 其夢衰也; 其衰非夢也.

8.《藝概》詩概

江文通詩, 有凄涼日暮, 不可如何之意, 以詩之多情而人之不濟也. 雖長於雜擬, 於古人蒼壯之作亦能肖吻, 而固其本色耳.

9.《文選》卷31.〈雜體詩〉

關西; 鄴下, 旣已罕同, 河外江南, 頗爲異法. 今作三十首詩, 效其文體, 雖不足品藻源流, 庶亦無乖商榷.

〈鳥〉 東漢, 明器 四川 成都 출토

031(中-19) 梁衛將軍范雲, 梁中書郎丘遲詩
양 위장군 범운, 양 중서랑 구지의 시

양梁나라 위장군衛將軍 범운范雲과 양梁나라 중서랑中書郎 구지丘遲의 시이다. 범운의 시는 청편淸便하고 완전宛轉하여 마치 휘도는 바람, 흩날리는 눈발과 같다. 구지丘遲의 시는 점철點綴하고 영미暎媚하여 마치 떨어지는 꽃잎이 풀에 의지해 있는 것 같다. 따라서 이 두 사람의 시는 강엄江淹보다는 얕은 맛이 있고 임방任昉보다는 빼어난 맛이 있다.

梁衛將軍范雲, 梁中書郎丘遲詩, 范詩淸便宛轉, 如流風迴雪; 丘詩點綴暎媚, 似落花依草. 故當淺於江淹, 而秀於任昉.

【衛將軍】 벼슬 이름. 범운은 侍中衛將軍을 역임함.
【淸便】 맑고 편안함.
【宛轉】 고운 曲線美를 지칭하는 말.
【點綴】 골고루 어울림.

1. 범운(范雲: 451~503)

자는 彦龍, 南鄕 舞陰(지금의 河南省 沁陽縣) 출신. 齊나라 때 廣州刺史를
지냈으며, 梁나라 때 吏部尙書를 지냄. 霄城縣侯에 봉해졌으며, 侍中衛將軍
의 직급을 역임하였음. 《南史》 권57 및 《梁書》 권13에 傳이 있음.

(1)《梁書》范雲傳(略)

　　范雲, 字彦龍, 南鄕舞陰人. 善屬文, 便尺牘, 下筆輒成, 未嘗定藁. 時人每
　　疑其宿構. 高祖受禪, 以侍中遷散騎常侍, 吏部尙書, 又遷尙書右僕射, 卒贈
　　侍中衛將軍. 有集三十卷.

(2)《隋書》經籍志

　　梁尙書僕射范雲集十一卷. 並錄.

(3) 范雲詩

◎〈贈張徐州謖〉(《文選》卷20)

　　田家樵采去, 薄暮方來歸.
　　還聞稚子說, 有客款柴扉.
　　儐從皆珠玳, 裘馬悉輕肥.
　　軒蓋照墟落, 傳瑞生光輝.
　　疑是徐方牧, 旣是復疑非.
　　思舊昔言有, 此道今已微.
　　物情棄疵賤, 何獨顧衡闈.
　　恨不具雞黍, 得與故人揮.
　　懷情徒草草, 淚下空霏霏.
　　寄書雲間雁, 爲我西北飛.

◎〈閨思〉

　　春草醉春煙, 深閨人獨眠.
　　積恨顔將老, 相思心欲然.
　　幾回明月夜, 飛夢到郎邊.

◎〈別詩〉

　　洛陽城東西, 長作經時別.
　　昔去雪如飛, 今來花似雪.

(4)《詩源辨體》卷9. 2조.

　　范雲五言, 在齊梁間聲氣獨雄, 永明以後, 梁武取調, 范雲取氣.

(5)《義門讀書記》卷46. (〈贈張徐州謖〉시를 評한 것)

　　「疑是徐方牧」八句, 流風回雪. 記室固最得其如此.

2. 구지(丘遲: ?)

자는 希範. 吳興人. 일찍이 徐州從事를 지냈으며, 梁 武帝가 들어서자 中書郎을 거쳐 司空從事中郎이 됨. 45세에 죽었으며 明 張溥가 집일한 《丘中郎集》이 있음. 《梁書》권49와 《南史》권72에 傳이 있음.

(1)《梁書》丘遲傳(略)

　　丘遲, 字希範, 吳興烏程人也. 八歲便屬文, 及長, 州辟從事, 擧秀才, 除太學博士. 高祖踐祚, 拜散騎侍郎, 拜中書郎, 遷司徒從事中郎, 卒官. 所著詩賦行於世. ……辭采麗逸. 時有鍾嶸詩評云:「范詩婉轉淸便, 如流風迴雪. 丘詩點綴暎媚, 似落花依草. 雖淺於文通, 而秀於子敬.」其見稱如此.

(2)《隋書》經籍志

　　梁國子博士丘遲集十卷, 並錄, 梁十一卷.

(3) 丘遲詩

◎〈侍宴樂遊苑送張徐州應詔〉(《文選》卷20)

　　詰旦閶闔開, 馳道聞鳳吹.

　　輕莢承玉輦, 細草藉龍騎.

　　風遲山尙響, 雨息雲猶積.

　　巢空初鳥飛, 荇亂新魚戲.

　　實爲北門重, 匪親孰爲寄.

　　參差別念擧, 蕭穆思波被.

　　小臣信多幸, 投生豈酬義.

◎〈旦發漁浦潭〉(《文選》卷27)

　　漁潭霧未開, 赤亭風已颺.

　　櫂歌發中流, 鳴鞞響沓障.

　　村童忽相聚, 野老時一望.

　　詭怪石異象, 嶄絶峯殊狀.

　　森森荒樹齊, 析析寒沙漲.

　　藤垂島易陟, 崖傾嶼難傍.

　　　　信是永幽棲, 豈徒暫清曠.

　　　　坐嘯昔有委, 臥治今可尚.

(4)《竹林詩話》

　　　　丘遲之作, 如琪樹玲瓏, 金芝布濩, 九霄春露, 三島秋□.

(5)《詩品注》(陳延杰) 卷中

　　　　丘詩模山範水, 辭采麗逸, 尙似落花依草也.

(6) 明, 張溥《漢魏之朝百□家集題辭·丘中郞集》

　　　　鍾仲偉詩評云: 希範取暖文通, 秀於敬子, 余未唯唯, 或其時尙循沈詩任筆

　　　　之稱, 遂輕高下耳.

032(中-20) 梁太常任昉詩
양 태상 임방의 시

양梁나라 태상太常 임방(任昉, 任彦昇)의 시이다. 그彦昇는 소년 시절에는 시에 정교하지 못하였다. 그 때문에 세상에서「심시임필沈詩任筆」이라 하자 임방은 이를 심히 한스럽게 여겼다. 만년에 이르러서는 시를 매우 좋아하였고 게다가 독실히 하였으며 문장도 역시 힘있는 변화를 가져왔다. 사리事理를 전형銓衡함에 뛰어났고 시체가 심원아정深遠雅正한 쪽으로 발전, 국사지풍國士之風을 얻게 되었다. 그래서 이를 발탁하여 중품中品에 올랐다. 다만 임방은 사물에 너무 박통하여 움직였다 하면 곧 바로 용사用事로 하였다. 그 때문에 그의 시는 기이한 면은 없다. 젊은이나 선비집 사람들은 그의 이와 같음을 본받고 있으니 이것이 폐단弊端이었다.

梁太常任昉詩, 彦昇少年爲詩不工, 故世稱沈詩任筆, 昉深恨之. 晚節愛好旣篤, 文亦遒變. 善銓事理, 拓體淵雅, 得國士之風, 故擢居中品. 但昉旣博物, 動輒用事, 所以詩不得奇. 少年士子, 效其如此, 弊矣.

【沈詩任筆】沈約은 시에, 뛰어나고 任昉은 문장에 뛰어났다는 뜻. ⇒참고.
【遒變】힘있게 변함. 힘있는 시를 씀.

【銓衡】 사물의 품격을 살펴 시대에 응용함.
【國士】 재주와 능력이 특출한 인물을 지칭하는 말.

참고 및 관련 자료

1. 임방(任昉: 460~508)

남조 梁나라 때의 文學家. 字는 彦昇. 樂安 博昌(지금의 山東省 壽光縣) 출신.
16세 때 秀才로 천거되어 太學博士에 올랐으며「竟陵八友의」하나. 梁 武帝
때는 黃門侍郎을 지냈으며 다시 義興新安太守를 역임함. 詩 외에 散文에도
능했으며,「沈詩任筆」이란 말이 생겨남.《南史》권59와《梁書》권14에 傳이
있으며 明나라 때 張溥가 집일한《任彦昇集》이 있음.

2.《梁書》任昉傳(略)

任昉, 字彦昇, 樂安博昌人. 幼善屬文, 尤長載筆, 才思無窮. 當世公王表奏, 莫不
請焉. 昉起草卽成. 不加點竄. 沈約一代詞宗, 深所推挹. 高祖踐祚, 拜黃門侍郎,
出爲寧朔將軍, 新安太守, 卒於官舍. 追贈太常卿, 諡曰敬子. 所著文章數十萬言,
盛行于世. 昉曾爲秘書監, 自齊永元以來, 秘閣四部, 篇卷紛雜, 乎自校讎, 由是
篇自得定. 好書無所不窺, 聚至萬餘卷, 多異本.

3.《南史》任昉傳

旣以文才見知, 時人云: 任筆沈詩, 昉聞甚以爲病. 晚節轉好作詩, 用事過多,
屬詩不得流便, 自爾都下之士慕之, 轉爲穿鑿.

4.《隋書》經籍志

梁太常卿任昉集三十四卷.

5. 任昉詩

◎〈濟浙江〉(丁福保《全梁詩》)
　　昧旦乘輕風, 江潮忽來往.
　　或與歸波送, 乍遂翻流上.
　　近岸無暇目, 遠岸更興想.
　　綠樹縣宿根, 丹崖傾久壤.
◎〈別蕭諮議行〉(丁福保《全梁詩》)
　　離燭有窮輝, 別念無終緒.

歧言未及申, 離目已先舉.
揆景巫衡阿, 臨風長楸浦.
浮雲難嗣音, 徘徊悵誰與.
儻有關外驛, 聊訪狋鷗侶.

◎〈贈郭桐廬出溪口見候余旣未至郭仍進村維舟久之郭生方至〉(《文選》卷26)
平生禮數絕, 式瞻在國楨.
一朝萬化盡, 猶我故人情.
待時屬興運, 王佐俟民英.
結懽三十載, 生死一交情.
攜手遁衰孽, 接景事休明.
運阻衡言革, 時泰玉階平.
潛沖得茂彥, 夫子值狂生.
伊人有涇渭, 非余揚濁清.
將乖不忍別, 欲以遣離情.
不忍一辰意, 千齡萬恨生.
已矣平生事, 詠歌盈篋笥.
兼復相嘲謔, 常與虛舟值.
何時見范侯, 還敍平生意;
與子別幾辰, 經塗不盈旬.
弗覿朱顏改, 徒想平生人.
寧知安歌日, 非君撤瑟晨.
已矣余何歎, 輟春哀國均.

6.《金樓子》立言篇

任彥昇甲部闕如, 才長筆翰, 善輯流略, 遂有龍門之名. 斯亦一時之盛.

7.《南史》任昉傳

任雅善屬文, 尤長載筆, 才思無窮.

8.《漢魏之朝百三家題辭·任彥昇集》(張溥)

昭明文選載彥昇令·表·序·狀·彈文, 生平筆長. 可悉推見.

9.《文心雕龍》總術篇

今之常言, 有文有筆, 以爲無韻者筆也; 有韻者文也.

033(中-21) 梁左光祿沈約詩
양 좌광록 심약의 시

양梁나라 좌광록左光祿 심약(沈約, 沈休文)의 시이다. 그休文의 여러 작품을 보면 오언시五言詩가 가장 우수하다. 그의 문체를 상세히 살펴보고 그의 또다른 시가의 이론을 고찰해보면 그는 포명원(鮑明遠, 鮑照)을 법으로 여겼음을 알 수 있다.* 따라서 경륜經綸에 소홀함이 없으면서도 청원淸怨에 뛰어났다. 영명상왕(永明相王, 竟陵王) 소자량蕭子良이 시문을 애호하자 왕원장(王元長, 王融)·심약沈約 등이 모두 경릉왕을 추종하여 모여들었다. 당시 사조謝朓는 아직 이름이 나지 않았을 때였으며, 강엄江淹은 그 재주가 이미 다하였고, 범운范雲은 본래 그 이름이 시끄럽지 않을 때였다. 이에 심약만이 당시의 독보적인 존재였다. 비록 그의 시작품이 공려工麗한 경지에 이르지는 못하였지만 역시 한 시대의 뽑힌 인물이었다. 심약은 향리鄕里에서 중시를 받았으며** 그의 시는 음률에 맞았다. 나 종영鍾嶸은 이렇게 생각한다.

"심약은 작품 수가 비록 많지만 거칠고 잡된 것을 제거해 버리고 정요한 것만 모아보면 중품中品의 차례에 맞춤이 마땅하다. 따라서 그의 작품에 시사詩詞는 범운보다 조밀密하며, 시의詩意는 강엄보다 천현淺顯하다."

梁左光祿沈約詩. 觀休文衆製, 五言最優. 詳其文體, 察其餘論, 固知憲章鮑明遠也, 所以不閑於經綸, 而長於淸怨.

永明相王愛文, 王元長·約等皆宗附之. 於時, 謝朓未遒,
江淹才盡, 范雲名級固微, 故約稱獨步. 雖文不至其工麗,
亦一時之選也. 見重閭里, 誦詠成音. 嶸謂:「約所著旣多,
今翦除淫雜, 收其精要, 允爲中品之第矣. 故當詞密於范,
意淺於江也」

【衆製】많은 작품. 여러 가지 문체의 작품들.
* 鍾嶸은 鮑照 시에 대해「貴尙巧似, 不避危仄, 頗傷淸雅之調」라 하였다.
  沈約이 비록《四聲譜》를 지어 四聲八病說을 내세우기는 하였지만 심약
  역시 이를 답습하였다. ⇒明·謝榛의《四溟詩話》참조.
【淸怨】淸幽하고 悲怨함.
【竟陵王】永明相王이었던 蕭子良을 가리킴. 永明體가 흥성한 시기였음.
  ⇒참고.
*《詩品》序 참조.

> 참고 및 관련 자료

1. 심약(沈約: 441~512, 혹 513년)
자는 休文. 吳興 武康(지금의 浙江省 武康縣) 사람. 어려서 고아가 되었으며
好學博通하여 宋, 齊, 梁 三代에 걸쳐 侍中, 丹陽尹, 建昌侯 등을 거쳐 光祿
大夫가 됨. 시호는 隱侯.《梁書》권13과《南史》권57에 전이 있음. 유명한
《四聲譜》를 지었으며「四聲八病說」을 제창하기도 함. 그 외에 史書에 밝아
《晉書》110권,《宋書》100권,《齊紀》20권,《高祖紀》14권,《邇言》10권,
《諡例》10권,《宋文章志》30권,《文集》100권을 지었으나《宋書》외에는
모두 佚失되었음. 嚴可均의《全梁文》에《沈約文》8권이 있음.

2.《梁書》沈約傳 (略)
沈約, 字休文, 吳興武康人也. 篤志好學, 能屬文. 高祖受禪, 爲尙書僕射, 轉光祿
大夫. 卒, 諡曰隱. 所著文集一百卷行于世.

3. 《隋書》經籍志

梁特進沈約集一百一卷, 並錄.

4. 《詩品注》(汪中)

謝牙量曰: 永明文學, 承元嘉之後, 更鑽研聲律, 于時四聲八病之說始起, 立駢文之鴻軌, 啓律詩之先路. 當時竟陵王子良, 實有提獎之功, 竟陵王者, 齊武帝第二子也. 禮士好藝, 天下詞客, 多集其門, 而梁武帝與王融, 謝朓, 任昉, 沈約, 陸倕, 蕭琛八人, 尤見敬異, 號曰竟陵八友. 八人之中, 謝朓長于詩, 任昉陸倕長于筆, 沈約則文筆兼美也.

5. 沈約詩

◎〈遊沈道士館〉(《文選》권22)

　　秦皇御宇宙, 漢帝恢武功.
　　歡娛人事盡, 情性猶未充.
　　銳意三山上, 託慕九霄中.
　　旣表祈年觀, 復立望仙宮.
　　寧爲心好道, 直由意無窮.
　　曰余知止足, 是願不須豐.
　　遇可淹留處, 便欲息微躬.
　　山嶂遠重疊, 竹樹近蒙籠.
　　開襟濯寒水, 解帶臨清風.
　　所累非物外, 爲念在玄空.
　　朋來握石髓, 賓至駕輕鴻.
　　都令人徑絶, 惟使雲路通.
　　一擧凌倒景, 無事適華嵩.
　　寄言賞心客, 歲暮爾來同.

◎〈宿東園〉(《文選》권22)

　　陳王鬭鷄道, 安仁采樵路.
　　東郊豈異昔, 聊可閒余步.
　　野徑旣盤紆, 荒阡亦交互.
　　槿籬疏復密, 荊扉新且故.
　　樹頂鳴風飆, 草根積霜露.
　　驚麏去不息, 征鳥時相顧.

茅棟歡愁鴟, 平岡走寒兎.

夕陰帶層阜, 長煙引輕素.

飛光忽我遒, 豈止歲云暮.

若蒙西山藥, 頹齡儻能度.

6.《詩人玉屑》沈約云詩病有八.「四聲八病說」

一曰平頭: 第一第二字不得與第六第七字同聲. 如「今日良宴會, 讙樂莫其陳」, 今·讙皆平聲.

二曰上尾: 第五字不得與第十字同聲. 如「青青河畔草, 鬱鬱園中柳」, 草·柳皆上聲.

三曰蜂腰: 第二字不得與第五字同聲. 如「聞君愛我甘, 竊欲自修飾」, 君·甘皆平聲, 欲·飾皆入聲.

四曰鶴膝: 第五字不得與第十五字同聲. 如「客從遠方來, 遺我一書札, 上言長相思, 下言久離別」, 來·思皆平聲.

五曰大韻: 如聲·鳴爲韻. 上九字不得用驚·傾·平·榮字.

六曰小韻: 除本一字外, 九字中不得有兩字同韻, 如遙·條不同.

七曰旁紐: 八曰正紐: 十字內兩字疊韻爲正紐, 若不共一紐而有雙聲爲旁紐, 如流·久爲正紐, 流·抑爲旁紐.

八種惟上尾, 鶴膝最忌, 餘病亦皆通.

7.《藝苑卮言》

沈休文所載八病, 以上尾鶴膝爲最忌, 休文之抱滯, 正與古體相反, 唯於近律差有關耳. 然亦不免商君之酷. 平頭爲第一字不得與第六字同平聲, 律詩如「風勁角弓鳴, 將軍獵渭城」, 風之類將, 何損其美? 上尾謂第五字不得與第十字同聲, 如古詩「西北有高樓, 上與浮雲齊」, 雖隔韻何害? 律固無是矣. 使同韻如前詩, 鳴之與城, 又何妨也? 蜂腰謂第二字與第四字同上去入韻, 如老杜「望盡似猶見」, 江淹「遠與君別者」之類, 近體宜少避之亦無妨. 鶴膝謂第五字不得與第十五字同, 如老杜「水色含羣動, 朝光接太虛, 年來頻悵望」之類, 八句俱如是則不宜, 一字犯亦無妨. 五大韻, 爲重疊相犯, 如「胡姬年十五, 春日獨當爐」. 又「端坐苦愁思, 攬衣起西遊」, 胡與爐, 愁與遊犯. 六小韻, 上十字中自有韻, 如「薄帷鑒明月, 清風吹我襟」. 明與清犯. 七旁紐, 十字中已有田字, 不得著寅延字. 八正紐, 十字中已有壬字, 不得著衽壬. 後四病尤無謂, 不足道也.

8.《義門讀書記》

沈休文詩, 清便婉轉, 自成永明以後風氣.

9.《四溟詩話》明, 謝榛 □□.

沈隱侯〈白馬〉篇云:「停鑣□□蘭」,「輕舉出樓蘭」,〈緩□歌〉云:「瑤轅信陵空」, 「羽轡已騰空」, 此二篇亦兩□「蘭」字,「空」字爲韻. 夫隱侯□定聲韻, 爲詩家楷式, 何自重其韻, 使人借委口寶? □□謂「蘭何造律, 而自犯之□也.

10.《詩藪》外篇 卷二

世以鍾氏私憾, 抑之中品, □也.

〈青釉□□詩句瓷壺〉1983 湖南 望城 □□
"去去關□□, 行行湖池深. 早知今日苦, 多□□華師金"

〈古木寒泉圖〉明 文徵明 臺北故宮博物館 소장

卷下
(034～061)

〈漁人圖〉明 戴進(그림)

下品序:

[下序-1]

지난날 조식曹植과 유정劉楨은 거의 문장의 성인聖人이라 할 만하며,
육기陸機와 사령운謝靈運은 이성二聖을 체득한 재인才人이라 할 수 있다.
　옛사람들은 이처럼 날카롭고 정밀하여 사고를 연마하였으나 천백 년
사이 더 이상 그들이 궁상宮商의 변별이나 사성四聲에 대해 토론을 벌였
다는 소리를 들어보지 못하였다. 혹자는 전대前代의 달인達人들이 우연
으로나마 궁상과 사성을 발견하지 못하였기 때문인 것이라 하였는데
과연 그럴 수 있을까?

　昔曹·劉殆文章之聖, 陸·謝爲體貳之才. 銳精研思, 千百
年中, 而不聞宮商之辨, 四聲之論. 或謂前達偶然不見, 豈其
然乎?

【曹植】⇒004.
【劉楨】⇒005.
【陸機】⇒008.

【謝靈運】⇒012.

【宮商】⇒고대의 音律을 일컫는 말. 宮·商·角·徵·羽를 줄인 말.

【四聲】고대 音韻의 성조를 일컫는 말. 平·上·去·入을 뜻함.

참고 및 관련 자료

1.《南史》陸厥傳

永明末, 盛爲文章. 吳興沈約, 陳郡謝朓, 瑯琊王融, 以氣類相推. 汝南周顒, 善識聲韻, 爲文皆用宮商, 以平上去入爲四聲.

2.《南史》沈約傳

約撰四聲譜, 以爲在昔詞人累千載而不悟, 而獨得胸衿, 窮其妙旨.

3.《宋書》謝靈運傳

夫五色相宣, 八音協暢. 由乎玄黃律呂, 各適物宜. 欲使宮羽相變, 低昂舛節. 若前有浮聲, 則後須切響. 一簡之內, 音韻盡殊. 兩句之中, 輕重悉異. 妙達此旨, 始可言文. 自靈均以來, 多歷年所, 水門體稍精, 而此秘未覩. 至於高言妙句, 音韻天成, 皆暗與理合, 匪由思至. 張蔡曹王, 曾無先覺. 潘陸顔謝, 去之彌遠. 仲偉以音韻, 出於自然, 由來已舊矣.

4.《高僧傳》(慧皎) 권13 經師論

始有魏陳思王曹植, 深愛聲律, 屬意經音, 旣通般遮之瑞響, 又感魚山之神製. 於是刪治瑞應本起, 以爲學者之宗, 傳聲則三千有餘, 在契則四十有二.

[下序-2]

시험삼아 이렇게 말해보고 싶다. 옛날에는 시를 찬송으로 하여 모두가 금죽金竹의 음악에 맞추어 노래하였다. 그 때문에 오음五音에 조화를 이루지 못하면 화합이 되지 않았다. 이를테면 "고당에서 술자리를 벌이도다;(置酒高堂上)"나 "밝은 달이 높은 누각에 비치네;(明月照高樓)" 등은 성운聲韻을 맞춘 최고의 표현이다.

그 때문에 삼조(三祖, 三曹: 曹操, 曹丕, 曹植)의 시는 그 문자는 가끔 공교하지 못하지만 그 운韻은 노래로 부를 수 있다. 이는 음운의 의의를 중시한 때문이다. 그리고 세상에 흔히 말하는 궁상宮商과는 다른 것이다. 지금은 음악과 관련이 없다. 그런데도 역시 성률에 얽매여야 한단 말인가?

嘗試言之, 古者詩頌, 皆被之金竹, 故非調五音, 無以諧會. 若「置酒高堂上」·「明月照高樓」, 爲韻之首. 故三祖之詞, 文或不工, 而韻入歌唱, 此重音韻之義也, 與世之言宮商異矣. 今旣不被管絃, 亦何取於聲律耶?

【金竹】악기. 《禮記》樂記에 「金石絲竹, 樂之器也」라 함.
【五音】宮·商·角·徵·羽.

【置酒高堂上】阮瑀(037) 〈雜詩〉의 구절. 혹 曹植의 시구라고도 함.

【明月照高樓】조식(004) 〈七哀詩〉의 구절. 혹 李陵의 逸詩라고도 함.

【三祖】三曹. 曹操·曹丕·曹植. 혹은 曹操의 선대 3대를 뜻한다고도 함.

참고 및 관련 자료

1.《詩品注》(汪中)

曹子建箜篌引:「置酒高殿上, 親交從我遊」案「置酒高殿上」, 仲偉引作「高堂上」,
蓋所見異文也. 苦阮瑀雜詩:「我行自凜秋, 季冬乃來歸. 置酒高堂上, 友朋集
光輝」子雖不誤, 而非韻首, 仲偉必非指此.

2.《詩藪》(胡應麟)

「明月照高樓, 想見餘光輝」. 李陵逸詩也. 子建「明月照高樓, 流光正徘徊」, 全用
此句, 而不用其意, 又案以上兩篇皆樂府.

3.《三國志》魏志. 明帝紀

景初元年, 有司奏武皇帝, 撥亂反正, 爲魏太祖. 文皇帝應天受命, 爲魏高祖.
帝制作興治, 爲魏烈祖. 三祖之廟, 萬世不毀.

漢代 畫像石 〈騎馬紋〉

[下序-3]

제齊나라 때에 왕원장(□□□, 王融)이란 자가 있어 일찍이 나에게 이런 말을 들려주었다.

"궁상宮商은 이의(二儀: □□)와 함께 생겨난 것이다. 그런데 자고로 시인들이 이를 알지 못하고 있다. 오직 안헌자(顔憲子, 顔□□)만이 율려律呂와 음조音調를 말하고 있으나 그 또한 사실 크게 오류를 범하고 있다. 다만 범엽范曄, 사장謝莊만이 자못 이를 인식하였을 따름이다. 내 일찍이 〈지음론知音論〉을 짓고자 하였으나 아직 이루지 못하고 있다."

齊有王元長者, 嘗謂余云:「宮商與二儀俱生, 自古詞人不知之, 唯顔憲子乃云律呂音調, 而其實大謬. 唯見范曄·謝莊頗識之耳. 嘗欲進知音論未就」

【王元長】王融(054).

【二儀】天地. 兩儀.《周易□ 繫辭傳에「是故易有太極, □生兩儀」라 함.

【顔憲子】顔延之(026). 시호는 憲子.

【律呂】원래 고대 樂律을 바르게 맞추는 기구. 陰陽으로 나누어 각각 12개였음(六律六呂). 그 중 陰을 律, 陽을 呂라 하였음. 六律은 黃鍾, 太簇, 姑洗,

蕤賓, 夷則, 無射이며, 六呂는 大呂, 夾鍾, 仲呂, 林鍾, 南呂, 應鍾임.

【范曄】 남조 宋나라 때의 史學家. 《後漢書》를 지었으며 詩人이기도 함(043).

【謝莊】 남조 宋의 문학가 시인. ⇒(045).

참고 및 관련 자료

1. 〈與沈約書〉(陸厥)

范詹事曄自序, 性別宮商, 識淸濁, 特能適輕重, 濟艱難. 古今文人, 多不全了
斯處. 縱有會此者, 不必從根本中來. 沈尙書亦云: 自靈均以來, 此秘未覩, 或闇
與理合, 匪由思至, 張蔡曹王, 曾無先覺, 潘陸顏謝, 去之彌遠. 大旨欲使宮羽
相變, 低昂舛節. 若前有浮聲, 則後須切響. 一簡之內, 音韻盡殊. 兩句之中,
輕重悉異. 辭旣美矣, 理又善焉. 但觀歷代衆賢, 似不都闇此處. 而云此秘未覩,
近於誣乎! 案范云不從根本中來, 尙書云匪由思至, 斯可謂揣情謬於玄黃, 摘句
差其音律也. 范又云時有會此者, 尙書云或闇與理合. 則美詠淸謳, 有辭章調韻者.
雖有差謬, 亦有會合. 推此以往, 可得而言. 夫思有合離, 前哲同所不免. 文有
開塞, 旣事不得無之. 子建所以好人譏彈. 士衡所以遺恨終篇. 旣曰遺恨, 非盡
美之作. 理可詆訶, 君子執其詆訶. 便謂合理爲闇, 豈如指其合理, 而寄詆訶爲
遺邪? 自魏文屬論, 深以淸濁爲言, 劉楨奏書, 大明體勢之致. 岨峿妥帖之談.
操末續顚之說. 興玄黃於律呂. 此五色之相宣. 苟此秘未覩, 兹論爲何所指邪?
故惠謂前英已早識宮徵, 但未屈曲指的, 若今論所申, 至於掩瑕藏疾, 合少謬多,
則臨淄所云人之著術, 不能無病者也. 非知之而不改, 謂不改則不知, 斯曹陸
又稱竭情多悔, 不可力彊者也. 今許以有病有悔爲言, 則必自知無悔無病之地,
引其不了不合爲闇, 何獨誣其一了一合之明乎? 意者亦質文時異, 古今好殊, 將急
於情物而緩於章句. 情物文之所急, 美惡猶且相半. 章句意之所緩, 古今少而
謬多. 義在於斯, 必非不知明矣. 長門上林, 始非一家之賦. 洛神池雁, 便成二體
之作. 孟堅精整, 詠史無虧於東主. 平子恢富, 羽獵不累於憑虛. 王粲初征, 他文
未能稱是. 楊修敏捷, 暑賦彌日不獻. 率意寡尤, 則事促乎一日. 翳翳愈伏, 而理
賒於七步. 一人之思, 遲速天懸. 一家之文, 工拙壤隔. 何獨宮商律呂, 必責其如
一邪? 論者乃可言未窮其致, 不得言曾無先覺也.

2. 〈答陸厥書〉(沈約)

宮商之義有五, 文字之別累萬. 以累萬之繁, 配五聲之約, 高下低昂, 非思力所擧,

又非止若斯而已也. 十字之文, 顚倒相配, 字不過十, 巧歷已不能盡, 何況復過於此者乎? 靈均以來, 未經用之絪缊, 固無從得其髣髴矣. 脊斯之妙, 而聖人不尙, 何耶. 此蓋曲折聲韻之巧, 無當於訓義, 非聖哲立言之所急也. 是以子雲譬之雕蟲篆刻, 云壯夫不爲. 自古辭人, 豈不知宮羽之殊, 商徵之別. 雖知五音之異, 而其中參差變動, 所昧實多, 故鄙意所謂此秘未覩者也. 以此而推, 則知前世文士, 便未悟此處. 若以文章之韻, 同管弦之聲曲, 則美惡妍蚩, 不得頓相乖反. 譬猶子野操曲, 安得忽有闋緩失調之聲? 以洛神比陳思他賦, 有似異手之作. 故知天機啓則律呂自調, 六情滯則音律頓舛也. 士衡雖云꿈若縟錦, 寧有濯色江波, 其中復有一片是衛文之詩, 此則陸生之言, 卽復不盡者矣. 韻與不韻, 復有精麤. 輪扁不能言, 老夫亦不盡辨此.

3. 《南齊書》樂志

宋孝武使謝莊造明堂辭, 莊依五行數, 木數用三, 火數用七, 土數用五, 金數用九, 水數用六, 莊辭今存宋明堂歌九首, 宋世祖廟歌二首.

4. 《南史》陸厥傳

永明末, 沈約謝朓, 以四聲制韻, 有平頭上尾, 蜂腰鶴膝. 五字之中, 音韻悉異. 兩句之內, 角徵不同. 不可增減. 世呼爲永明體.

〈殺猪圖〉

216 시품

[下序-4]

　　왕원장(王元長, 王融)이 이를 처음 창안하였으며, 사조謝朓, 심약沈約이 그 여파餘波를 형성하고 있다. 이 세 사람은 혹 귀공의 자손들로 어려서부터 문변文辯이 있었다. 이에 선비들이 그를 경모하며 따라 정밀함에 온힘을 쏟았다. 그리하여 옷의 주름 바느질하듯 세밀히 하였고 서로 전력을 다해 능가해보려고 하였다.

　　그 때문에 시에 많은 금기禁忌나 구속拘束을 만들어 그 본래의 진솔한 아름다움에 상처를 주고 말았다. 나는 문체란 모름지기 풍독諷讀이 근본이며 절룩거리거나 막힘이 있어서는 안 된다고 주장한다. 다만 청탁淸濁이 서로 통류通流토록 하여 입으로 읊어 조화있고 매끄럽게만 하면 그것으로 족한 것이라 여긴다.

　　평平·상上·거去·입入에 이르러서는 나 역시 그 병폐를 잘 모른다. 봉요학슬蜂腰鶴膝은 이미 민간 가요에 그 현상이 보이고 있다.

　　王元長創其首, 謝朓·沈約揚其波. 三賢咸貴公子孫, 幼有文辯. 於是士流景慕, 務爲精密. 襞積細微, 專相凌架. 故使文多拘忌, 傷其眞美. 余謂文製, 本湏諷讀, 不可蹇礙. 但令

清濁通流, 口吻調利, 斯爲足矣. 至如平·上·去·入, 則余病
未能; 蜂腰·鶴膝, 閭里已具.

【王元長】王融(054).

【謝朓】⇒029.

【沈約】⇒033.

【文辯】文章과 辯論에 대한 才能.《南齊書》王融傳에「融少而神明警惠, 博涉
有文才, ……以融才辯」이라 하였고, 같은《南齊書》謝朓傳에「朓少好學,
有美明, 文章清麗」라 하였으며,《梁書》沈約傳에는「聰明過人, 好墳籍,
聚書至二萬卷, 京師莫比」라 하였음.

【平上去入】이는 沈約의 格律說을 말한 것임. 그의 「四聲八病說」에서 四聲은
平上去入, 八病을 平頭, 上尾, 蜂腰, 鶴膝, 大韻, 小韻, 旁紐, 正紐로서 五言詩
한 편 내에 제2字와 제5字는 同聲을 피한다는 것 등의 이론임.

【蜂腰·鶴膝】두 구절의 머리는 크고 허리는 작은 병폐를 蜂腰, 제5字와
가운데가 큰 병폐를 鶴膝이라 한다.

참고 및 관련 자료

1.《南史》庾肩吾傳

齊永明中, 王融謝朓沈約文章, 始用四聲, 以爲新變. 至是轉拘聲韻, 彌爲靡麗.

2.《文心雕龍》聲律篇

迂其際會, 則往蹇來連. 其爲疾病, 亦文家之吃也.

3.《詩品注》(汪中)

蜂腰鶴膝, 沈休文所謂八病之二. 蜂腰者, 第二字不得與第五字同聲. 如遠(與)
君別(者), 乃至雁門關. 一云, 第三者不得與第七者同聲, 如徐步(金)門旦, 言(尋)
上苑春. 鶴膝者, 第五字不得與第十五字同聲. 如新裂齊紈(素), 皎潔如霜雪.
裁爲合歡(扇), 團團似明月. 黃季剛先生曰: 沈休文酷裁八病, 令人苦之. 八病者,
平頭, 上尾, 蜂腰, 鶴膝, 大韻, 小韻, 旁紐, 正紐, 是也. 記室云: 蜂腰鶴膝, 閭里
已具. 蓋謂雖尋常歌謠, 亦自然不犯之, 可毋嚴設科禁也.

4.《札記》(黃季剛) (汪中《詩品注》에 引用된 것.)

觀南史舍人傳言, 約既取讀, 大重之. 謂深得文理. 知隱候所賞獨在此一篇矣. 當其時獨特持己說, 不隨波而靡者, 惟有鍾記室一人. 其詩品下篇詆訶王謝沈三子, 皆平心之論, 非由於報宿憾而爲之. (南史嶸傳, 嶸嘗求譽於約, 約拒之. 及約卒, 嶸品古今詩爲評, 言其優劣云云. 蓋追宿憾以此報之也. 今案記室之言, 無傷直道. 南史所言, 非篤論也.) 若舉此一節而言, 記室固優於舍人無算也. 詳文章原於言語, 疾徐高下, 本自天倪. 宣之口而順, 聽之於耳而順, 聽之於耳而調, 斯已矣. 曲樂教冑子以詩歌, 成均教國子以樂語, 斯並文貴聲音之明證. 觀夫虞夏之籍, 姬孔之書, 諸子之文, 辭人之作, 雖高下洪細, 判然有殊. 至於便籥誦, 利稱說者, 總歸一揆, 亦何必拘拘於浮切, 斷斷宮徵, 然後爲貴乎? 至於古代詩歌, 皆先成文章, 而後被聲樂, 諧適與否, 斷以匈懷, 亦非若後世之詞曲, 必按譜以爲之也. 自聲律之論興, 拘者則留情於四聲八病, 矯之者則務欲斸廢之, 至於佶屈塞吃而後已. 斯皆未爲中道, 善乎鍾記室之言曰: 文製本須諷讀, 不可蹇礙. 但令清濁通流, 口吻調利, 斯爲足矣. 斯可謂曉音節之理, 藥聲律之拘.

〈宰羊圖〉

　진사왕(陳思王, 曹植)이 동생에게 준 글과 왕찬(王粲, 仲宣)의 〈칠애七哀〉,
유공간(劉公幹, 劉楨)의 「사우思友」, 완적阮籍의 〈영회詠懷〉, 자경(子卿, 蘇武)의
「쌍부雙鳧」, 숙야(叔夜, 嵇康)의 「쌍란雙鸞」, 무선(茂先, 張華)의 「한석寒夕」, 평숙
(平叔, 何晏)의 〈의단衣單〉, 안인(安仁, 潘岳)의 「권서倦暑」, 경양(景陽, 張協)의 「고우
苦雨」, 사령운謝靈運의 〈업중鄴中〉, 사형(士衡, 陸機)의 〈의고擬古〉, 월석(越石,
劉琨)의 「감란感亂」, 경순(景純, 郭璞)의 〈영선詠仙〉, 왕미王微의 〈풍월風月〉,
사객(謝客, 謝靈運)의 「산천山泉」, 숙원(叔源, 謝混)의 「이연離宴」, 포조鮑照의 「수변
戍邊」, 태충(太沖, 左思)의 〈영사詠史〉, 안연지顔延之의 「입락入洛」, 도공(陶公, 陶淵明)
의 〈영빈詠貧〉이라는 작품. 그리고 혜련(惠連, 謝惠連)의 〈도의擣衣〉시 등은
모두가 오언시의 경책警策들이다. 그 때문에 이들을 편장篇章의 주택珠澤
이요, 문채文彩의 등림鄧林이라 일컫는 것이다.

　　陳思贈弟, 仲宣七哀, 公幹思友, 阮籍詠懷, 少卿雙鳧,
叔夜雙鸞, 茂先寒夕, 平叔衣單, 安仁倦暑, 景陽苦雨, 靈運
鄴中, 士衡擬古, 越石感亂, 景純詠仙, 王微風月, 謝客山泉,
叔源離宴, 鮑照戍邊, 太沖詠史, 顔延入洛; 陶公詠貧之製,

惠連擣衣之作, 斯皆五言之警策者也. 所謂篇章之珠澤,
文采之鄧林.

【陳思贈弟】陳思王 曹植(004)이 아우 曹彪(036)에게 준 詩인 〈贈白馬王彪詩〉
를 말함.

【王粲】자는 仲宣(006). 〈七哀詩〉가 유명함.

【公幹】劉楨(005). 그의 〈贈徐幹詩〉에 「思子沈心曲, 長歎不能言」의 구절이 있음.
이를 「思友」로 본 것. 혹 〈五官中郎將〉의 시를 가리킨다고도 함.

【阮籍】步兵(007). 그의 〈詠懷詩〉82首를 가리킴.

【子卿】蘇武를 가리킴. 《古文苑》에 실린 蘇武의 〈別李陵詩〉에 「雙鳧俱北飛,
一鳧獨南翔」이라는 구절이 있음.

【叔夜】稽康(015). 자는 叔夜. 竹林七賢의 하나. 그의 〈贈秀才入軍詩〉에 「雙
鸞匿景曜」의 구절이 있음.

【茂先】張華(016). 《博物志》를 쓴 인물. 자는 茂先. 그의 〈雜詩〉에 「繁露降
當夕」의 구절이 있음.

【平叔】何晏(017). 「衣單」 관련시는 알 수 없음.

【安仁】潘岳(009). 그의 〈在懷縣作詩〉2首에 「初伏啓新節, 隆暑方赫羲」와 「我來
冰未泮, 時暑忽隆熾」의 구절이 있음.

【景陽】張協(010). 그의 〈雜詩〉 중에 「飛雨灑朝蘭」, 「密雨如散絲」 등의 구절이
있음.

【靈運】謝靈運(012). 그의 〈擬魏太子鄴中集詩〉8首가 있음.

【士衡】陸機(008). 그의 〈擬古詩〉12首가 있음.

【越石】劉琨(020). 〈扶風歌〉, 〈重贈盧諶〉 등의 시를 말함.

【景純】郭璞(021). 그의 〈遊仙詩〉14首를 말함.

【王微】(026) 「風月」 詩는 알 수 없음.

【謝客】謝靈運(012). 그의 山水詩를 두고 말한 것임.

【叔源】謝混(026). 그의 〈送二王在領軍府集詩〉에 「樂酒輟今辰, 離端起來日」의
구절이 있음.

【鮑照】(028) 그의 〈代出自薊北門行〉 시를 말함.

【太冲】左思(011). 그의 〈詠史詩〉8首를 가리킴.

【顔延】顔延之(025).〈北使洛□□시가 있음.

【陶公】陶淵明(024).〈詠貧□□□7首가 있음.

【惠連】謝惠連(027).〈擣衣□□가 있음.

【珠澤】《穆天子傳》에「天子□□□, 舍於珠澤」이라 하였고 注에「此澤出珠, 因名之云」이라 함.

【鄧林】桃林.《山海經》□□北經에「夸父與日逐走, 入日. ……棄其杖, 化爲鄧林」이라 함.

참고 및 관련 자료

1. 〈贈白馬王彪〉(曹植)(《文選》권24)

   (其一)

   謁帝承明廬, 逝將歸舊疆.

   淸晨發皇邑, 日夕過首陽.

   伊洛廣且深, 欲濟川無梁.

   汎舟越洪濤, 怨彼東路長.

   顧瞻戀城闕, 引領情內傷.

   (其二)

   太谷何寥廓, 山樹鬱蒼蒼.

   霖雨泥我塗, 流潦浩縱橫.

   中逵絶無軌, 改轍登高岡.

   修坂造雲日, 我馬玄以黃.

   (其三)

   玄黃猶能進, 我思鬱以紆.

   鬱紆將何念, 親愛在離居.

   本圖相與偕, 中更不克俱.

   鴟梟鳴衡軛, 豺狼當路衢.

   蒼蠅間白黑, 讒巧反親疏.

   欲還絶無蹊, 攬轡止踟躕.

   (其四)

   踟躕亦何留, 相思無終極.

秋風發微涼, 寒蟬鳴我側.
原野何蕭條, 白日忽西匿.
歸鳥赴喬林, 翩翩厲羽翼.
孤獸走索羣, 銜草不遑食.
感物傷我懷, 撫心長太息.
(其五)
太息將何爲, 天命與我違.
奈何念同生, 一往形不歸.
孤魂翔故域, 靈柩寄京師.
存者忽己過, 亡沒身自衰.
人生處一世, 去若朝露晞.
年在桑榆間, 影響不能追.
自顧非金石, 咄唶令心悲.
(其六)
心悲動我神, 棄置莫復陳.
丈夫志四海, 萬里猶比鄰.
恩愛苟不虧, 在遠分日親.
何必同衾幬, 然後展慇懃.
憂思成疾疹, 無乃兒女仁.
倉卒骨肉情, 能不懷苦辛.
(其七)
苦辛何慮思, 天命信可疑.
虛無求列仙, 松子久吾欺.
變故在斯須, 百年誰能持.
離別永無會, 執手將何時.
王其愛玉體, 俱享黃髮期.
收淚即長路, 援筆從此辭.

2. 〈七哀詩〉(王粲) 三首 중 제1수(《文選》 권23)
西京亂無象, 豺虎方遘患.
復棄中國去, 委身適荊蠻.
親戚對我悲, 朋友相追攀.
出門無所見, 白骨蔽平原.

路有饑婦人, 抱子棄草間.
顧聞號泣聲, 揮涕獨不還.
未知身死處, 何能兩相完.
驅馬棄之去, 不忍聽此言.
南登灞陵岸, 回首望長安.
悟彼下泉人, 喟然傷心肝.

3. 〈贈五官中郎將〉(劉楨) 4수 중 제2수·제3수(《文選》 권23)

(其二)
余嬰沈痼疾, 竄身清漳濱.
自夏涉玄冬, 彌曠十餘旬.
常恐遊岱宗, 不復見故人.
所親一何篤, 步趾慰我身.
清談同日夕, 情盻敍憂勤.
便復爲別辭, 游車歸西鄰.
素葉隨風起, 廣路揚埃塵.
逝者如流水, 哀此遂離分.
追問何時會, 要我以陽春.
望慕結不解, 貽爾新詩文.
勉我修令德, 北面自寵珍.

(其三)
秋日多悲懷, 感慨以長歎.
終夜不遑寐, 敍意於濡翰.
明鐙曜閨中, 清風淒以寒.
白露塗前庭, 應門重其關.
四節相推斥, 歲月忽殄暉.
壯士遠出征, 戎事將獨難.
涕泣灑衣裳, 能不懷所歡.

4. 〈贈徐幹〉(劉楨) (《文選》 권23)
誰謂相去遠, 隔此西掖垣.
拘限清切禁, 中情無由宣.
思子沈心曲, 長歎不能言.
起坐失次第, 一日三四遷.

步出北寺門, 遙望西苑園.
細柳夾道生, 方塘含清源.
輕葉隨風轉, 飛鳥何翻翻.
乖人易感動, 涕下與衿連.
仰視白日光, 皦皦高且懸.
兼燭八紘內, 物類無頗偏.
我獨拘深感, 不得與比焉.

5. 〈泳懷詩〉(阮籍) 82首(選5수)(《文選》권23)
(其一)
夜中不能寐, 起坐彈鳴琴.
薄幃鑒明月, 清風吹我襟.
孤鴻號外野, 翔鳥鳴北林.
徘徊將何見, 憂思獨傷心.
(其二)
二妃遊江濱, 逍遙順風翔.
交甫懷環珮, 婉孌有芬芳.
猗靡情歡愛, 千載不相忘.
傾城迷下蔡, 容好結中腸.
感激生憂思, 萱草樹蘭房.
膏沐爲誰施, 其雨怨朝陽.
如何金石交, 一旦更離傷.
(其三)
嘉樹下成蹊, 東園桃與李.
秋風吹飛藿, 零落從此始.
繁華有憔悴, 堂上生荊杞.
驅馬舍之去, 去上西山趾.
一身不自保, 何況戀妻子.
凝霜被野草, 歲暮亦云已.
(其四)
平生少年日, 輕薄好絃歌.
西游咸陽中, 趙李相經過.
娛樂未終極, 白日忽蹉跎.

驅馬復來歸, 反顧望三□.

黃金百鎰盡, 資用常苦□.

北臨太行道, 失路將如□.

(其五)

灼灼西隤日, 餘光照我□.

迴風吹四壁, 寒馬相□□.

周周尙銜羽, 蛩蛩亦念□.

如何當路子, 磬折忘所□.

豈爲夸譽名, 憔悴使心□.

寗與燕雀翔, 不隨黃鵠□.

黃鵠游西海, 中路將安□.

6. 〈雙鳧〉(子卿)에 관한 □□(汪中 《詩品注》)

子卿雙鳧, 許文雨曰: 案□□哀江南賦曰: 李陵之雙□永去·蘇武之一雁空飛.
白居易與元九書云: 五言始□蘇李, 去詩未遠. 梗槪尙有□, 故與離別則引雙鳧一雁
爲喩, 猶得風人之什二三□, □自唐以前人早認雙鳧詩□漢蘇武之作, 近人梁任
公疑係六朝之蘇子卿, 羌無徵□, 恐不可從. 又案前漢□楊雄傳解嘲辭曰: 雙鳧
飛不爲之少, 雄古今之善□□者, 此語自有所本, 殆出於蘇武之此詩歟! 又何遜
秋夕歎白髮云: 違俗等雙鳧. 當亦本此. 初學記十八引蘇武別李陵詩曰: 二鳧
俱北飛.

7. 〈贈秀才入軍〉(嵇康) 《文選》권24)

雙鸞匿景曜, 戢翼太□□.

抗首漱朝露, 晞陽振羽儀.

長鳴戲雲中, 時下息蘭池.

自謂絶塵埃, 終始永不□.

何意世多艱, 虞人來我□.

雲網塞四區, 高羅正參□.

奮迅勢不便, 六翮無所施.

隱姿就長纓, 卒爲時所□.

單雄翻孤逝, 哀吟傷生離.

徘徊戀儔侶, 慷慨高山陂.

鳥盡良弓藏, 謀極身心危.

吉凶雖在己, 世路多嶮巇.

安得反初服, 抱玉寶六奇.
逍遙遊太淸, 攜手長相隨.

8. 〈雜詩〉(張華) 3수 중 제1수(《文選》권29)
　晷度隨天運, 四時互相承.
　東壁正昏中, 涸陰寒節升.
　繁霜降當夕, 悲風中夜興.
　朱火靑無光, 蘭膏坐自凝.
　重衾無暖氣, 挾纊如懷冰.
　伏枕終遙夕, 寤言莫予膺.
　永思慮崇昔, 慨然獨撫膺.

9. 〈在懷縣作詩〉(潘岳) (《文選》권26)
　皎皎窗中月, 照我室南端.
　淸商應秋至, 溽暑隨節闌.
　凜凜涼風升, 始覺夏衾單.
　豈曰無重纊, 誰與同歲寒.
　歲寒無與同, 朗月何朧朧.
　展轉眄枕席, 長簟竟床空.
　床空委淸塵, 室虛來悲風.
　獨無李氏靈, 髣髴睹爾容.
　撫襟長歎息, 不覺涕霑胸.
　霑胸安能已, 悲懷從中起.
　寢興自存形, 遺音猶在耳.
　上慙東門吳, 下媿蒙莊子.
　賦詩欲見志, 零落難具紀.
　命也可奈何, 長戚自令鄙.

10. 〈雜詩〉(張協) (《文選》권29)
　黑蜧躍重淵, 商羊儛野庭.
　飛廉應南箕, 豐隆迎號屛.
　雲根臨八極, 雨足灑四溟.
　霖瀝過二旬, 散漫亞九齡.
　階下伏泉涌, 堂上水衣生.

洪潦浩方割, 人懷昏墊﹍
沈液漱陳根, 綠葉腐秋﹍
里無曲突煙, 路無行輪﹍
環堵自積毀, 垣閭不隱﹍
尺爐中尋桂, 紅粒貴瑤﹍
君子守固窮, 在約不爽﹍
雖榮田方贈, 慙爲溝壑﹍
取志於陵子, 比足黔婁﹍

11. 〈擬魏太子鄴中詩〉(謝靈運)(《文選》권30)
伊昔家臨淄, 提攜弄齊﹍
置酒飲膠東, 淹留憩高﹍
此歡謂可終, 外物始難﹍
搖蕩箕濮情, 窮年迫憂﹍
末塗幸休明, 棲集建薄﹍
已免負薪苦, 仍遊椒蘭﹍
淸論事究萬, 美話信非﹍
行觴秦悲歌, 永夜繫白﹍
華室非蓬居, 時髦豈余﹍
中飮顧昔心, 悵焉若有﹍

12. 〈擬古詩〉(陸機) (《文選》 권30)
安寢北堂上, 明月入我﹍
照之有餘暉, 攬之不盈﹍
凉風繞曲房, 寒蟬鳴高﹍
踟躕感節物, 我行永已﹍
遊宦會無成, 離思難﹍

13. 〈扶風歌〉(劉琨) (《文選》 권28)
朝發廣莫門, 暮宿丹水﹍
左手彎繁弱, 右手揮龍﹍
顧瞻望宮闕, 俯仰御飛﹍
據鞍長歎息, 淚下如流﹍
繫馬長松下, 發鞍高﹍
烈烈悲風起, 泠泠澗水流﹍

揮手長相謝, 哽咽不能言.
浮雲爲我結, 歸鳥爲我旋.
去家日已遠, 安知存與亡.
慷慨窮林中, 抱膝獨摧藏.
麋鹿游我前, 猨猴戲我側.
資糧旣乏盡, 薇蕨安可食.
攬轡命徒侶, 吟嘯絶巖中.
君子道微矣, 夫子固有窮.
惟昔李騫期, 寄在匈奴庭.
忠信反獲罪, 漢武不見明.
我欲竟此曲, 此曲悲且長.
棄置勿重陳, 重陳令心傷.

14. 〈重贈盧諶〉(劉琨) (《文選》권25)
握中有玄璧, 本自荊山璆.
惟彼太公望, 昔在渭濱叟.
鄧生何感激, 千里來相求.
白登幸曲逆, 鴻門賴留侯.
重耳任五賢, 小白相射鉤.
苟能隆二伯, 安問黨與讐.
中夜撫枕歎, 想與數子游.
吾衰久已夫, 何其不夢周.
誰云聖達節, 知命故不憂.
宣尼悲獲麟, 西狩涕孔丘.
功業未及見, 夕陽忽西流.
時哉不我與, 去矣若雲浮.
朱實隕勁風, 繁英落素秋.
狹路傾華蓋, 駭駟催雙輈.
何意百鍊剛, 化爲繞指柔.

15. 〈遊仙詩〉(郭璞) (《文選》권21)
(其一)
京華游俠窟, 山林隱遯棲.
朱門何足榮, 未若託蓬萊.

臨源挹淸波, 陵岡掇丹荑.
靈谿可潛盤, 安事登雲梯.
漆園有傲吏, 萊氏有逸妻.
進則保龍見, 退爲觸藩羝.
高蹈風塵外, 長揖謝夷齊.

(其二)

靑谿千餘仞, 中有一道士.
雲生梁棟間, 風出窗戶裏.
借問此何誰, 云是鬼谷子.
翹迹企潁陽, 臨河思洗耳.
閶闔西南來, 潛波渙鱗起.
靈妃顧我笑, 粲然啓玉齒.
蹇修時不存, 要之將誰使.

(其三)

翡翠戲蘭苕, 容色更相鮮.
綠蘿結高林, 蒙籠蓋一山.
中有冥寂士, 靜嘯撫淸絃.
放情凌霄外, 嚼蕊挹飛泉.
赤松臨上游, 駕鴻乘紫煙.
左挹浮邱袖, 右拍洪崖肩.
借問蜉蝣輩, 寧知龜鶴年.

(其四)

六龍安可頓, 運流有代謝.
時變感人思, 己秋復願夏.
淮海變微禽, 吾生獨不化.
雖欲騰丹谿, 雲螭非我駕.
愧無魯陽德, 廻日向三舍.
臨川哀年邁, 撫心獨悲吒.

(其五)

逸翮思拂霄, 迅足羨遠遊.
淸源無增瀾, 安得運吞舟.
珪璋雖特達, 明月難闇投.

潛穎怨清陽, 陵苕哀素秋.
悲來惻丹心, 零淚緣纓流.
(其六)
採藥游名山, 將以救年頹.
呼吸玉滋液, 妙氣盈胸懷.
登仙撫龍駬, 迅駕乘奔雷.
鱗裳逐電曜, 雲蓋隨風廻.
手頓羲和轡, 足蹈閭闔開.
東海猶蹄涔, 崑崙螻蟻堆.
遐邈冥茫中, 俯視令人哀.

16.〈送二王在領軍府集詩〉(謝混)
苦哉遠征人, 將乖萃余室.
明窗通朝暉, 絲竹盛蕭瑟.
樂酒輟今辰, 離端起來日.

17.〈遊西池〉(謝混)(《文選》권22)
悟彼蟋蟀唱, 信此勞者歌.
有來豈不疾, 良遊常蹉跎.
逍遙越城肆, 願言屢經過.
廻阡被陵闕, 高臺眺飛霞.
惠風蕩繁囿, 白雲屯曾阿.
景昃鳴禽集, 水木湛清華.
褰裳順蘭沚, 徙倚引芳柯.
美人愆歲月, 遲暮獨如何.
無爲牽所思, 南榮戒其多.

18.〈代出自薊門行〉(鮑照)(《文選》권28)
羽檄起邊亭, 烽火入咸陽.
徵騎屯廣武, 分兵救朔方.
嚴秋筋竿勁, 虜陳精且彊.
天子按劍怒, 使者遙相望.
雁行緣石徑, 魚貫度飛梁.
簫鼓流漢颺, 旋甲被胡霜.

疾風衝塞起, 沙礫自飄揚.
馬毛縮如蝟, 角弓不可張.
時危見臣節, 世亂誤忠良.
投軀報明主, 身死爲國殤.

19.〈詠史詩〉(左思) 8首 (《文選》권21)
(其一)
弱冠弄柔翰, 卓犖觀羣書.
著論準過秦, 作賦擬子虛.
邊城苦鳴鏑, 羽檄飛京都.
雖非甲冑士, 疇昔覽穰苴.
長嘯激清風, 志若無東吳.
鉛刀貴一割, 夢想騁良圖.
左眄澄江湘, 右眄定羌胡.
功成不受爵, 長揖歸田廬.

(其二)
鬱鬱潤底松, 離離山上苗.
以彼徑寸莖, 蔭此百尺條.
世冑躡高位, 英俊沈下僚.
地勢使之然, 由來非一朝.
金張藉舊業, 七葉珥漢貂.
馮公豈不偉, 白首不見招.

(其三)
吾希段干木, 偃息藩魏君.
吾慕魯仲連, 談笑却秦軍.
當世貴不羈, 遭難能解紛.
功成恥受賞, 高節卓不羣.
臨組不肯緤, 對珪寧肯分.
連璽曜前庭, 比之猶浮雲.

(其四)
濟濟京城內, 赫赫王侯居.
冠蓋蔭四術, 朱輪竟長衢.
朝集金張館, 暮宿許史廬.

南鄰擊鐘磬, 北里吹笙竽.
寂寂揚子宅, 門無卿相輿.
寥寥空宇中, 所講在玄虛.
言論集宣尼, 辭賦擬相如.
悠悠百世後, 英名擅八區.
(其五)
皓天舒白日, 靈景耀神州.
列宅紫宮裏, 飛宇若雲浮.
峨峨高門內, 藹藹皆王侯.
自非攀龍客, 何爲欻來游.
被褐出閶闔, 高步追許由.
振衣千仞岡, 濯足萬里流.
(其六)
荊軻飲燕市, 酒酣氣益震.
哀歌和漸離, 謂若傍無人.
雖無壯士節, 與世亦殊倫.
高眄邈四海, 豪右何足陳.
貴者雖自貴, 視之若埃塵.
賤者雖自賤, 重之若千鈞.
(其七)
主父宦不達, 骨肉還相薄.
買臣困樵採, 伉儷不安宅.
陳平無產業, 歸來翳負郭.
長卿還成都, 壁立何寥廓.
四賢豈不偉, 遺烈光篇籍.
當其未遇時, 憂在塡溝壑.
英雄有迍邅, 由來自古昔.
何世無奇才, 遺之在草澤.
(其八)
習習籠中鳥, 舉翮觸四隅.
落落窮巷士, 抱影守空廬.
出門無通路, 枳棘塞中途.

計策棄不收, 塊若枯池魚.
外望無寸祿, 內顧無斗儲.
親戚還相蔑, 朋友日夜疏.
蘇秦北游說, 李斯西上書.
俛仰生榮華, 咄嗟復彫枯.
飲河期滿腹, 貴足不願餘.
巢林棲一枝, 可爲達士模.

20.〈飮酒〉(陶淵明) 其十五 (《陶淵明集》권3)
貧居乏人工, 灌木荒余宅.
班班有翔鳥, 寂寂無形迹.
宇宙一何悠, 人生少至百.
歲月相催逼, 鬢邊早已白.
若不委窮達, 素抱深可惜.

21.〈詠貧士〉(陶淵明) (《陶淵明集》권4)
(其一)
萬族各有託, 孤雲獨無依.
曖曖空中滅, 何時見餘暉.
朝霞開宿霧, 衆鳥相與飛.
遲遲出林翮, 未夕復來歸.
量力守故轍, 豈不寒與飢.
知音苟不存, 已矣何所悲.
(其四)
榮叟老帶索, 欣然方彈琴.
原生納決屨, 清歌暢商音.
重華去我久, 貧士世相尋.
弊襟不掩肘, 藜羹常乏斟.
豈忘襲輕裘, 苟得非所欽.
賜也徒能辯, 乃不見吾心.

22.〈擣衣〉(謝惠連) (《文選》권30)
衡紀無淹度, 晷運倏如催.
白露滋園菊, 秋風落庭槐.

蕭蕭莎鷄羽, 烈烈寒螿啼.
夕陰結空幙, 霄月皓中閨.
美人戒裳服, 端飾相招攜.
簪玉出北房, 鳴金步南階.
櫚高砧響發, 楹長杵聲哀.
微芳起兩袖, 輕汗梁雙題.
紈素旣已成, 君子行未歸.
裁用笥中刀, 縫爲萬里衣.
盈篋自余手, 幽緘候君開.
腰帶準疇昔, 不知今是非.

034(下-1) 漢令史班固, 漢孝廉酈炎,
漢上計趙壹詩
한 영사 반고, 한 효렴 역염,
한 상계 조일의 시

한漢나라 영사令史 반고(班固, 班孟堅), 한漢나라 효렴孝廉 역염(酈炎, 酈文勝),
한漢나라 상계上計 조일(趙壹, 趙元叔)의 시이다.

반고(班固, 班孟堅)는 유박한 재주를 가졌으며, 장고掌故에 정통한 인물
이었다. 그의 〈영사시詠史詩〉를 보면 감탄지사가 넘친다. 역염(酈炎, 酈文勝)의
〈영지靈芝〉에 의탁한 노래 역시 그 감회가 얕지 않다. 그런가 하면 조일(趙壹,
趙元叔)은 〈난혜蘭惠〉에 의탁하여 자신의 분개를 발설해 내었으며 뱃속
가득 문장이 들어 있다 해도 낭전囊錢의 가치도 되지 않음을 지척指斥
하기도 하였다. 그의 시는 고언절구苦言切句들로서 진실로 부지런하였음을
알 수 있다. 이러한 사람들이 그토록 곤액困厄을 겪었으니 슬프도다!

漢令史班固, 漢孝廉酈炎, 漢上計趙壹詩. 孟堅才流, 而老
於掌故. 觀其詠史, 有感歎之辭. 文勝託詠靈芝, 懷寄不淺.
元叔散憤蘭惠, 指斥囊錢, 苦言切句, 良亦勤矣. 斯人也而
有斯困, 悲夫!

【掌故】歷史와 古事 등을 많이 알고 있음. 혹은 典故와 같은 뜻.

【詠史】반고의 〈詠史詩〉. 그 내용은 情感과 激情이 넘침.

【靈芝】酈炎의 〈見志詩〉에 「靈芝生河洲, 動搖因洪波」 등이라 하여 자신의 불우한 심정을 읊음.

【蘭蕙】난초. 趙壹의 〈魯生歌〉에 「被褐懷金玉, 蘭蕙化爲芻」라 하여 훌륭한 인물이 천시를 받음을 비유한 것임.

【囊錢】주머니 돈. 趙壹의 〈秦客詩〉에 「文籍雖滿腹, 不如一囊錢」이라 하여 많은 공부를 하여도 일푼의 돈만도 못함을 비유한 것.

참고 및 관련 자료

1. 반고(班固: 32~92)

자는 孟堅. 漢나라 抹風 安陵(지금의 陝西省 咸陽市) 출신. 아버지 班彪가 《漢書》를 완성하지 못한 채 죽자 明帝가 반고를 蘭臺令史에서 蘭臺郞·典校秘書로 삼아 《漢書》를 완성토록 명하였다. 그는 다시 章帝 建初 4년(79)에 《白虎通德論》을 완성했으며, 작품으로는 〈兩都賦〉, 〈幽通賦〉, 〈答賓戱〉, 〈典引〉, 〈封燕然山銘〉 등이 있다. 和帝 永元 元年(89)에는 두헌(竇憲)의 中護軍이 되어 흉노를 토벌하러 나서기도 하였다. 그 뒤 宦官의 모함을 입어 옥사하였다. 《後漢書》 권40에 傳이 있다.

(1) 《後漢書》班固傳(略)

　　班固, 字孟堅, 北地人. 顯宗時, 除蘭臺令史, 坐竇憲敗, 死獄中.

(2) 《後漢書》班固傳

　　固以爲漢紹堯運, 以建帝業, 至於六世, 史臣乃追述功德, 私作本紀, 編於百王之末, 廁於秦·項之列, 太初以後, 闕而不錄, 故探撰前記, 綴集所聞, 以爲漢書. 起元高祖, 終于孝平王莽之誅, 十有二世, 二百三十年, 綜其行事, 傍貫五經, 上下洽通, 爲春秋考紀, 表, 志, 傳凡百篇. 固自永平中始受詔, 潛精積思二十餘年, 至建初中乃成. 當世甚重其書, 學者莫不諷誦焉.

(3) 《隋書》經籍志

　　後漢大將軍護軍司馬班固集十七卷.

(4) 《詩源辯體》 권3. 62조

　　五言詠史一篇, 則過於質直.

(5) 班固詩

〈詠史詩〉

　　三王德彌薄, 惟後用肉刑.
　　太倉令有罪, 就逮長安城.
　　自恨身無子, 困急獨煢煢.
　　小女痛父言, 死者不可生.
　　上書詣闕下, 思古歌雞鳴.
　　憂心摧折裂, 晨風揚激聲.
　　聖漢孝文帝, 惻然感至情.
　　百男何憒憒, 不如一緹縈.

2. 역염(酈炎: 158~177년, 혹 150~177)

자는 文勝, 范陽人, 靈帝 때 州郡의 부름을 받았으나 나가지 않음. 그 아내가
出産으로 죽자 처가의 訟事에 걸려 28세에 옥사함.《後漢書》권80(下)에 傳이
있으며 五言詩 2首가 전함.

(1)《後漢書》酈炎傳(略)

　　酈炎, 字文勝, 范陽人. 州郡辟命, 皆不就. 後爲妻家所訟, 繫獄死.

(2)《隋書》經籍志

　　梁有酈炎集二卷, 錄一卷.

(3) 酈炎詩

〈見志詩〉

　　大道夷且長, 窘路狹且促.
　　修翼無卑棲, 遠趾不步局.
　　舒吾凌霄羽, 奮此千里足.
　　超邁絶塵驅, 倏忽誰能逐.
　　賢愚豈常類, 禀性在淸濁.
　　富貴有人籍, 貧賤無天錄.
　　通塞苟由己, 志士不相卜.
　　陳平敖里社, 韓信釣河曲.
　　終居天下宰, 食此萬鍾祿.
　　德音流千載, 功名重山岳.
　　靈芝生河洲, 動搖因洪波.
　　蘭榮一何晚, 嚴霜瘁其柯.

哀哉二芳草, 不植泰山阿.

文質道所貴, 遭時用有嘉.

絳灌臨衡宰, 謂誼崇浮華.

賢才抑不用, 遠投荊南沙.

抱玉乘龍驥, 不逢樂與和.

安得孔仲尼, 爲世陳四科.

3. 조일(趙壹: ?)

자는 元叔. 漢陽西縣 출신. 光和 元年에 郡에 上計로 천거되었을 뿐 그 뒤 열 번의 추천 모두 응하지 않았다 함. 五言詩 2수가 전함.《後漢書》권80에 傳이 있음.

(1)《後漢書》趙壹傳(略)

趙壹, 字元叔, 漢陽西縣人. 郡擧上計, 十辟公府, 並不就, 終于家.

(2)《隋書》經籍志

梁有上計趙壹集二卷, 錄一卷, 亡.

(3) 趙壹詩

〈疾邪詩〉二首

其一(一名〈秦客詩〉)

河淸不可恃, 人命不可延.

順風激靡草, 富貴者稱賢.

文籍雖滿腹, 不如一囊錢.

伊優北堂上, 骯髒倚門邊.

其二(一名〈魯生歌〉)

勢家多所宜, 欬唾自成珠.

被褐懷珠玉, 蘭蕙化爲芻.

賢者雖獨悟, 所困在羣愚.

且各守爾分, 勿復空馳驅.

哀哉復哀哉,, 此是命矣夫.

035(下-2) 魏武帝, 魏明帝詩
위 무제 조조, 위 명제 조예의 시

위魏나라 무제武帝 조조曹操와 위魏나라 명제明帝 조예曹叡의 시이다.

조조의 시는 고직古直하여 비량지구悲涼之句가 심히 많다. 조예는 조비曹丕만 못하지만 역시 삼조三祖라 칭해진다.

　魏武帝, 魏明帝詩. 曹公古直, 甚有悲涼之句. 叡不如丕, 亦稱三祖.

【古直】古拙質樸함.
【三祖】三曹: 曹操, 曹丕, 曹叡을 가리킴. 21참조

> ### 참고 및 관련 자료

1. 위무제(魏 武帝) 조조(曹操: 155~220)

曹操, 자는 孟德. 어릴 때 자는 阿瞞. 漢末 沛國 譙(지금의 安徽省 亳縣) 사람. 魏文帝 曹丕의 아버지로 大將軍·魏王 등에 봉해졌으며 曹丕가 漢을 이어받은 후, 武帝로 추존함. 兵法, 智略, 詩文에 뛰어나 《孫子略解》《兵書接要》등을 저술하기도 했으며 〈苦寒行〉, 〈猛虎行〉, 〈短歌行〉 등이 유명함. 近人이

집일한 《曹操集》이 있으며 《三國志》 권1에 紀가 있음.

(1) 《三國志》 魏志(略)

　　太祖武黃帝, 沛國譙人. 姓曹, 字猛德. 少機警, 有權數而任俠. 擧孝廉, 爲郎,
　　遷南頓令. 獻帝時爲丞相. 後封魏王. 文帝追諡曰武皇帝.

(2) 《隋書》 經籍志

　　魏武皇帝集二十六卷, 梁三十卷, 錄一卷. 梁又有武皇帝逸集十卷, 亡,
　　魏武帝集新撰十卷.

(3) 《漁洋詩話》

　　魏武宜在上品.

(4) 《詩源辯體》 권4. 제9조

　　丕處中品, 曹公及叡居下品, 今或推曹公而劣子桓兄弟者, 蓋鍾嶸兼文質,
　　而後人專氣格也.

(5) 《文心雕龍》 樂府篇

　　至於魏之三祖, 氣爽才麗, 宰割辭調, 音靡節平. 觀北上衆引, 秋風列篇, 或述
　　酣晏, 或傷羇戌, 志不出於淫蕩, 辭不離於哀思. 雖三調之正聲, 實韶夏之
　　鄭曲也.

(6) 《詩藪》

　　詩未有三世傳者, 旣傳而且烜赫, 僅曹氏曹丕叡耳.

(7) 《古詩》(沈德潛)

　　孟德詩, 猶是漢音. 沈雄俊爽, 時露霸氣.

(8) 曹操詩

◎ 〈薤露〉

　　惟漢二十世, 所任誠不良.
　　沐猴而冠帶, 知小而謀彊.
　　猶豫不敢斷, 因狩執君王.
　　白虹爲貫日, 己亦先受殃.
　　賊臣執國柄, 殺主滅宇京.
　　蕩履帝基業, 宗廟以燔喪.
　　播越西遷移, 號泣而且行.
　　瞻彼洛城郭, 微子爲哀傷.

◎ 〈蒿里行〉

　　關東有義士, 興兵討羣凶.

魏 武帝 曹操

初期會盟津, 乃心在咸陽.

軍合力不齊, 躊躇而雁行.

勢利使人爭, 嗣還自相戕.

淮南弟稱號, 刻璽在北方.

鎧甲生蟣蝨, 萬姓以死亡.

白骨露於野, 千里無鷄鳴.

生民百遺一, 念之斷人腸.

◎〈苦寒行〉

北上太行山, 艱哉何巍巍.

羊腸坂詰屈, 車輪爲之摧.

樹木何蕭瑟, 北風聲正悲.

熊羆對我蹲, 虎豹夾路啼.

谿谷少人民, 雪落何霏霏.

延頸長歎息, 遠行多所懷.

我心何怫鬱, 思欲一東歸.

水深橋梁絶, 中路正徘徊.

迷惑失故路, 薄暮無宿棲.

行行日已遠, 人馬同時飢.

擔囊行取薪, 斧冰特作糜.

悲彼東山詩, 悠悠使我哀.

2. 위명제(魏 明帝) 조예(曹叡: 206~239)

曹叡. 자는 元仲. 魏文帝 曹丕와 甄后 사이에 태어남. 처음 武德侯·齊公·平原王 등에 봉해졌다가 227년 皇位에 오름. 재위 14년 만에 卒하여 시호를 明皇帝라 함. 《三國志》권3에 紀가 있음.

(1) 《三國志》魏志

明皇帝諱叡, 字元仲, 文帝太子也.

(2) 《隋書》經籍志

魏明帝集七卷, 梁五卷. 或九卷, 錄一卷.

(3) 曹叡詩

◎〈長歌行〉

靜夜不能寐, 耳廳衆禽鳴.

大城育狐兔, 高墉多鳥聲.

242 시품

壞宇何寥廓，宿屋邪草生．
中心感時物，撫劍下前庭．
翔佯於階際，景星一何明．
仰首觀靈宿，北辰奮休榮．
哀彼失羣燕，喪偶獨熒熒．
單心誰與侶，造房孰與成．
徒然喟有和，悲慘傷人情．
余情偏易感，懷往增憤盈．
吐吟音不徹，泣涕沾羅纓．

◎〈樂府詩〉二首

(其一)

昭昭素月明，輝光燭我床．
憂人不能寐，耿耿夜何長．
微風吹閨闥，羅幃自飄颻．
攬衣曳長帶，屣履下高堂．
東西安所之，徘徊以彷徨．
春鳥向南飛，翩翩獨翶翔．
悲聲命儔侶，哀鳴傷我腸．
感物懷所思，泣涕忽沾裳．
佇立吐高吟，舒憤訴穹蒼．

(其二)

種瓜東井上，冉冉自踰垣．
與君爲新婚，瓜葛相結連．
寄託不肖軀，有如倚太山．
兔絲無根株，蔓延自登緣．
萍藻託清流，常恐身不全．
被蒙邱山惠，賤妾執拳拳．
天日照知之，想君亦俱然．

◎〈却出西門行〉

鴻雁出塞北，乃在無人鄉．
舉翅萬餘里，行止自成行．
冬節食南稻，春日復北翔．

田中有轉蓬, 隨風遠飄揚.
長與故根絶, 萬歲不相當.
奈何北征夫, 安得去西方.
戎馬不解鞍, 鎧甲不離傍.
冉冉老將至, 何時返故鄕.
神龍藏深泉, 猛虎陟高岡.
狐死歸首丘, 故鄕安可忘.

魏武帝(太祖) 曹操《三才圖會》

036(下-3) 魏白馬王彪, 魏文學徐幹詩
위 백마왕 조표, 위 문학 서간의 시

위魏나라 백마왕(白馬王, 曹彪)과 위魏나라 문학文學 서간(徐幹, 徐偉長)의 시이다.

백마왕(白馬王, 曹彪)과 진사왕(陳思王, 曹植) 사이에 증답贈答한 시가 있고, 서간(徐幹, 徐偉長)과 유공간(劉公幹, 劉楨) 사이에도 역시 주고받은 시가 있다.* 비록 풀줄기로 종을 치는 것과 같아 비록 큰소리를 내지는 못한다고 말하지만 역시 능히 한아閑雅한 정취를 느낄 수 있다.

魏白馬王彪, 魏文學徐幹詩, 白馬與陳思答贈, 偉長與公幹往復, 雖曰以莛扣鐘, 亦能閑雅矣.

* 陳思王 曹植이 白馬王 曹彪에게 보낸 〈贈白馬王彪〉가 있으며 曹彪의 答詩는 지금 전하지 않음. 한편 劉楨의 〈贈徐幹〉시 2수가 있으며, 徐幹의 〈答劉楨詩〉 1수가 있음.

【以莛扣鐘】풀줄기로 종을 침. 큰 소리가 나지 않음. 「以莛叩鐘」으로 표기된 판본도 있음. 《漢書》 권65 東方朔傳에 「詩曰: 以管闚天. 以蠡測海, 以莛撞鐘, 豈能通其條貫, 考其文理, 發其音聲哉!」라 함. 즉 「以莛撞鐘」과 같으며 여기서는 曹彪와 徐幹이 曹植과 劉楨만 못하다는 뜻.

【閑雅】閑淡文雅함.

1. 조표(曹彪: ?~249)

자는 朱虎. 曹操의 아들. 처음 白馬王에 봉해졌다가 뒤에 楚에 봉해짐. 五言詩 1수만 전함. 《三國志》 권20에 傳이 있음.

(1) 《三國志》 魏志 曹彪傳(略)

　　武皇帝孫姬, 生楚王彪, 字朱虎, 封壽春侯. 黃初七年, 徙封白馬. 太和六年,
　　改封楚.

(2) 曹彪詩

　　〈答東阿王詩〉(《初學記》)

　　　盤徑難懷抱, 停駕與君訣.

　　　卽車登北路, 永歎尋先轍.

2. 서간(徐幹: 171~218)

자는 偉長. 北海人. 司空 曹操의 府에서 일했으며 軍謀祭酒掾, 五官中郞將文學 등의 벼슬을 지냄. 「建安七子」의 하나. 漢末의 文學家로 보는 것이 타당함.

(1) 《三國志》 魏志 王粲傳

　　徐幹, 字偉長, 北海人. 爲司空軍謀祭酒掾屬. 五官將 文學

(2) 《漁洋詩話》

　　徐幹宜在中品, …… 建安諸子, 偉長實勝公幹, 而嶸識其以莛扣鐘, 乖反彌甚.

(3) 《典論》論文

　　徐幹詩時有齊氣, 然粲之匹也.

(4) 《詩藪》

　　以公幹爲巨鐘, 而偉長爲小梃, 抑揚不已過乎?

(5) 徐幹詩

◎〈答劉公幹詩〉

　　與子別無幾, 取徑未一句.

　　我思一何篤, 其愁如三春.

　　雖路在咫尺, 難涉如九關.

　　淘淘諸夏別, 草木昌且繁.

◎〈室思〉六首

　　(其一)

　　　沈陰結愁憂, 愁憂爲誰興.

　　　念與君相別, 各在天一方.

良會未有期，中心摧且傷．
不聊憂餐食，慊慊常飢空．
端坐而無爲，髮鬌君容光．

(其二)

峩峩高山首，悠悠萬里道．
君去日已遠，鬱結令人老．
人生一世間，忽若暮春草．
時不可再得，何爲自愁惱．
每誦昔鴻恩，賤軀焉足保．

(其三)

浮雲何洋洋，願因通我詞．
飄飄不可寄，徙倚徒相思．
人離皆復會，君獨無反期．
自君之出矣，明鏡暗不治．
思君如流水，何有窮已時．

(其四)

慘慘時節盡，蘭華凋復榮．
喟然長歎息，君期慰我情．
展轉不能寐，長夜何綿綿．
躡履起出戶，仰觀三星連．
自恨志不遂，泣涕如涌泉．

(其五)

思君見巾櫛，以益我勞勤．
安得鸞鴻羽，觀此心中人．
誠心亮不遂，搔首立悁悁．
何言一不見，復會無因緣．
故如比目魚，今隔如參辰．

(其六)

人靡不有初，想君能終之．
別來歷年歲，舊恩何可期．
重新而忘故，君子所猶譏．
寄身雖在遠，豈忘君須臾．
既厚不爲薄，想君時見思．

037(下-4) 魏倉曹屬阮瑀, 晉頓丘太守歐陽建,
晉文學應璩(瑒), 晉中書令嵇含,
晉河南太守阮侃, 晉侍中嵇紹,
晉黃門棗據詩

위 창조속 완우, 진 돈구태수 구양건,
진 문학 응거, 진 중서령 혜함,
진 하남태수 완간, 진 시중 혜소,
진 황문 조거의 시

위魏나라 창조속倉曹屬 완우阮瑀, 阮元瑜), 진晉나라 돈구태수頓丘太守 구양건
(歐陽建, 歐陽堅石), 진晉나라 문학文學 응거(應璩, 應瑒, 혹 瑒貞), 진晉나라 중서령
中書令 혜함嵇含, 진晉나라 하남태수河南太守 완간阮侃, 진晉나라 시중侍中
혜소嵇紹, 진晉 황문黃門 조거棗據의 시이다. 완우와 구양건 등 일곱 명의
시인들의 작품은 모두가 평전平典하여 고체古體를 벗어나지 못하고 있다.
수준은 대체로 비슷하나 다만 혜소嵇紹·혜함嵇含이 약간 뛰어날 뿐이다.

魏倉曹屬阮瑀, 晉頓丘太守歐陽建, 晉文學應璩瑒, 晉中書
令嵇含, 晉河南太守阮侃, 晉侍中嵇紹, 晉黃門棗據詩, 元瑜·
堅石七君詩, 並平典不失古體. 大檢似, 而二嵇微優矣.

【倉曹屬】 벼슬 이름.
【平典】 평범하면서 典雅함.

【二嵆】嵆紹와 嵆咸. 본문에서는 이 두 사람이 7명 중 그래도 약간 낫다는 뜻.

참고 및 관련 자료

1. 완우(阮瑀: ?~212)

자는 元瑜. 陳留人. 蔡邕을 스승으로 모셨으며 建安 때 曹操의 軍謀祭酒를 거쳐 記室, 倉曹掾의 벼슬을 지냄. 五言詩 12首와 散句 일부가 전함.

(1) 《三國志》 魏志 王粲傳

　　阮瑀. 字元瑜. 陳留人. 太祖以爲司空軍謀祭酒. 管記室. 徙爲倉曹掾屬. 卒於建安十七年.

(2) 《隋書》 經籍志

　　後漢丞相倉曹屬阮瑀集五卷, 梁有錄一卷. 亡.

(3) 阮瑀詩

　　〈駕出北郭門行〉

　　駕出北郭門, 馬樊不肯馳.

　　下車步踟躕, 仰折枯楊枝.

　　顧聞上林中, 噭噭有悲啼.

　　借問啼者出, 何爲乃如斯.

　　親母舍我沒, 後母憎孤兒.

　　飢寒無衣食, 舉動鞭捶施.

　　骨消肌肉盡, 體若枯樹皮.

　　藏我空室中, 父還不能知.

　　上冢察故處, 存亡永別離.

　　親母何可見, 淚下聲正嘶.

　　棄我於此間, 窮厄豈有貲.

　　傳告後代人, 以此爲明規.

2. 구양건(歐陽建: ?~300)

자는 堅石. 渤海人. 公府에 추천을 받아 山陽令尙書郎, 馮翊太守 등을 지냈으며 永康 元年 石崇이 淮南王과 모의하여 趙王 司馬倫을 치고자 하는 일에 가담했다가 석숭과 함께 죽음. 《晉書》 권33에 傳이 있음. 구양건이 頓丘太守를 지낸 기록은 없음.

(1)《晉書》歐陽建傳(略)

　　歐陽建, 字堅石, 世爲冀方右族, 渤海人. 才藻美瞻, 擅名北州. 歷山陽令尚書,
　　馮翊太守, 趙王倫簒立. 建遇禍. 卒晉永康元年, 年三十餘.

(2)《隋書》經籍志

　　晉頓丘太守歐陽建集二卷.

(3) 歐陽建詩

　〈臨終詩〉

　　伯陽適西戎, 孔子欲居蠻.
　　苟懷四方志, 所在可游盤.
　　況乃遭屯塞, 顚沛遇災患.
　　古人達機兆, 策馬遊近關.
　　咨余冲且暗, 抱責守微官.
　　潛圖密己構, 成此禍福端.
　　恢恢六合間, 四海一何寬.
　　天網有紘綱, 投足不獲安.
　　松柏隆冬瘁, 然後知歲寒.
　　不涉太行險, 誰知斯路難.
　　眞僞因事顯, 人情難豫觀.
　　窮達有定分, 慷慨復何歎.
　　上負慈母恩, 痛酷摧心肝.
　　下顧所憐女, 惻惻中心酸.
　　二子棄若遺, 念皆遘凶殘.
　　不惜一身死, 惟此如循環.
　　執紙五情塞, 揮筆悌汍瀾.

3. 응거(應璩: ?~269)

(1)汪中《詩品注》에는 古直의 말을 인용하여 應瑒이라 하였음. 應璩는 應瑒의
　　아우임.(古直曰: 案魏志, 應瑒爲五官將文學, 瑒弟璩官至侍中, 此已誤瑒
　　爲璩. 又誤魏爲晉也. 魏志曰: 汝南應瑒, 字德璉, 被太祖辟爲丞相掾屬, 轉爲
　　平原侯庶子, 後爲五官將文學. 卒爲建安二十二年, 案如古說, 則魏文學應瑒,
　　宜爲漢文學應瑒.)

(2)한편 徐達은《詩品全譯》에서 應璩는 이미 中品에 거론된 인물이며, 應貞의
　　誤謬라고 하였음. (應璩 達按: 晉無應璩, 魏之應璩已見中品, 舊疑應貞之訛.

據《晉書.文苑傳》, 應貞, 字吉甫, 汝南南頓人, 魏侍中璩之子. 正始中, 舉高第.
歷任撫軍及相國參軍. 晉受禪, 遷給事中, 太子中庶子, 散騎常侍. 今存四言詩
兩題十首.)

(3) 楊祖聿의《詩品校注》에도 역시 應貞으로 보고 있음. (陳注: 「晉無應璩,
恐是應貞之訛」. 案: 應貞字吉甫(?～二六九), 魏侍中應璩子, 有集五卷, 傳見
晉書卷二十九. 丁氏全晉詩卷二及文選皆存貞晉武帝華林園集詩一首.)

4. 혜함(嵇含: 263～306)

자는 君道. 秀才로 천거되어 郎中, 中書侍郎 등을 거쳐 平越中郎將, 廣川刺史
등을 역임함. 嵇紹의 조카.《晉書》권89 忠義傳에 사적이 있음. 단「中書令」을
지낸 기록은 없음.

(1)《晉書》忠義傳(略)

嵇含, 字君道, 舉秀才. 除郎中, 轉中書侍郎, 劉弘表爲平越中郎將, 廣州刺史,
爲弘司馬掩殺. 含, 鞏縣亳丘人, 嵇紹之姪.

(2)《隋書》經籍志

梁有廣州刺史嵇含集十卷, 錄一卷, 亡.

(3) 嵇含詩

〈悅情〉

勁風歸巽林, 玄雲起重基.

朝霞炙瓊樹, 夕景映玉枝.

翔鳳晞輕翮, 應龍曝纖鬐.

百穀偃而立, 大木顚復持.

5. 완간(阮侃: ?)

다른 기록에는 모두 阮侃으로 되어 있음. 간侃은 侃과 같은 글자임. (《廣韻》,
《集韻》,《玉篇》). 자는 德如, 尉氏人. 阮共의 아들. 嵇康과 친구였으며 河內
太守를 지냄. 五言詩 2首가 전함.

(1)《陳留志》

阮侃(亦作偘), 字德如, 尉氏人. 魏衛尉卿阮共之子. 有俊才, 而飭以名理,
風儀雅潤, 與嵇康爲友, 仕至河內太守.

(2)《隋書》經籍志

梁有阮侃集五卷, 錄一卷, 亡.

(3) 阮侃詩

〈答嵇康詩〉

早發溫泉廬, 夕宿宣陽城.

顧盼懷惆悵, 言思我友生.

會遇一何幸, 及子遘歡情.

交際雖未久, 思愛發中誠.

良玉須切磋, 璵璠就其珍.

隋珠豈不曜, 彫瑩啓光榮.

與子猶蘭石, 堅芳互相成.

庶幾行古道, 伐檀俟河清.

不謂中離別, 飄飄然遠征.

臨輿執手訣, 良誨一何精.

佳言盈我耳, 援帶以自銘.

唐虞曠千載, 三代不可幷.

洙泗久已往, 微言誰興悲.

曾參易簀斃, 仲由結其纓.

晉楚安足慕, 屢空守以貞.

潛龍尚泥蟠, 神龜隱其靈.

庶保吾子言, 養眞以全生.

東野多所患, 智往不久停.

幸子無損思, 消搖以自寧.

6. 혜소(嵇紹: 253~30□)

자는 延祖. 嵇康의 長子. 10살에 고아가 되었으며 晉 武帝 때 山濤의 추천으로 秘書丞이 됨. 뒤에 洛陽에 이르러 王戎의 총애를 받아 侍中에 오름. 八王之亂때 惠帝를 도와 成都□ 司馬穎과 전투를 벌이다가 죽음. 시호는 忠穆. 《晉書》권89에 전이 있음

(1)《晉書》嵇紹傳 (略)

　　嵇紹, 字延祖, 譙國□□. 嵇康之子. 趙王倫簒位, □爲侍中. 惠帝復辟, 遂居其職. 永興初, 河間□□. 成都王穎擧兵. 紹從帝戰於蕩陰, 以身捍衛, 被害於帝側. 血濺帝衣. □□□, 左右欲浣衣. 帝曰:「此嵇侍中血, 勿去.」諡忠穆.

(2)《隋書》經籍志

　　晉侍中嵇紹集二卷. □錄□卷.

(3) 嵇紹詩

　　〈贈石季倫〉

人生禀五常, 中和爲至德.
嗜欲雖不同, 伐生所不識.
仁者安其身, 不爲外物惑.
事故誠多端, 未若酒之賊.
内以損性命, 煩辭傷軌則.
屢飮致疲怠, 淸和自否塞.
陽堅敗楚軍, 長夜傾宗國.
詩書著明戒, 量體節飮食.
遠希彭聃壽, 虚心處沖黙.
茹芝味體泉, 何爲昏酒色.

7. 조거(棗據: ?)

본성은 극(棘)씨, 그 선조가 원수를 피해 棗氏로 글자를 바꾸었다 함. 자는
道彦, 穎川 長社人. 尙書郎을 지냈으며 賈充이 吳를 벌할 때 스스로 從事
中郎이 되어 참전했다가 돌아와 黃門侍郎을 거쳐 中庶子의 벼슬에 오름.
《晉書》권92 文苑傳에 傳이 있음.

(1) 《晉書》文苑傳(略)

　棗據, 本性棘, 其先避仇改焉. 美容貌, 善文辭. 賈充吳, 請爲從事中郎, 徙黃
　門侍郎, 太子中庶子. 太康中卒. 所著詩賦論四十五首, 遇亂多亡失.

(2) 《隋書》經籍志

　梁又有太子中庶子棗據集二卷, 錄一卷, 亡.

(3) 棗據詩

〈雜詩〉

　吳寇未殄滅. 亂象侵邊疆.
　天子命上宰. 作蕃於漢陽.
　開國建元士. 玉帛聘賢良.
　予非荊山漢. 謬登和氏場.
　羊質被虎文. 燕翼假鳳翔.
　旣懼非所任. 怨彼南路長.
　千里旣悠邈. 路次限關梁.
　僕夫罷遠涉. 車馬困山岡.
　深谷下無底. 高巖暨穹蒼.
　豐草停滋潤. 霧露沾衣裳.

玄林結陰氣. 不風自寒凉.
顧瞻情感切. 惻愴心哀傷.
士生則懸弧. 有事在四方.
安得恒逍遙. 端坐守閨房.
引義割外情. 内感實難忘.

8. 王壬秋 總評(汪中《詩品注》)

許文雨曰: 此評七君爲古體, 蓋對張華陸機等之新體而言. 大抵晉初, 二派勢力,
足以抗衡, 及江左則張陸派占優勢矣.

〈竹林七賢圖〉 淸 華嵒(그림)

038(下-5) 晉中書張載, 晉司隷傅玄, 晉太僕傅咸,
　　　晉(魏)侍中繆襲, 晉散騎常侍夏侯湛詩
진 중서 장재, 진 사예 부현, 진 태복 부함,
진 시중 무습, 진 산기상시 하후담의 시

진晉나라 중서中書 장재(張載, 張孟陽), 진晉 사예司隷 부현傅玄, 진晉 태복太僕 부함傅咸, 진(晉, 魏) 시중侍中 무습(繆襲, 繆熙伯), 진晉 산기상시散騎常侍 하후담(夏侯湛, 夏侯孝若)의 시이다.

장재(張載, 張孟陽)의 시는 그 동생에 비하면 아주 못하다. 다만 부현傅玄·부함傅咸 부자보다는 약간 낫다. 또 부함 부자의 문체는 번부繁富하여 가히 칭찬할 만하다. 하후담(夏侯湛, 夏侯孝若)은 비록 후진後進이라 말하지만 반안인(潘安仁, 潘岳)으로부터 중히 여김을 입었다. 무습(繆襲, 繆熙伯)의 〈만가挽歌〉는 애상哀傷을 억지로 지어낸 것일 뿐이다.

晉中書張載, 晉司隷傅玄, 晉太僕傅咸, 晉魏侍中繆襲, 晉散騎常侍夏侯湛詩, 孟陽詩乃遠慙厥弟, 而近超兩傅. 長虞父子, 繁富可嘉. 孝若雖曰後進, 見重安仁. 熙伯挽歌, 唯以造哀爾.

【中書】벼슬 이름. 張載가 中書侍郎의 벼슬을 지냄.

【兩傅】傅玄과 傅咸.

【長虞父子】父子는 傅玄과 傅咸 부자를 가리킴. 長虞는 傅咸의 字.

【孝若】다른 판본에 孝沖으로 되어 있으나 이는 夏侯湛의 아우인 夏侯淳의 字.

【挽歌】哀歌, 輓歌. 漢末에는 賓, 婚, 嘉會 때에도 挽歌를 불렀음. 《搜神記》 참조. 한편 淸, 何焯의 《義門讀書記》 권47에 應劭의 《風俗通義》를 인용하여 漢末에 「京師賓婚嘉會皆作魁礧, 酒酣之後, 續以挽歌」라 하였음.

참고 및 관련 자료

1. 장재(張載: ?)

자는 孟陽. 安平人. 長沙王 司馬乂의 記室을 거쳐 中書侍郎, 領著作 등을 지냈으며 天下가 난세에 접어든다고 여겨 사직하고 귀향함. 《晉書》 권55에 傳이 있으며 五言詩 10수, 四言, 雜言詩 약간의 散句가 전함. 明, 張溥의 집일본 《張孟陽·景陽集》이 있음.

(1) 《晉書》 張載傳(略)

　　　張載, 字孟陽, 安平人. 性閑雅, 博學有文章. 傅玄爲之延譽, 由是知名. 長王乂請爲記室, 督拜中書侍郎. 載見世亂方殄, 無復仕進意. 遂稱病篤告歸, 終於家.

(2) 《隋書》 經籍志

　　　晉中書郎張載集七卷殘缺 一本二卷, 錄一卷.

(3) 張溥 《漢魏六朝百三家集題辭》 張孟陽·景陽集

　　　景陽文稱讓兄, 而是獨勁出, 蓋二張齊驅, 詩文之間, 互有短長.

(4) 張載詩

〈七哀詩〉二首

(其一)

　　　北芒何纍纍, 高陵有四五.

　　　借問誰家墳, 皆云漢世主.

　　　恭文遙相望, 原陵鬱膴膴.

　　　季世喪亂起, 賊盜如豺虎.

　　　毀壞過一抔, 便房啓幽戶.

　　　珠柙離玉體, 珍寶見剽虜.

　　　園寢化爲虛, 周墉無遺堵.

蒙蘢荊棘生, 蹊逕登童豎.

狐兔窟其中, 蕪穢不復掃.

頹隴並墾發, 萌隸營農圃.

昔爲萬乘君, 今爲丘山土.

感彼雍門言, 悽愴哀今古.

(其二)

秋風吐商氣, 蕭瑟掃前林.

陽鳥收和響, 寒蟬無餘音.

白露中夜結, 木落柯條森.

朱光馳北陸, 浮景忽西沈.

顧望無所見, 唯覩松柏陰.

蕭蕭高桐枝, 翩翩棲孤禽.

仰聽離鴻鳴, 俯聞蜻蜩吟.

哀人易感傷, 觸物增悲心.

邱隴日已遠, 纏綿彌思深.

憂來令髮白, 誰云愁可任.

裴徊向長風, 淚下沾衣襟.

2. 부현(傅玄: 217~278)

자는 休奕, 北地 泥陽人. 어려서 孤貧했으나 博學善文하여 州에서 秀才로 천거됨. 郞中을 거쳐 司隷校尉 등을 지냈으며 鶉觚男에 봉해짐. 시호는 剛. 다시 淸泉侯에 봉해짐. 《晉書》 권47에 전이 있음. 明, 張溥의 집일본 《傅鶉觚集》이 있음.

(1) 《晉書》 傅玄傳(略)

傅玄, 字休奕, 北地泥陽人. 少孤貧, 博學善屬文. 州擧秀才, 除郞中, 累遷 至司隷校尉. 性剛勁亮直, 不能容人, 每有奏劾, 或值日暮, 捧白簡整簪帶, 坐而待旦. 貴游懾伏, 坐事免官, 卒諡剛.

(2) 《隋書》 經籍志

晉司隷校尉傅玄集十五卷. 梁五十卷.

(3) 明 張溥 《漢魏六朝百三家集題辭》 傅鶉觚集

苦相篇與雜詩二首, 頗有四愁. 定情之風, 歷九秋詩, 讀者疑爲漢古詞, 非相如·
枚乘不能作. 其言文聲永, 誠六言之祖也. ……獨爲詩篇, 新溫婉麗, 善言
兒女, 强直之士懷情正深, 賦好色者, 何必宋玉?

(4) 傅玄詩

◎〈和秋胡行〉

　　秋胡納令室, 三日宦他□□
　　皎皎潔婦姿, 泠泠守空□□
　　燕婉不終夕, 別如參與□□
　　憂來猶四海, 易感難可□□
　　人言生日短, 愁者苦夜□□
　　百草揚春華, 攘腕採柔□□
　　素手尋繁枝, 落葉不盈□□
　　羅衣翳玉體, 回目流采□□
　　君子倦仕歸, 車馬如龍□□
　　精誠馳萬里, 既至兩相□□
　　行人悅令顏, 借息此樹□□
　　誘以逢卿喻, 遂下黃金□□
　　烈烈貞女忿, 言辭厲秋□□
　　長驅及居室, 奉金升北堂□□
　　母立呼婦來, 歡情樂夫□□
　　秋胡見此婦, 惕然懷□□□
　　負心豈不慙, 永誓非所□□
　　清濁必異源, 梟鳳不□□□
　　引身赴長流, 果哉潔婦□□
　　彼夫既不淑, 此婦亦□□□

◎〈飲馬長城窟行〉

　　青青河邊草, 悠悠萬里道□
　　草生在春時, 遠道還有□□
　　春至草不生, 期盡歎無□□
　　感物懷思心, 夢想發□情□
　　夢君如鴛鴦, 比翼雲間□□
　　既覺寂無見, 曠如參與商□
　　夢君結同心, 比翼游□□□
　　既覺寂無見, 曠如商與參□
　　河洛自用固, 不如中岳安□

258 시품

回流不及返, 浮雲往自還.

悲風動思心, 悠悠誰知者.

懸景無停居, 忽如馳駟馬.

傾耳懷音響, 轉目淚雙墮.

生存無會期, 要君黃泉下.

◎〈秋蘭篇〉

秋蘭蔭玉池, 池水淸且芳.

芙蓉隨風發, 中有雙鴛鴦.

雙魚自踴躍, 兩馬時廻翔.

君其歷九秋, 與君同衣裳.

◎〈雜詩〉

3. 부함(傅咸: 239~294)

傅玄의 아들. 자는 長虞. 太子洗馬, 司隷校尉, 尙書右丞, 冀州刺史 등을 지냄. 《晉書》 권47에 傳이 있음. 《漢魏六朝百三家集題辭》에 《傅中丞集》 1권이 있음.

(1)《晉書》傅咸傳(略)

傅玄子咸, 字長虞. 拜太子洗馬, 累遷至司隷校尉卒.

(2)《隋書》經籍志

晉司隷校尉傅咸集十七卷. 梁三十卷, 錄一卷.

(3) 傅咸詩

〈贈何劭王濟〉竝序

郞陵公何敬祖, 咸之從內兄. 國子祭酒王武子, 咸從姑之外孫也. 竝以明德見重於世. 咸親之重之, 情猶同生, 義則師友. 何公旣登侍中, 武子俄而亦作, 二賢相得甚歡, 咸亦慶之. 然自限闇劣, 雖願其繾綣, 而從之莫由. 歷試無效. 且有家艱, 心存目替, 賦詩申懷, 以貽之云爾.

日月光太淸, 列宿曜紫微.

赫赫大晉朝, 明明闢皇闈.

吾兄旣鳳翔, 王子亦龍飛.

雙鸞游蘭渚, 二離揚淸暉.

攜手升玉階, 竝坐侍丹帷.

金璫綴惠文, 煌煌發令姿.

斯榮非攸庶, 繾綣情所希.

豈不企高蹤, 麟趾邈難追.

臨川靡芳餌, 何爲守空坻.

　　　槁葉待風飄, 逝將與君遊.

　　　違君能無戀, 尸素當言歸.

　　　歸身蓬蓽廬, 樂道以忘飢.

　　　進則無云補, 退則恤其私.

　　　但願隆弘美, 王度日淸夷.

4. 무습(繆襲: 186~245)

자는 熙伯. 東海人. 才學이 있었으며 尙書光祿勳의 관직에 오름.《三國志》
魏志 劉劭傳에「東海繆襲, 有才學. 官至尙書光祿勳」이라 하고 그 注에《文章
志》를 인용하여「襲字熙伯, 歷事魏四世. 正始六年卒」이라 함. 侍中을 지냈
다는 본편 제목은 오류로 보임.

(1)《隋書》經籍志

　　　魏散騎常侍繆襲集五卷. 梁有錄一卷.

(2) 繆襲詩

　　〈挽歌詩〉

　　　生時遊國都, 死沒棄中野.

　　　朝發高堂上, 暮宿黃泉下.

　　　白日入虞淵, 懸車息駟馬.

　　　造化雖神明, 安能復存我.

　　　形容稍歇滅, 齒髮行當墮.

　　　自古皆有然, 誰能離此者.

5. 하후담(夏侯湛: 243~291)

자는 孝若. 晉나라 譙國人. 젊어서 太尉掾을 지냈으며, 泰始 때 賢良으로 천거
되어 郞中에 오름. 뒤에 太子舍人을 거쳐 尙書郞, 野王令, 中書侍郞, 南陽相
등을 지냈으며 惠帝가 즉위하여 散騎常侍로 삼음. 著論이 30여 편이나 되며
潘岳과 동행할 때 사람들이「連璧」이라 부름.《晉書》55에 傳이 있음. 현재
전하는 五言詩는 없음.

(1)《晉書》夏侯湛傳(略)

　　　夏侯湛, 字孝若, 譙國譙人. 幼有盛才, 文章宏富, 善構新詞. 美容觀, 嘗與
　　　潘岳同居接茵, 京都人謂之連璧. 仕至散騎常侍, 卒.

(2)《隋書》經籍志

　　　晉散騎常侍夏侯湛集十卷. 梁有錄一卷.

039(下-6) 晉驃騎王濟, 晉征南將軍杜預, 晉廷尉孫綽, 晉徵士許詢詩
진 표기 왕제, 진 정남장군 두예, 진 정위 손작, 진 징사 허순의 시

　　진晉나라 표기驃騎 왕제(王濟, 王武子)와 진晉 정남장군征南將軍 두예杜預, 진晉 정위廷尉 손작孫綽, 진晉 징사徵士 허순許詢의 시이다.
　　영가永嘉 이래 청담허리淸談虛理가 풍속을 이루었고 왕무자王武子 무리들의 시는 도가道家의 언어를 귀히 여겼다.* 동진東晉에 이르러서도 현풍玄風은 그래도 성행하였다. 이에 유진장(劉眞長, 劉惔)·왕중조(王仲祖, 王濛)·환온桓溫·유량庾亮 등은 여전히 이를 답습하여 세칭「손허孫許」라 불러, 염담지사恬淡之詞를 즐겨 씀이 미만彌滿하였다.

　　晉驃騎王濟, 晉征南將軍杜預, 晉廷尉孫綽, 晉徵士許詢詩. 永嘉以來, 淸虛在俗, 王武子輩詩, 貴道家之言. 爰泊江表, 玄風尙備, 眞長·仲祖·桓·庾諸公猶相襲. 世稱孫·許彌善恬淡之詞.

【永嘉】西晉 懷帝의 연호. 307~312년.
【淸虛】魏晉 시대에 유행했던 玄學을 뜻함. 《詩品》序에「永嘉時, 貴黃老,

稍尙虛談」이라 함.

＊ 현재 王武子(王濟)의 詩가 남아 있지 않아 구체적으로는 알 수 없음.

【爰洎江表】爰은 虛詞. 洎는 「逮, 及, 到」의 뜻. 江表는 西晉이 永嘉之亂으로
長江을 건너 南쪽으로 옮겨 東晉이 되었음을 뜻함. 江南, 江左 등으로도
부름.

【眞長】劉惔의 자. 유담은 老莊玄談의 高手.《世說新語》에 그의 일화가 많이
실려 있으며《晉書》권75에 傳이 있음.

【仲祖】王濛(309?~347?)의 자. 晉나라 太原 晉陽人으로 哀帝皇后의 부친.
劉惔과 함께 이름을 날렸으며 中書郞, 司徒左長史 등을 지냄.《晉書》
권93에 전이 있음.

【桓溫】자는 元子(312~373). 晉 明帝의 사위로 大司馬에까지 올라 실권을
잡았으며 簡文帝를 세웠다가 自立하고자 했음. 결국 그 아들 桓玄이 帝位를
찬탈하고 桓溫을 宣武皇帝로 추존함.《晉書》권99에 전이 있음.

【庾亮】자는 元規(289~340). 老莊에 밝았고 玄談에 뛰어났었음. 시호는 文康.
《晉書》권73에 전이 있음.

【恬淡】淡泊. 恬靜. 편안하고 조용한 분위기.

【彌滿】가득함. 쌍성연면어.

┌─────────────────────┐
│ 참고 및 관련 자료 │
└─────────────────────┘

1. 왕제(王濟: 240?~285?)

자는 武子. 晉나라 때 太原 晉陽(지금의 山西省 太原市) 출신. 王渾의 아들
이며《易》과『老莊』에 밝았고 玄學에 뛰어났었음. 그의 姊夫인 和嶠, 裴楷
등과 함께 이름을 날림. 晉 武帝의 딸인 常山公主를 아내로 맞았으며 中書郞·
侍中 등을 역임하였고, 河南尹에 拜任되었으나 면직되었다가 白衣로 太僕을
지냄. 사치로 이름이 높아 王愷와 다투기도 하였음.《晉書》권42에 전이 있음.
그의 五言詩는 전하는 것이 없음.《世說新語》에 그의 많은 일화가 실려 있음.

(1)《晉書》王濟傳(略)

王渾子濟, 字武子, (卒於晉惠永熙元年.) 追贈驃騎將軍. 濟少有逸才, 風姿
英爽. 善易及莊老, 文詞俊茂, 尙武帝女常山公主. 諮議人物, 修飾辭令. 先渾卒.
時賢畢至, 孫楚哭之尤悲.

(2)《隋書》經籍志

　　梁有晉驃騎將軍王濟集二卷, 亡.

2. 두예(杜預: 222~284)

자는 元凱. 晉나라 京兆 杜陵(지금의 陝西 長安縣) 사람. 박학다식하였으며 尙書郎을 거쳐 할아버지의 豐樂亭侯를 습봉받음. 武帝 泰始 때에 河南尹을 지냄. 다시 度支尙書 때에 공적을 쌓아「杜武庫」라 불리기도 함. 계속하여 荊州諸軍事·征南大將軍 등을 지냄. 太康 때에는 吳를 멸한 공로로 當陽縣侯에 봉해짐. 著作에도 힘써《左傳》의 集解를 남김.《三國志》권16.《晉書》권34에 傳이 있음. 詩는 전하는 것이 없음.

(1)《晉書》杜預傳 (略)

　　杜預, 字元凱, 京兆杜陵人. 博學多通. 以平吳功. 封當陽縣侯. 贈征南大將
　　軍卒, 謚曰成.

(2)《隋書》經籍志

　　晉征南將軍杜預集十八卷.

3. 손작(孫綽: 314~371)

자는 興公. 東晉 때 太原 中都(지금의 山西省 平遙縣)사람. 孫楚(子荊)의 손자. 그 형 孫通과 남으로 내려와 會稽에 살면서 자연과 벗하겠다고〈遂初賦〉를 지음. 그의〈遊天台山賦〉는 辭致가 工巧하다고 알려졌음. 그는 著作郎을 거쳐 長樂侯에 봉해졌으며 그 뒤 庾亮, 殷浩, 王羲之 등의 막료를 지내기도 했음. 永嘉太守·散騎常侍·領著作郎·廷尉卿 등을 역임함.《晉書》권56에 전이 있으며 시 37수, 五言詩 6수가 전함.

(1)《晉書》孫綽傳(略)

　　孫楚子綽, 字興公. 仕至廷尉卿著作卒. ……綽少有高尙之志, 居會稽遊放
　　山水十餘年. 作遂初賦·天台山賦, 當時文士爲之冠. 溫王郗庾諸公之薨,
　　必須綽爲碑文. 然後刊石.

(2)《隋書》經籍志

　　晉衛尉卿孫綽集十五卷, 梁二十五卷

(3) 孫綽詩

　〈秋日〉

　　蕭瑟仲秋日, 飈唳風雲高.

　　山居感時變, 遠客興長謠.

　　疏林積涼風, 虛岫結凝霄.

湛露洒庭林, 密葉辭榮條.
撫菌悲先落, 攀松羨後凋.
垂綸在林野, 交情遠市朝.
澹然古懷心, 濠上豈伊遙.

4. 허순(許詢: ?)

자는 玄度. 東晉 때 高陽(지금의 河北省 高陽縣) 출신. 司徒掾에 발탁되었으나,
나가지 않고 孫綽, 郗愔, 王羲之, 謝安, 支遁 등 당대의 명사들과 會稽에서
山水와 黃老를 주제로 즐김. 일찍 죽었으며 五言詩 1首와 散句가 전할 뿐임.
《世說新語》등에 그의 일화가 실려 있음.

(1)《世說新語》注에 인용된 《續晉陽秋》

　　許詢, 字玄度, 高陽人. 除司徒掾不就卒.

(2)《文選》江淹의 〈擬許徵君自序詩〉注에 인용된 《晉中興書》

　　高陽許詢, 字玄度. 有才藻, 善屬文, 時人皆欽愛之.

(3)《晉書》孫綽傳

　　綽少與高陽許詢, 俱有高尙之志, 一時名流或愛詢高邁, 則鄙於綽, 或愛綽
　　才藻, 而無取於詢. 沙門支遁試問綽:「君何如許?」答曰:「高情遠致.」弟子
　　早已伏膺. 然一詠一吟, 詢將北面矣.

(4)《隋書》經籍志

　　晉徵士許詢集三卷, 梁八卷, 錄一卷

(5) 許詢詩

　　〈竹扇詩〉

　　　　良工眇芳林, 妙思觸物驟.
　　　　蔑疑秋蟬翼, 團取望舒景.

040(下-7) 晉徵士戴逵詩
진 징사 대규의 시

진晉 징사徵士 대규(戴逵, 戴安道)의 시이다. 대안도의 시는 비록 눈약嫩弱하기는 해도 역시 청상淸上한 시구가 있다. 재장보단裁長補短하면 아마 원언백(袁彦伯, 袁宏)에 버금간다고 할 수 있으리라! 대규의 아들 대옹戴顒역시 한때의 성예聲譽를 드날리던 인물이다.

晉徵士戴逵詩, 安道詩雖嫩弱, 有淸上之句. 裁長補短, 袁彦伯之亞乎! 逵子顒, 亦有一時之譽.

【嫩弱】나약함. 여리고 약함.
【淸上】淸新하다의 뜻.
【裁長補短】「截長補短」과 같음. 긴 것을 덜어 짧은 것에 보탬.
【袁彦伯】袁宏(328~376). 045 참조.
【戴顒】대규의 아들. 자세한 사적은 알 수 없음.
【聲譽】聲價. 名聲.

1. 대규(戴逵: 326~396)

자는 安道. 晉나라 譙郡 銍縣(지금의 安徽省 宿縣) 출신. 뒤에 會稽로 옮겨
살았으며 거문고, 글씨, 그림에 뛰어남. 〈釋疑論〉을 지었으며 國子博士로 추천
되었으나 나가지 않음.《晉書》권94에 전이 있음. 대규의 시는 지금 전하는
것이 없음.

(1)《晉書》戴逵傳(略)

　　戴逵, 字安道, 譙國銍人. 武陵王晞, 聞其善鼓琴, 使人召之. 逵對使者破琴
　　曰:「戴安道不爲王門伶人.」後徙居會稽之剡縣, 性高絜, 常以禮度自處,
　　深以放達爲非. 累徵不就, 悁卒.

(2)《隋書》經籍志

　　晉徵士戴逵集九卷, 殘缺, 梁十卷, 錄一卷.

(3) 戴逵, 戴顒의 시는 전하는 것이 없음.

〈犢牛圖〉

041(下-8) 晉謝混, 晉東陽太守殷仲文詩
진 사혼, 진 동양태수 운중문의 시

진晉나라 사혼(謝混, 謝益壽)과 진晉 동양태수東陽太守 운중문殷仲文의 시이다. 진晉·송宋 사이에는 시가 거의 없었다고 할 수 있으리라!* 의희義熙 연간에는 사혼(謝混, 謝益壽)과 운중문殷仲文이 화기華綺한 시를 써서 당시의 으뜸이라 할 수는 있겠으나 운중문의 시는 사혼과 다툴 만한 것이 되지 못한다.

晉謝混, 晉東陽太守殷仲文詩. 晉宋之際, 殆無詩乎! 義熙中, 以謝益壽·殷仲文爲華綺之冠; 殷不競矣.

* 당시 陶淵明이 있었으나 重視를 받지 못해 이렇게 말한 것.《南齊書》文學傳의 論에 「仲文玄氣, 猶不盡除, 謝混淸新, 得名未盛」이라 함.

【謝益壽】謝混(?~412) 자는 叔源.《晉書》권79에 전이 있음. 본《詩品》上品 潘岳(008) 및 中品 謝混(026) 참조.

【華綺】화려하고 아름다움.

> 참고 및 관련 자료

1. 본장의 제목에서 謝混은 中品에 이미 있으며 이는 後人의 妄增으로 봄.

汪中《詩品注》에「謝混已見中品, 此後人妄增, 說見王叔岷教授詩品疏證」(學原
二卷十一, 二期)라 함.

2. 은중문(殷仲文: ?~407)

자는 仲文. 晉나라 때 陳郡 長平(지금의 河南省 西華縣) 출신. 殷顗(殷覬)의
아우이며 桓玄의 姊夫. 용모가 아름답고 재주가 뛰어났다고 함. 諮議參軍·
新安太守·侍中·領左衛將軍을 거쳐 尙書·東陽太守 등을 역임함. 뒤에 모반을
꾀하다가 주살당함.《晉書》권99에 傳이 있음.

(1)《晉書》殷仲文傳(略)

　　殷仲文, 南蠻校尉覬之弟也. 少有才藻, 美容貌, 從兄仲堪薦之於會稽王道之,
　　甚相賞待. 桓玄姊, 仲文之妻也. 玄九錫, 仲文之辭也. 帝反正, 抗表自辭, 仲文
　　素有名望, 自謂必當朝政. 又謝混之徒, 疇昔所輕者. 並皆比肩, 常怏怏不
　　得志. 忽遷爲東陽太守, 意彌不平. 義熙三年以與駱球等謀反, 伏誅. 仲文
　　善屬文, 爲世所重, 謝靈運嘗云:「若殷仲文讀書半袁豹, 則才不減班固.」
　　言其文多, 而見書少也.

(2)《隋書》經籍志

　　晉東陽太守殷仲文集七卷, 梁五卷.

(3) 殷仲文詩

〈南州桓公九井作〉(《文選》권22)

　　四運雖鱗次, 理化各有準.
　　獨有淸秋日, 能使高興盡.
　　景氣多明遠, 風物自淒緊.
　　爽籟驚幽律, 哀壑叩虛牝.
　　歲寒無早秀, 浮榮甘夙隕.
　　何以標貞脆, 薄言寄松菌.
　　哲匠感蕭晨, 肅此塵外軫.
　　廣筵散泛愛, 逸爵紆勝引.
　　伊余樂好仁, 感祛者小吝.
　　猥首阿衡朝, 將貽匈奴哂.

(4)《世說新語》文學篇

　　殷仲文天才宏贍, 而讀書不甚廣. 傅亮歎曰:「殷仲文讀書半袁豹, 才不減
　　班固.」

042(下-9) 宋尙書傅亮詩
송 상서 부량의 시

송宋 상서尙書 부량(傅亮, 傅季友)의 시이다. 부량季友의 문장에 대해서는 내가 늘 경홀히 여겨 잘 살펴보지 않았다. 지금 심약(沈約, 特進)이 편찬한 《집초集鈔》에 몇 수가 실려 있으나 역시 평미平美한 것들이다.

宋尙書傅亮詩, 季友文, 余常忽而不察. 今沈特進撰詩, 載其數首, 亦復平矣.

【集鈔】沈約이 저술한 책. 《隋書》 經籍志에 「梁特進沈約集, 沈約撰 《集鈔》 十卷」이라 하였음. 特進은 沈約의 벼슬. 「光祿待中少傅加特進」이어서 부른 칭호임.
【平美】평범하면서 아름다움.

> 참고 및 관련 자료

1. 부량(傅亮: ?~426)
자는 季友. 南朝 宋나라 때의 北地 靈州(지금의 寧夏 寧武縣) 출신. 經史에 밝고 文章에 뛰어났으며, 義熙 때 中書黃門侍郎·尙書僕射 등을 지냄. 文帝

때에는 始興縣公의 작위에 散騎常侍·開府儀同三司 등의 직위를 역임함.《宋書》권43,《南史》권15에 傳이 있음. 四言詩 2首, 五言詩 2首가 전함.

2.《宋書》傅亮傳(略)

傅亮, 字季友, 北海靈州人也. 博涉經史, 尤善文詞, 高祖受命, 表冊文誥, 皆亮辭也. 少帝卽位, 進爲中書監尙書令. 元嘉三年, 伏誅. 初亮見世路屯險, 著論名曰演愼. 旣居宰輔兼總方任, 少帝失德, 內懷憂懼, 作感物賦以寄意, 奉迎大駕道路賦詩三首, 與徐羨之等行廢立, 迎文帝. 進爵始興郡公, 開府儀同三司, 元嘉三年被誅.

3.《隋書》經籍志

宋尙書令傅亮集三十一卷, 錄二十卷, 錄一卷.

4. 傅亮詩

〈奉迎大駕道路賦詩〉

凤權發皇邑, 有人祖我[]

餞離不以幣, 贈言重[]

知止道攸貴, 懷祿義所[]

四牡倦長路, 君轡可以[收]

張邴結晨軌, 疎董頓夕[]

東隅誠已謝, 西景逝不[留]

性命安可圖, 懷此作[]

敷衽銘篤誨, 引帶佩[]

迷寵非予志, 厚德良[]

撫躬愧疲朽, 三省懃[]

重明照蓬艾, 萬品同[]

忠誥豈假知, 式微發[]

043(下-10) 宋記室何長瑜, 羊曜璠, 宋詹事范曄詩
송기실하장유, 양요번, 송첨사범엽시

　　송宋나라 기실記室 하장유何長瑜, 양요번羊曜璠, 송宋 첨사詹事 범엽(范曄, 蔚宗)의 시이다.

　　「재난才難」이란 말은 정말 믿을 만하다. 사강락(謝康樂, 謝靈運)이 양요번羊曜璠과 하장유何長瑜를 두고 한 말이 이와 같았다. 그러나 그 □ 사람의 시는 기이하다고 여기기에는 부족하다* 범엽(范曄, 蔚宗)의 시는 그 재주에 미치지 못하니 역시 드문 예이다.

　　宋記室何長瑜, 羊曜璠, 宋詹事范曄詩. 才難, 信矣. 以康樂與羊·何若此, 而□人文辭, 殆不足奇. 蔚宗詩乃不稱其才, 亦爲鮮擧矣.

【才難】 재주있는 자를 얻기 어렵다의 뜻.《論語》泰伯篇에「才難, 不其然乎?」라 하였고《集注》에「才難, 蓋古諺, 而孔子然之也」라 하였다.

【以康樂與羊何若此】「사강락이 양요번과 하장유를 두고 칭찬한 말이 이와 같다」라고 풀이함.

* 처음부터 蔚宗詩까지의 20자는 원본에 없다. 이는 陳延杰의《詩品注》에《明抄本》을 근거로 補入한 것이다. 한편 □속의 글자는「二」자가 아닌가 여기고 있다.

【蔚宗詩】이 세 글자도 今本에는 빠져 있으며 《吟窓雜錄本》에만 있다. 蔚宗은 范曄의 字이다.

참고 및 관련 자료

1. 하장유(何長瑜: ?~445)

東海 사람으로 謝方明의 아들 謝惠連을 가르쳤으며 그 인연으로 謝靈運, 荀雍, 羊璿之 등과 山水유람을 즐겨 「四友」라 칭함을 받았다. 뒤에 臨川王 劉義慶의 記室參軍이 되었으며 元嘉 二十年에는 盧陵王의 부름으로 南中郎行參軍이 되었다. 五言詩 2수가 전한다.

(1) 《宋書》謝靈運傳(略)

靈運與族弟惠連, 東海何長瑜, 潁川荀雍, 太山羊璿之, 以文章賞會. 共爲 山澤之遊, 時人謂之四友. 靈運自始寧至會稽, 時長瑜敎惠連讀書, 亦在郡内, 靈運又以爲絶倫. 謂方明(惠連父)曰:「何長瑜當今仲宣, 而給以下客之食.」 尊(方明)既不能禮賢, 宜以長瑜還靈運, 靈運載之而去. 璿之字曜璿, 臨川 内史, 爲司空竟陵王誕所遇, 誕敗坐誅. 長瑜文才之美, 亞於惠連. 雍・璿之 不及也. 臨川王義慶, 招集文士, 長瑜自國侍郎至平西記室參軍, 盧陵王鎭 尋陽, 以長瑜爲南中郎行參軍記室之任, 行至板橋, 遇暴風溺死.

(2) 《隋書》經籍志

梁有平南將軍何長瑜集八卷.

(3) 何長瑜詩

◎〈嘲府僚詩〉

陸展梁白髮, 欲以媚側室.

青青不解久, 星星行復出.

◎〈離合詩〉

宜然悦今會, 且怨明晨別.

肴蕷不能甘, 有難不可說.

2. 양요번(羊曜璿: ?~459)

이름은 璿之. 曜璿은 字. 太山 사람으로 臨川内史를 지냈으며 竟陵王을 돕다가 그가 패하자 함께 誅殺당함. 謝靈運, 何長瑜, 荀雍과 함께 「四友」로 불리었음. 그 외의 자료는 전하는 것이 없음.

3. 범엽(范曄: 398~445)

자는 蔚宗. 어릴 때의 자는 塼. 順陽 사람으로 征南大將軍과 檀道濟의 司馬를
거쳐 新蔡太守, 다시 尙書吏部郎에 오름. 뒤에 모반에 참여했다가 주살당함.
文章, 隸書, 음악, 비파연주에 뛰어남. 史書인《後漢書》를 저술한 것으로
유명함. 五言詩 2수가 전함.《宋書》권69에 전이 있음.

(1)《宋書》范曄傳(略)

　　范曄, 字蔚宗, 順陽山陰人. 少好學, 博涉經史, 善爲文章, 能隸書, 曉音律.
　　元嘉元年, 左遷宣城太守. 不得志. 乃刪衆家後漢書爲一家之作. 母亡, 報之
　　以疾, 曄不時奔赴, 及行, 又攜妓妾自隨, 爲御史中丞所奏, 太祖愛其才不
　　罪也. 累遷太子左衛將軍, 意不滿, 謀逆伏誅.

(2)《隋書》經籍志

　　梁有范曄集十五卷, 錄一卷.

(3) 范曄詩

◎〈樂遊應詔詩〉(《文選》권20)

　　崇盛歸朝闕, 虛寂在川岑.
　　山梁協孔性, 黃室非堯心.
　　軒駕時未肅, 文囿降照臨.
　　流雲起行蓋, 晨風引鑾音.
　　原薄信平蔚, 臺澗備曾深.
　　蘭池淸夏氣, 脩帳含秋陰.
　　遵渚攀蒙密, 隨山上崛嶔.
　　睇目有極覽, 遊情無近尋.
　　聞道雖已積, 年力互頹侵.
　　探己謝丹黻, 感事懷長林.

◎〈臨終詩〉

　　禍福本無兆, 性命歸有極.
　　必至定前期, 誰能延一息?
　　在生已可知, 來緣懵無識.
　　好醜共一丘, 何足異枉直?
　　豈論東陵上, 寧辨首山側?
　　雖無稙生琴, 庶同夏侯邑.
　　寄言生存子, 此路行復卽.

044(下-11) 宋孝武帝, 宋南平王鑠, 宋建平王宏詩
송 효무제, 송 남평왕 삭,
송 건평왕 굉의 시

송宋나라 효무제(孝武帝, 劉駿), 송宋 남평왕南平王 유삭劉鑠, 송宋 건평왕建平王 유굉劉宏의 시이다.

효무제(孝武帝, 劉駿)의 시는 그 문장을 조탁함이 문채나는 비단을 짠 것 같으나, 지나치게 정밀하다. 그 때문에 두 번왕(藩王: 劉鑠, 劉宏)이 앙모하였으며 경교輕巧하다는 평을 받았다.

宋孝武帝, 宋南平王鑠, 宋建平王宏詩, 孝武詩彫文織綵,
過爲精密, 爲二藩希慕, 見稱輕巧矣.

【二藩】宋나라 南平王 유삭(劉鑠)과 建平王 劉宏을 말함.
【輕巧】가볍고 섬세함을 뜻함.

> 참고 및 관련 자료

1. 송(宋) 효무제(孝武帝) 유준(劉駿: 430~464)
劉駿. 자는 休龍. 小字는 道民. 宋 文帝의 셋째아들로 元嘉 12년 武陵王에

봉해짐. 그 뒤 劉劭의 弑逆사건이 일어나자 거병하여 이를 토벌하고, 35년 5월에 즉위함. 재위 11년(454~464) 만에 죽어 시호를 孝武皇帝라 함. 五言詩 25수 등 27수가 전함.《宋書》권6에 紀가 있음.

(1)《宋書》孝武紀(略)

　　世祖孝武皇帝諱駿, 字休龍, 文帝第三子, 封武陵王, 元凶劭弑逆, 擧兵誅劭, 遂卽大位.

(2)《隋書》經籍志

　　宋孝武集二十五卷, 梁三十一卷, 錄一卷.

(3)《南史》王儉傳

　　宋孝武好文, 天下悉以文采相尙.

(4)《文心雕龍》時序篇

　　孝武多才, 英采雲構.

(5)《金樓子》

　　劉休玄擬古詩, 時人謂陸士衡之流, 余謂勝乎士衡.

(6)孝武帝詩

◎〈遊履舟山〉

　　束髮好恬衎, 弱冠頗流薄.
　　素想終忽傾, 聿來果丘壑.
　　層峯亘天維, 曠渚綿地絡.
　　逢杲列神苑, 遭壇樹仙閣.
　　松燈含青暉, 荷源煜彤爍.
　　川界泳遊鱗, 巖庭響鳴鶴.

◎〈拜衡陽文王義季墓〉

　　昧旦憑行軾, 濡露及山庭.
　　投步矜履蹈, 擧目增凄淸.
　　軺路滅歸軫, 淪闈負重扃.
　　深松朝已霧, 幽隧晏未明.
　　長楊敷晚素, 宿草披初青.
　　哀王起沈泉, 追愛慟中情.
　　竹帛憑年遠, 世範隨伏傾.

2. 유삭(劉鑠: 431~453)

자는 休玄, 宋 文帝의 넷째아들로 元嘉 16년에 南平王에 봉해짐. 劉駿(孝武帝)을

도와 征虜將軍, 開府儀同三司 등의 직위를 지냈으며 孝武帝 즉위 후 司空에
올랐으나 賜藥을 받고 죽음. 五言詩 9수 등 10수가 전함. 《宋書》 권72에 傳이
있음.

(1) 《宋書》 南平穆王鑠傳(略)

　　南平穆王鑠, 字休玄, 文帝第四子, 未弱冠, 擬古三十餘首, 時人以爲亞迹
　　陸機. 元凶弑立, 鑠爲侍中. 及孝武入討, 鑠歸義最晩, 帝懷憂懼, 然負才狡競,
　　孝武毒殺之.

(2) 《隋書》 經籍志

　　宋南平王鑠集五卷.

(3) 劉鑠詩

◎ 〈七夕詠牛女詩〉

　　秋動淸風扇, 火移炎氣歇.
　　廣檐含夜陰, 高軒通夕月.
　　安步巡芳林, 傾望極雲闕.
　　組幕縈漢陳, 龍駕凌霄發.
　　誰云長河遙, 頗劇促延越.
　　沈情未申寫, 飛光已飄忽.
　　來對眇難期, 今歡自絶沒.

◎ 〈擬明月何皎皎〉

　　落宿半遙城, 浮雲藹扃闥.
　　玉宇來淸風, 羅帳延秋月.
　　結思想伊人, 沈憂懷明發.
　　誰爲客行久, 屢見流芳歇.
　　河廣川無梁, 山高路難越.

◎ 〈擬孟冬寒氣至〉

　　白露秋風始, 秋風明月初.
　　明月照高樓, 露落皎玄除.
　　迨及凉風起, 行見寒怀疎.
　　客從遠方至, 贈我千里書.
　　先敍懷舊愛, 末陳久離居.
　　一章意不盡, 三復情有餘.
　　願遂平生志, 無使甘言虛.

◎〈擬行行重行行〉

　　眇眇陵長道, 搖搖行遠之.

　　回車背京里, 揮手於此辭.

　　堂上流塵生, 庭中綠草滋.

　　寒螿翔水曲, 秋兔依山基.

　　芳年有華月, 佳人無還期.

　　日夕凉風起, 對酒長相思.

　　悲發江南調, 憂委子衿詩.

　　臥看明鐙晦, 坐見輕紈緇.

　　淚容曠不飾, 幽鏡難復治.

　　願垂薄暮景, 照妾桑楡時.

3. 유굉(劉宏: 434~458)

자는 休道, 宋 文帝의 일곱째아들. 建平王에 봉해졌음. 현재 그의 시는 전하는 것이 없음.《宋書》권72에 전이 있음.

(1)《宋書》文九王傳(略)

　　建平宣簡王宏, 字休道, 文帝第七子也. 少而閑素, 篤好文籍, 太祖寵愛異常. 休道詩失.

〈屯墾圖〉

045(下-12) 宋光祿謝莊詩
송 광록 사장의 시

송宋나라 광록光祿 사장(謝莊, 謝希逸)의 시이다. 그謝의 시는, 기후氣候는
청아淸雅하지만 범엽范曄·원숙袁淑에 미치지는 못한다. 그러나 그 흥취의
뛰어남은 때때로 뜻밖일 때가 있다. 진실로 비촉鄙促함이란 찾아 볼 수 없다.

宋光祿謝莊詩. 希逸詩, 氣候淸雅, 不逮於王·袁. 然興屬
閑長, 良無鄙促也.

【氣候】분위기를 뜻함.《三國志》吳志 朱然傳에 「然長不盈七尺, 氣候分明,
　　內行修絜」이라 하여 태도, 풍격, 분위기의 뜻으로 쓰임.
【淸雅】淸潔之雅함.
【鄙促】비루하고 촉급함. 粗野함.
【王袁】王微와 袁淑을 가리킴.《文心雕龍》時序篇에 「王袁聯宗以龍章」이라 함.

> 참고 및 관련 자료

1. 사장(謝莊: 421~466)

자는 希逸, 陳郡 陽夏人. 謝靈運의 조카. 벼슬이 光祿大夫에 올랐으며 46세에
죽음. 시호는 憲子. 五言詩 12수 등 17수가 전함.《宋書》권85에 傳이 있음.

2. 《宋書》 謝莊傳(略)

謝莊, 字希逸, 陳郡陽夏人. 太常弘微子也. 南平王鑠獻赤鸚鵡, 普詔羣臣爲賦, 太子左衛率袁淑文冠當時, 作賦畢, 齎以示莊, 莊賦亦竟, 淑見而歎曰:「江東無我, 卿當獨步. 我若無卿, 亦一時之傑也.」遂隱其賦. 太宗卽位, 以莊爲散騎常侍光祿大夫, 泰始二年卒, 謚曰憲子. 莊善辭令, 美容儀. 文帝曰:「藍田生玉, 豈虛也哉!」

3. 《隋書》 經籍志

宋金紫光祿大夫謝莊集十九卷, 梁十五卷.

4. 王士禎評

謝莊宜在中品.

5. 謝莊詩

◎〈烝齋應詔〉

霜露凝宸感, 肅僾動天引.
西郊滅湮揜, 東溟起昭晉.
舞風泛龍常, 輪霰浮玉軔.
紫階協笙鏞, 金途展應悚.
方見六詩和, 永聞九德潤.
觀生識幸渥, 睇服慙輶恪.

◎〈七夕夜詠牛女應制〉

輟機起春暮, 停箱動秋衿.
璇居照漢右, 芝駕肅河陰.
容裔泛星道, 逶迤濟煙潯.
陸離迎宵佩, 倏爍望昏簪.
俱傾環氣怨, 共歇浹年心.
珠殿釭未沫, 瑤庭路已深.
夕清豈淹拂, 弦輝無久臨.

◎〈侍宴蒜山〉

龍旌拂紆景, 鳳蓋起流雲.
轉蕙方因委, 層華正氛氳.
煙竟山郊遠, 霧罷江天分.
調石飛延露, 裁金起承雲.

◎〈遊豫章西觀洪崖井〉
　　幽願平生積, 野好歲月□
　　捨簪神區外, 整褐靈鄕□
　　林遠炎天隔, 山心白日□
　　游陰騰鵠嶺, 飛淸起鳳□
　　隱曖松霰被, 容與澗煙□
　　將遂丘中性, 結駕終在□

◎〈北宅秘園〉
　　夕天霽晩氣, 輕霞澄暮□
　　微風淸幽幌, 餘日照靑□
　　收光漸窗歇, 窮園自荒□
　　綠池翻素景, 秋槐響寒□
　　伊人儻同愛, 絃酒共楼□

〈步行狩獵□〉 甘肅 嘉峪關 魏晉古墓 1호 磚畫 1972

046(下-13) 宋御史蘇寶生, 宋中書令史陸修之,
　　　　宋典祠令任曇緖, 宋越騎戴法興詩
　　송 어사 소보생, 송 중서령사 육수지,
　　송전사령임담서, 송월기대법흥시

송宋나라 어사御史 소보생蘇寶生·송宋 중서령사中書令史 육수지陸修之·송宋
전사령典祠令 임담서任曇緖·송宋 월기越騎 대법흥戴法興의 시이다. 이 넷(蘇, 陸,
任, 戴)은 모두가 문장에 저명한 이들로 게다가 왕공 귀족의 찬탄까지 받은
인물들이었다. 본래부터 문재文才를 타고나지는 않았지만 노력으로 그러한
경지에 올랐으니 심히 가상스러운 일이다.*

　宋御史蘇寶生, 宋中書令史陵修之, 宋典祠令任曇緖,
宋越騎戴法興詩. 蘇·陵·任·戴, 竝著篇章, 亦爲搢紳之所
嗟詠. 人非文才愈, 甚可嘉焉.

【搢紳】縉紳으로도 쓰며 원래는 귀족의 허리띠. 여기서는 紳士, 王公貴族을
　지칭하는 말.
＊ 끝의 「人非文才是愈, 其可嘉焉」은 陳延杰의 《詩品注》에 《明鈔本》에 따라
　「人非文是愈, 有可嘉焉」으로 되어 있음.

1. 소보생(蘇寶生: ?~458)

이름은 寶, 寶生은 그의 字. 본래 가난한 집안 출신이나 문장이 훌륭하여 벼슬길에 오름. 南臺侍御史, 江寧令 등을 지냄. 전하는 시는 없음.《宋書》에 일부 기록이 있음.

(1)《宋書》王僧達傳

　　蘇寶者, 名寶生, 本寒門, 有文義之美. 元嘉中, 立國子學, 爲毛詩助敎, 爲太祖 所知. 官至南臺侍御史, 江寧令, 坐知高闍反, 不卽啓聞, 與闍共伏誅.

(2)《宋書》恩倖傳

　　戴明寶死, 世祖使文士蘇寶生爲之誄焉.

(3)《宋書》徐爰傳

　　元嘉中, 使著作郎何承天草創國史, 世祖初又使奉朝請山謙之, 南臺御史 蘇寶生踵成之.

(4)《隋書》經籍志

　　梁有江寧令蘇寶生集四卷.

2. 능수지(陵修之: ?)

자세한 사적을 알 수 없음.《宋書》,《南史》등에도 그에 관한 전이나 기록이 보이지 않음.

3. 임담서(任曇緒: ?)

역시 자세한 생애를 알 수 없음.

4. 대법흥(戴法興: 414~465)

山陰人. 南臺侍御史를 지냈으며 廢帝 즉위 후 越騎校尉를 지냄. 남아 있는 詩가 없음.

(1)《宋書》恩倖傳

　　戴法興, 會稽山陰人也. 世祖親覽朝政, 不任大臣, 腹心委寄法興, 多納貨賄. 前廢帝卽位, 遷越騎校尉, 道路之言, 謂法興爲眞天子, 帝怒賜死. 法興能 爲文章, 頗行於世.

(2)《隋書》經籍志

　　梁有越騎校尉戴法興集四卷.

047(下-14) 宋監典事區惠恭詩
송 감전사 구혜공의 시

　　송宋나라 감전사監典事 구혜공區惠恭의 시이다. 구혜공은 본래 호인胡人으로서 안사백顏師伯 휘하의 간부였다. 안사백이 시를 지을 때면 그는 문득 몰래 붓을 들고 그 시를 고쳐 놓곤 하였다. 뒤에 그가 〈독락부獨樂賦〉를 지어 자신의 주인인 안사백을 비방하였다. 대장군(大將軍, 彭城王 劉義康)이 북제北第를 지을 때 구혜공은 그 곳의 작장作長으로 파견되게 되었다. 당시 사혜련謝惠連이 대장군 유의강劉義康의 기실참군記室參軍을 겸하고 있었다. 구혜공은 때때로 사혜련을 찾아가 안릉安陵과 함께 그 시대를 조롱하고 비판하였다. 나중에 그가 〈쌍침시雙枕詩〉를 지어 사혜련에게 보여 주자 사혜련은 이렇게 말하였다.

　　"그대는 능력이 있소. 이러다가는 그대는 남에게 중시를 받지 못 할까 두렵소. 우선 이 글을 나 사법조(謝法曹, 謝惠連)가 지은 것이라 하시오."

　　그리고는 대장군에게 보냈다. 대장군이 이를 보고 칭찬하면서 비단 2단端을 사혜련에게 하사하였다. 사혜련은 이때를 놓치지 않고 사양하면서 이렇게 건의하였다.

　　"이 시는 작장 구혜공이 지은 것입니다. 청컨대 비단은 그에게 하사해 주시기 바랍니다."

宋監典事區惠恭詩. 惠恭本胡人, 爲顔師伯幹, 顔爲詩筆,
輒偸定之. 後造獨樂賦. 語侵給主, 被斥. 及大將軍修北第,
差充作長. 時謝惠連兼記室參軍, 惠恭時往, 共安陵嘲調,
末, 作雙枕詩以示謝. 謝曰:「君誠能, 恐人未重. 且可以爲
謝法曹造, 遺大將軍.」見之賞歎, 以錦二端賜謝, 謝辭曰:
「此詩公作長所製, 請以錦賜之.」

【監典事】 벼슬 이름. 工長.
【顔師伯】《南史》顔師伯傳에 의하면 그의 자는 長淵이며 顔延之의 從子로
　　謝晦의 領軍司馬를 지냈던 人物이라 함.
【大將軍】 여기서는 彭城王 劉義康을 가리킴. 그는 元嘉 16年에 大將軍이
　　되었음. 第는 公府. 府第. 官宅.
【作長】 工長. 작업장의 우두머리. 건설책임자.

　　참고 및 관련 자료

1. 구혜공(區惠恭: ?)
胡人 출신. 본《詩品》외에는 그의 사적을 자세히 알 수 없음.

048(下-15) 齊惠休上人, 齊道猶(猷)上人, 齊釋寶月詩
제 혜휴상인, 제 도유상인,
제 석보월의 시

제齊나라 혜휴상인惠休上人, 제齊 도유상인(道猶上人, 道猷上人), 제齊 석釋보월寶月의 시이다.

혜휴상인의 시는 너무 경미輕微하였으며 그 감정도 그의 재능을 앞질러 있었다. 세상 사람들이 그의 시를 포조鮑照와 필적시키려 하나 이는 아마 상주지적商周之敵이 아닐까 한다. 양요번羊曜璠은 이렇게 말하였다.

"이는 안연지顏延之가 포조를 미워한 내용이다. 그래서 곧바로 휴포지론休鮑之論이 생겨난 것이다."*

강(康, 道猶上人)·백(帛, 釋 寶月) 두 호승胡僧도 역시 청수淸秀한 구절을 지은 것이 있다. 〈행로난行路難〉은 동양東陽 시곽柴廓이 지은 것이다. 보월寶月은 늘 시곽의 집에 머물러 쉬곤 하였다. 마침 시곽이 죽자 그를 틈타 시곽의 작품을 훔쳐 자신의 것으로 만들어 버렸다. 그런데 시곽의 아들이 베낀 시를 가지고 건강建康으로 가지고 가서 이 일로 송사를 벌일 참이었다. 그제서야 보월은 많은 뇌물을 주고 이 일을 저지시켰다.

齊惠休上人, 齊道猶猷上人, 齊釋寶月詩. 惠休淫靡, 情過 其才, 世遂匹之鮑照, 恐商周矣. 羊曜璠云:「是顏公忌照之文,

故立休鮑之論」康·帛二胡, 亦有淸句. 行路難是東陽柴廓
所造. 寶月嘗憩其家, 會廓亡, 因竊而有之. 廓子齎手本出都,
欲訟此事, 乃厚賂止之.

【淫靡】 유약하고 가벼움.
【商周】 서로 상대가 되지 않음을 뜻함. 商나라 紂王은 周나라 文·武에 대적
　되지 못하다의 뜻.《左傳》桓公 11년에 「師克在和, 不在衆, 商周之不敵, 君之
　所聞也」라 함. 여기서는 惠休의 詩가 鮑照의 상대될 수 없다는 뜻.
＊《南史》顔延之傳에 「延之薄湯惠休詩, 謂人曰:『惠休制作, 委巷中歌謠耳』」
　라 하여 안연지는 포조뿐 아니라 혜휴의 시도 폄훼하였음을 알 수 있다.
【康帛】 寶月의 俗姓이 康氏였음. 帛은 帛道猷. 따라서 이는 寶月과 道猷
　두 胡僧을 가리킴. 楊祖聿의《詩品校注》에 다음과 같이 고증함.
　古箋: 案: 權德輿送淸沇上人謁陸員外詩云: 「佳句已齊康寶月.」則寶月非姓
　庚也. 考漢沙門有康巨·康孟詳; 曹魏沙門有康僧鎧; 吳沙門有康僧會; 晉沙門
　有康法暢·康法邃·康僧淵. 高僧傳云: 「康僧會其先康居人; 康僧淵本西域人,
　生於長安, 貌雖梵人, 語實中國云云.」疑寶月卽僧會僧淵之族也. 康庚形近易誤,
　故康法暢世說新語亦誤爲庚法暢, 賴高僧傳可正也. 帛當爲帛. 曹魏沙門有帛延;
　吳沙門有帛僧光. 白居易東林山禪院記曰: 「初有羅漢僧西天竺人帛道猷居焉.」
　仲偉云: 「道猷胡人.」與梁人說合. 高僧傳云: 「吳人, 慮其先本胡人, 生於吳,
　遂爲吳人.」如康僧淵之例也. 許講疏則以爲「庚疑係寶月姓, 二胡猶言二釋子,
　蓋稱釋自道安起, 其前嘗有稱胡者.
【行路難】《玉臺新詠》권9에 寶月의〈行路難〉이 雜言詩로 실려 있음.
【建康】 東晉 및 南朝(宋, 齊, 梁, 陳)의 수도. 지금의 南京.

　　┌─────────────┐
　　│ 참고 및 관련 자료 │
　　└─────────────┘

1. 혜휴상인(惠休上人: ?)
俗性은 湯氏. 자는 茂遠. 글이 뛰어나 齊 世祖 蕭顧가 還俗을 권유, 揚州
刺史를 지냄. 五言詩 五首 등 11수가 전함.

(1)《宋書》徐湛之傳

時有沙門釋惠休, 善屬文, 辭采綺艷, 湛之與之甚厚, 世祖命還俗. 本姓湯, 位至揚州從事史.

(2)《隋書》經籍志

宋宛朐令湯惠休集三卷, 梁四卷.

(3) 惠休詩

◎〈怨詩行〉

明月照高樓, 含君千里光.

巷中情思滿, 斷絶孤妾賜.

悲風盪幃帳, 瑤翠坐自傷.

妾心依天末, 思與浮雲長.

嘯歌視秋草, 幽葉豈再揚.

暮蘭不待歲, 離華能幾芳.

願作長女引, 流悲繞君堂.

君堂嚴且秘, 絶調徒飛揚.

◎〈江南思〉

幽客海陰路, 留戍淮陽津.

垂情向春草, 知是故鄉人.

◎〈楊花曲〉三首

(其一)

葳㽔華結情, 宛轉風含思.

淹涕守春心, 折蘭還自遺.

(其二)

江南相思引, 多歎不成音.

黃鶴西北去, 銜我千里心.

(其三)

深隄下生草, 高城上入雲.

春人心生思, 思心長爲君.

2. 도유상인(道猶上人: ?)

南朝 齊나라의 僧. 道猷로도 쓰며 吳 땅 사람. 帛道猷라고도 함. 俗姓은 馮氏. 慧皎의《高僧傳》卷7에 傳이 있음.

(1) 慧皎《高僧傳》卷七

宋京師新安寺, 釋道猷, 吳人. 生公弟子. 文帝嘗問慧觀曰:「頓悟之義, 誰復

習之?」答云：「有生公□□□道猷.」卽勅臨川郡發□到京, 旣至, 延入宮門, 大集義僧, 命猷伸述□□□帝撫几稱快, 因語諸人曰：「生公孤情絶照, 猷公直轡獨上. 可謂克明師□, 無忝微音.」

(2)《詩紀》帛道猷小傳

本姓馮, 山陰人. 居若□□, 少以篇牘著稱. 性率素, 好丘壑, 一吟一詠, 有濠上之風.

(3)《漁洋詩話》

帛道猷宜在中品.

(4) 道猷上人詩

〈陵峯采藥觸興爲詩〉(□僧傳》卷七)

連峯數千里, 修林帶□□.

雲過遠山翳, 風至梗□□.

茅茨隱不見, 雞鳴知有人.

閒步踐其境, 處處見□□.

始知百代下, 故有上□□.

3. 석(釋) 보월(寶月: ?)

南朝 齊나라 때 승. 齊 武帝 때 人物로 音律에 밝았으며 현재 五言詩 4首 등 5수의 시가 전함.

(1)《樂府詩集》권48에 인용된《古今樂錄》

估客樂者, 齊武帝所作□□. 使樂府令劉瑤管絃被之敎習, 卒遂無成, 有人啓釋寶月, 善解音律. 帝使奏之, 旬日之中, 便就諧合. 寶月又上兩曲.

(2)《南史》권34 顏延之傳

顏延之每薄湯惠休詩, □人曰：「惠休制作, 委巷中歌謠耳.」

(3) 寶月詩

〈估客樂〉二首

(其一)

郎作十里行, 儂作九□送.

拔儂頭上釵, 與郎資路□.

(其二)

有信數寄書, 無信心相憶.

莫作瓶落井, 一去無消息.

少林寺〈達摩渡江圖〉ㅂ

049(下-16) 齊高帝, 齊(宋)征北將軍張永, 齊太尉王文憲詩
제 고제, 제 정북장군 장영, 제 태위 왕문헌의 시

　제齊나라 고제(高帝, 蕭道成), 제(齊, 宋) 정북장군征北將軍 장영(張永, 張景雲), 제齊 태위太尉 왕문헌(王文憲, 王儉)의 시이다.

　고제(高帝, 蕭道成)의 시는 문사가 조려藻麗하고 시의詩意가 깊다. 남긴 작품 수가 적다고 탓할 수 없다. 장영(張永, 張景雲)은 비록 문체가 충분히 갖추어지지는 않았다 해도 자못 고의古意가 있었다. 나의 스승이신 왕문헌(王文憲, 王儉)에 대하여 언급한다면 그는 이미 경국經國의 원대한 꿈을 가지고 있었지만* 문장에 대해서는 가끔 조충雕蟲에 빠졌다는 느낌이 난다.

　齊高帝, 齊宋征北將軍張永, 齊太尉王文憲詩. 齊高帝詩, 辭藻意深, 無所云少. 張景雲雖謝文體, 頗有古意. 至如王師文憲, 旣經國圖遠, 或忽是雕蟲.

【古意】 古體의 風格.
【王文憲】 王儉. 시호는 文憲. 鍾嶸의 스승.
＊《南史》鍾嶸傳에「嶸, 齊永明中爲國子生, 衛將軍王儉領祭酒, 頗賞接之」라 함. 《南齊書》王儉傳에「儉常謂欲, 唯以經國爲務, 車服塵素, 家無遺財, 手筆典裁,

爲當時所重. …… 儉常謂人曰: 『江左風流宰相, 唯有謝安.』蓋自比也. 世祖深
委仗之, 士流選用, 奏無不可」라 함.

【雕蟲】원래 西漢시대 八體 중의 하나인 蟲書. 섬세한 雕琢을 말하며 篆刻體의
일종. 여기서는 小技를 뜻함. (前出)

참고 및 관련 자료

1. 제(齊) 고제(高帝) 소도성(蕭道成: 427~482)
蕭道成. 자는 紹伯. 蘭陵 武進人. 宋을 섬겨 齊王에 봉해졌음. 뒤에 宋을
없애고 자립하여 南朝 齊나라의 황제가 됨. 재위 3년(479~482). 시호는
高皇帝. 《南齊書》권1 및 《南史》권4에 紀가 있음. 詩 二首가 전함.
(1) 《南齊書》高帝紀

　　太祖高皇帝諱道成, 字紹伯, 姓蕭氏, 小諱鬪將. 建元元年夏四月甲午, 上卽
　　皇帝位於南郊.

(2) 高帝詩

　　〈群鶴詠〉(《南史》苟伯玉傳)

　　八風儛遙翮, 九野弄淸音.

　　一摧雲間志, 爲君苑中禽.

2. 장영(張永: 410~475)
자는 景雲. 혹은 茂度. 吳郡 출신으로 벼슬이 征北將軍에 이름. 《宋書》권53
및 《南史》권31(張裕傳)에 기록이 있음.
(1) 《宋書》張茂度傳(略)

　　張茂度, 吳郡人. 子永, 字景雲. 初爲郡主簿州從事, 補餘姚令, 入爲尙書中
　　兵郎, 涉獵書史, 能爲文章. 後廢帝元徽二年, 遷使持節都督南兗徐靑冀益
　　五州諸軍事, 征北將軍, 南兗州刺史.

(2) 장영의 시는 전하는 것이 없음.

3. 왕문헌(王文憲, 王儉: 452~489)
자는 仲寶, 瑯琊 臨沂人. 豫章侯를 습봉했으며, 侍中尙書左鎭軍將軍의 벼슬을
지냄. 38세에 죽어 太尉에 추증됨. 시호는 文憲. 鍾嶸의 스승. 五言詩 5수 등
8수의 시가 남아 있음. 《南齊書》권23, 《南史》권22에 傳이 있음.

(1)《南齊書》王儉傳(略)

　　王儉, 字仲寶, 琅琊臨沂人也. 幼有神采, 專心篤學, 手不釋卷, 上表求校墳籍,
依七略撰七志四十卷, 上表獻之, 表辭甚典. 少有宰相之志, 物議咸相推許,
時大典將行, 儉爲佐命. 禮儀詔策, 皆出於儉. 褚淵爲制詔文, 使儉參治之.
薨, 追贈太尉, 諡文憲公. 儉寡嗜慾, 唯以經國爲務, 車服塵素, 家無遺財,
手筆典裁, 爲當時所重. 少撰古今喪服集記, 並文集, 行于世.

(2)《南史》王儉傳

　　嶸齊永明中, 爲國子生輔將軍, 王儉領齊酒, 頗賞拔之, 仲偉有知遇之感,
稱王師諡號, 而不名也.

(3)《隋書》經籍志

　　太尉王儉集五十一卷, 錄六十卷.

(4) 王儉詩

〈春日家園〉

　　徙倚未云莫, 陽光忽已－

　　羲和无停晷, 壯士豈淹－

　　冉冉老將至, 功名竟不－

　　稷契匡虞夏, 伊呂翼商－

　　撫窮謝先哲, 解綬歸山－

〈持鍾殺牛　　甘肅 嘉峪關 魏晉古墓 磚畫 1972

292 시품

050(下-17) 齊黃門謝超宗, 齊潯陽太守丘靈鞠,
齊給事中郎劉祥, 齊司徒長史檀超,
齊正員郎鍾憲, 齊諸曁令顏則(測),
齊秀才顧則心詩
제 황문 사초종, 제 심양태수 구령국,
제 급사중랑 유상, 제 사도장사 단초,
제 정원랑 종헌, 제 제기령 안칙,
제 수재 고칙심의 시

제齊나라 황문黃門 사초종謝超宗, 제齊 심양태수潯陽太守 구령국丘靈鞠, 제齊 급사중랑給事中郎 유상劉祥, 제齊 사도장사司徒長史 단초檀超, 제齊 정원랑正員郎 종헌鍾憲, 제齊 제기령諸曁令 안칙(顏則, 測), 제齊 수재秀才 고칙심顧則心의 시이다.

단초檀超, 사초종謝超宗 등 일곱 분은 모두가 안연지顏延之를 조祖로 삼아 답습하면서, 아주 즐거워하여 지칠 줄 몰랐으니 사대부로서의 아치雅致를 터득하였다고 하리라! 나의 종조從祖인 정원(正員, 鍾憲)께서 늘 이렇게 말씀하셨다.

"대명大明, 태시泰始 연간에 포조鮑照, 혜휴惠休가 아름다운 문장을 써서 이미 풍속을 격동시켰다."

당시 몇몇 사람들은 모두가 안연지, 육기陸機의 체에 매달렸다. 그러나 그렇게 고집스럽게 하였지만 그만 못하였다. 그 중에 안칙顏則은 안씨 집안의 명예를 짊어진 최고의 인물이었다.

齊黃門謝超宗, 齊潯陽太守丘靈鞠, 齊給事中郎劉祥, 齊司徒長史檀超, 齊正員郎鍾憲, 齊諸暨令顏則測, 齊秀才顏則心詩. 檀·謝七君, 並祖襲顏延, 欣欣不倦, 得士大夫之雅致乎! 余從祖正員嘗云:「大明·泰始中, 鮑·休美文, 殊已動俗」唯此諸人, 傳顏·陸體, 用固執不如顏. 諸暨最荷家聲.

【鍾憲】鍾嶸의 從祖. 正員郞 벼슬을 지냄.
【顔陸體】顏延之와 陸機의 體. 顏延之의 詩가 陸機에 근원을 두고 있으므로 이렇게 주장한 것임.

참고 및 관련 자료

1. 사초종(謝超宗: ?~483)
陳郡 陽夏人으로 謝靈運의 손자. 자는 幾卿. 학문이 깊고 文辭에 뛰어나 지명도가 높았다 함. 孝武帝가 그를 두고「超宗殊有鳳毛, 恐靈運復出」이라 하였음. 太祖 즉위 후 그를 黃門侍郎에 임명함. 전하는 시는 없으며《南齊書》권36,《南史》권19에 전이 있음.

(1)《南齊書》謝超宗傳
　　謝超宗, 陳郡陽夏人也. 祖靈運, 父鳳坐靈運事, 同徙嶺南, 早卒. 元嘉末, 超宗得還, 與慧休道人來往. 好學, 有文辭, 盛得名譽. 殷淑儀卒, 超宗作誄, 奏之. 帝大嗟賞曰:「超宗殊有鳳毛, 恐靈運復出.」太祖卽位, 轉黃門郎, 有司奏撰立郊廟歌, 敕何慎褚淵, 侍中謝朏, 散騎侍郎孔稚珪, 太學博士王咺之, 聰明學士劉融, 何法则, 何曇秀等十人並作, 超宗辭獨見用. 超宗輕慢, 王逡之奏超宗圖反, 徙越州賜自盡.

(2)《金樓子》
　　謝超宗是謝鳳之兒, 字幾卿, 中拜率更令.

2. 구령국(丘靈鞠: ?)
吳興 烏程人으로 生涯는 자세히 알 수 없으나 王儉과 동시대 인물로 보임. 그의 아들 丘遲는 中品에 실려 있음.〈龍威秘書本〉,〈李慶注本〉 등에는 邱靈鞠

으로 되어 있음. 시는 전하는 것이 없으며《南齊書》권52 文學傳과《南史》
권72 文學傳에 기록이 있음.

(1)《南齊書》文學傳

　　丘靈鞠, 吳興烏程人也. 少好學, 善屬文, 褚淵爲吳興, 謂人曰:「此郡才士,
　　唯有丘靈鞠及沈勃耳.」爲鎭南長史尋陽相, 遷長沙王車騎長史大中大夫卒.
　　著江左文章錄序, 起大興訖元熙, 文集行于世.

3. 유상(劉祥: ?)

자는 顯徵, 東莞 莒人. 생졸은 자세히 알 수 없으나 齊 武帝 永明 초에 39세로
죽음. 시는 전하는 것이 없으며《南齊書》권36,《南史》권15에 전이 있음.

(1)《南齊書》劉祥傳

　　劉祥, 字顯徵, 東莞莒人也. 少好文學, 性韻剛疏, 輕言肆行. 不避高下. 永明初,
　　遷長沙王鎭軍諮議參軍, 歷鄱陽王征虜豫章王大司馬諮議臨川王驃騎從事
　　中郞, 徙黃州, 不得意, 終日縱酒卒.

(2)《隋書》經籍志

　　梁有領軍諮議劉祥集十卷, 亡.

4. 단초(檀超: ?)

高平 金鄕人으로 자는 悅祖. 벼슬이 國子博士兼左丞에 오름. 齊 太祖의 사랑을
받아 뒤에 常侍, 司徒右長史 등을 지냄. 詩는 전하는 것이 없으며《南齊書》
권52 文學傳,《南史》권72 文學傳에 기록이 있음.

(1)《南齊書》文學傳

　　檀超, 字悅祖, 高平金鄕人. 少好文學, 放誕任氣. 自比晉郗超曰, 高平有二超,
　　覺我爲優. 仕宋至國子博士, 高帝賞愛之, 遷司徒右長史, 及置史官, 以超
　　與江淹同掌史職, 功未就卒. 詩今佚.

5. 종헌(鍾憲: ?)

鍾嶸의 從祖. 正員郞의 벼슬을 지냈으며 史書에 그에 관한 기록이 없음.
시 1수가 전함.

(1) 楊祖聿《詩品校注》注

　　案: 據此知憲爲鍾嶸之從祖, 官至正員郞, 史書未載其生平, 餘無可考索.
　　丁氏全齊詩卷四存鍾憲登郡峯標望海詩一首, 注云:「此詩見謝朓集題云:
　　『和劉西曹望海拾遺作鍾憲.』」

(2) 鍾憲詩

　　〈登群峰標望海詩〉(《謝朓集》에〈和劉西曹望海〉로 되어 있음.)

蒼波不可望, 望極與天平.

往往孤山映, 處處春雲生.

差池遠雁沒, 颯沓羣鳧驚.

囂塵及簿領, 棄捨出重城.

臨川徒可羨, 結網庶時營.

6. 안칙(顔則: ?)

史書에 전혀 기록이 없으며 顔測, 혹 顔惻이 아닌가 함. 顔測은 顔延年의 아들임.

(1) 汪中《詩品注》

古直曰: 案南史, 顔延之子測, 亦以文章見知, 官至江夏王義恭大司馬錄事參軍. 顔則或卽顔測, 故曰最荷家聲. 南史: 文帝嘗問顔延之:「卿諸子中誰有卿風?」答曰:「竣得臣筆, 測得臣文, 奐得臣義, 躍得臣酒.」

(2) 楊祖聿《詩品校注》

子竣, 竣弟惻(同書卷七十五顔竣傳及南史三十四顔延之傳皆作『測』), 亦以文章見知. 官至江夏王傅義恭大司徒錄事參軍, 蚤卒.(史末言顔測嘗爲諸暨令.)

(3)《隋書》經籍志

宋大司馬錄事顔測集十一卷. 注: 幷目錄.

7. 고칙심(顧則心: ?)

史書에 기록이 없어 생애를 자세히 알 수 없음. 顧惻心, 혹은 顧測心으로도 쓰며 시 1수가 전함.

(1) 楊祖聿《詩品校注》

案: 顧則心生年不詳. 丁氏全齊詩卷四存顧氏五言望廨前水竹詩一首, 注云:「何遜集載此詩, 題云:『望廨前水竹答崔錄事拾遺作, 顧則心.』」

(2) 顧則心詩

〈望廨前水竹詩〉(《何遜集》에 題望廨前水竹, 答崔錄事라 함.)

蕭蕭叢竹映, 澹澹平湖頭.

葉倒漣漪文, 水漾檀欒幽.

相思不會面, 相望空延頸.

遠天去浮雲, 長墟斜落照.

幽痾與歲積, 賞心隨日留.

鄕念一邅迴, 白髮生我頭.

051(下-18) 齊參軍毛伯成, 齊朝請吳邁遠,
齊朝請許瑤之詩
제 참군 모백성, 제 조청 오매원,
제 조청 허요지의 시

제齊나라 참군參軍 모백성毛伯成, 제齊 조청朝請 오매원吳邁遠, 제齊 조청朝請
허요지許瑤之의 시이다.

모백성毛伯成의 문장은 결코 모두 훌륭한 작품은 아니며, 게다가 추창
惆悵의 표현이 많다. 오매원吳邁遠은 악부체樂府體로 쓴 증답시贈答詩에 뛰어
났다.* 허요지許瑤之는 단구短句의 영물시詠物詩에 장기를 보였다.** 탕휴(湯休,
惠休)가 오매원에게 이렇게 일렀다.

"나의 시는 너의 시에 아버지뻘이 되겠도다."

그리고 탕휴가 사광록(謝光祿, 謝莊)을 찾아가 그 이야기를 전하자 사광록은
이렇게 말하였다.

"그렇지 않다. 탕휴, 너는 그의 서형庶兄쯤 될 뿐이다."

齊參軍毛伯成, 齊朝請吳邁遠, 齊朝請許瑤之詩. 伯成
文不全佳, 亦多惆悵. 吳善於風人答贈. 許長於短句詠物.
湯休謂遠云:「吾詩可爲汝詩父」以訪謝光祿, 云:「不然爾,
湯可爲庶兄」

＊《玉臺新詠》에 吳邁遠의 〈擬古有詩〉 4수가 전하며 贈答의 형식을 취하고 있음.

【朝請】 벼슬 이름.

＊＊ 許瑤之의 〈詠柟榴枕詩〉 를 두고 한 말이다.

【湯休】 惠休. 俗姓이 湯氏임.(前出)

참고 및 관련 자료

1. 모백성(毛伯成: ?)

毛玄. 자는 伯成. 潁川人으로 征西行軍參軍을 지냄. 기타 자세한 사적은 알 수 없으며《世說新語》에 일부 기록이 있음.

(1)《世說新語》言語篇 원문 및 注

　　毛伯成旣負其才氣, 常稱爲蘭摧玉折, 不作蕭敷艾榮. 注에「征西寮屬名曰: 毛玄字伯成, 潁川人. 仕至征西行軍參軍」이라 함.

(2)《隋書》經籍志

　　晉毛伯成集一卷. 又云: 毛伯成詩一卷. 注: 伯成, 東晉征西將軍.

2. 오매원(吳邁遠: ?)

江州從事를 지냈으며 字나 행적은 알 수 없음.《南史》권72 文學傳의 檀超傳에 부록으로 약간의 기록이 있음. 五言詩 11수 등 모두 12수가 전함.

(1)《南史》檀超傳

　　有吳邁遠者, 好爲篇章. 宋明帝聞而召之, 及見, 曰:「此人連絶之外, 無所復有.」邁遠好自誇, 而好鄙他人, 每作詩, 得稱意, 輒擲地呼曰:「曹子建何足數哉.」超聞而笑曰:「劉季緒才不逮於作者, 而好抵訶人文章, 季緒瑣瑣, 焉足道哉. 至於邁遠, 何爲者乎.」

(2)《隋書》經籍志

　　宋江州從事吳邁遠集一卷. 注: 殘缺. 梁八卷, 亡.

(3) 吳邁遠 詩

◎〈飛來雙白鵠〉

　　可憐雙白鵠, 雙雙絶塵氛.

　　連翻弄光景, 交頸遊香芬.

　　逢羅復逢繳, 雄雌一旦分.

　　哀聲流海曲, 孤叫出江濆.

豈不慕前侶, 爲爾不及羣.

步步一零淚, 千里猶待君.

樂哉新相知, 悲來生別離.

持此百年命, 共逐寸陰移.

譬如空山草, 零落心自知.

◎〈長想思〉

晨有行路客, 依依造門端.

人馬風塵色, 知從河塞還.

時我有同棲, 結宦游邯鄲.

將不異客子, 分饑與共寒.

煩君尺帛書, 寸心從此彈.

遣妾長憔悴, 豈復歌笑顏.

簷隱千霜樹, 庭枯十載蘭.

經春不舉袖, 秋落寧復看.

一見願道意, 君門已九關.

虞卿棄相印, 擔簦爲同歡.

閨陰欲早霜, 何事空盤桓.

◎〈古意贈今人〉(혹은 鮑令暉의 시라고도 함)

寒鄉無異服, 氈褐代文練.

日月望君歸, 年年不改綖.

荊揚春早和, 幽冀猶雪霰.

北寒妾已知, 南心君不見.

誰爲道辛苦, 寄情雙飛燕.

形迫杼煎絲, 顏落風催電.

容華一朝改, 惟餘心不變.

◎〈櫂歌行〉

十三爲漢使, 孤劍出皋蘭.

西南窮天險, 東北畢地關.

岷山高以峻, 燕水清且寒.

一去千里孤, 邊馬何時還.

遙望烟嶂外, 障氣鬱雲端.

始知身死處, 平生從此殘.

3. 허요지(許瑤之: ?)

생애나 사적을 알 수 없음. 현재 五言詩 3수가 전함. 다른 판본에는 許瑤로도
되어 있음.

(1) 楊祖聿《詩品校注》

案: 許瑤之, 史籍闕載. 生平年里俱不詳. 丁氏全宋詩卷五存許瑤之詩三首.
注云:「宋刻玉臺目錄作許瑤之, 而題作許瑤. 按: 詩品齊有許瑤之, 則題
爲誤脫. 今從目錄補「之」字.」全宋詩收許瑤之五言二首, 誤,「二首」當作
「三首」, 計「擬自君之出矣」・「詠紵榴枕」・「閨婦答鄰人」. 或曰「擬自君之出矣」
係宋孝武帝詩.

(2) 許瑤之詩

◎〈詠紵榴枕詩〉(《玉臺新詠》)

　　端木生河側, 因病遂成姝.

　　朝將雲鬢別, 夜與蛾眉連.

◎〈閨婦答鄰人詩〉

　　昔如影與形, 今如胡與越.

　　不知行遠近, 忘却離年月.

〈採桑圖〉 甘肅 嘉峪關 魏晉古墓 磚畫 1972

052(下-19) 齊鮑令暉, 齊韓蘭英詩
제 포령휘, 제 한난영의 시

제齊나라 포령휘鮑令暉, 제齊 한난영韓蘭英의 시이다.

포령휘鮑令暉의 시는 가끔 참절청교嶄絶淸巧한 데가 있다. 그는 특히 의고시擬古詩에 뛰어났으나 다만 〈백원百願〉 시는 잡란하다. 포조鮑照는 송宋 효무제孝武帝에게 보낸 답장에 이렇게 말하였다.

"제 여동생의 그 재주가 좌분左芬만 못함은 저의 재능이 좌사左思에 미치지 못함과 같습니다."

한난영韓蘭英의 시는 기밀綺密하며 널리 알려진 작품도 있다. 게다가 담소談笑에 뛰어나 제齊 무제武帝가 한난영에게 이렇게 말하였다.

"가령 그대 두 여자가 전대前代에 태어났더라면 〈옥계玉階〉의 부賦나 〈환소紈素〉같은 시가 그렇게 칭찬을 받지 못하였을 것이로다."

齊鮑令暉, 齊韓蘭英詩. 令暉歌詩, 往往嶄絶淸巧, 擬古尤勝, 唯百願淫雜矣. 照嘗答孝武云:「臣妹才自亞於左芬, 臣才不及太沖爾.」蘭英綺密, 甚有名篇, 又善談笑. 齊武謂韓云:「借使二媛生於上葉, 則玉階之賦, 紈素之辭, 未詎多也.」

【嶄絶淸巧】 참절은 嶄新하여 凡俗을 뛰어넘었다는 뜻. 淸巧는 깨끗하면서 섬세함을 뜻함.

【擬古詩】 포령휘는 〈擬客從遠方來〉, 〈擬靑靑河畔草〉 등 古詩를 의고한 작품이 뛰어남.

【百願】 明鈔本 《詩品》에는 이 구절이 「唯百韻淫雜矣」로 되어 있음. (吟窓本도 같음) 한편 〈百願〉은 詩의 제목인 듯하나 확실치 않음. 汪中 《詩品注》에는 「許文雨曰: 聞黃季剛先生有云: 鮑之有願, 係一詩題. 其大意近淫, 故云淫矣. 謹案: 百願如係詩題, 則東上句言之. 定是擬古之作」이라 함.

【孝武帝】 南朝 宋의 황제 劉駿. 재위는 454~464년.

【左芬】 晉나라 때 左恩의 누이로 詩에 뛰어나 晉武帝의 貴嬪이 된 여자.

【玉階】 漢 班婕妤가 東宮에 물러나 있을 때 「華殿塵兮今玉階苔」라는 글을 읊었음.

【紈素】 班婕妤의 〈團扇詩〉를 가리킴. 003참조.

참고 및 관련 자료

1. 포령휘(鮑令暉: ?)

鮑照의 여동생. 《香茗賦集》을 남겼음. 현재 五言詩 7首가 전함.

(1) 《玉臺新詠》 卷4에 인용된 〈小名錄〉

　　鮑照, 字明遠; 妹字令暉. 有才思, 亞於明遠. 著香茗賦, 集行于世.

(2) 鮑令暉詩

◎〈擬靑靑河畔草〉

　　裊裊臨窗竹, 藹藹垂門桐.
　　灼灼靑軒女, 泠泠高堂中.
　　明志逸秋霜, 玉顔掩春紅.
　　人生誰不別, 恨君早從戎.
　　鳴弦慙夜月, 紺黛羞春風.

◎〈擬客從遠方來〉

　　客從遠方來, 贈我漆鳴琴.
　　木有相思文, 絃有別離音.

終身執此調, 歲寒不改心.

願作陽春曲, 宮商長相尋.

◎〈題書後寄行人〉(《樂府詩集》作自君之出矣)

自君之出矣, 臨軒不解顏.

砧杵夜不發, 高門晝長關.

帳中流燿燿, 庭前華紫蘭.

物枯識節異, 鴻來知客寒.

游用暮冬盡, 除春待君還.

2. 한난영(韓蘭英: ?)

여류시인. 吳郡人. 宋 孝武帝 때 〈中興賦〉를 지어 入宮함. 宋 明帝때 宮中職僚가
되었으며 世祖 때는 博士가 됨. 「韓公」으로 불렸고 시 1수가 전함.

(1)《南齊書》권20　武穆裴皇后傳

吳郡韓蘭英, 婦人, 有文辭. 宋孝武世, 獻中興賦, 被賞入宮. 明帝世, 用爲
宮中職僚. 世祖以爲博士, 教六宮書學. 以其年老多識, 呼爲韓公.

(2)《金樓子》箴戒篇

齊鬱林王初欲廢明帝, 其文則內博士韓蘭英所作也. 又齊鬱林王時, 有顏氏
女夫嗜酒, 父母奪之入宮爲列識, 帝以春夜, 命後宮司儀韓蘭英爲顏氏賦詩
曰:「絲竹猶在御, 愁人獨向隅. 棄置將已矣, 誰憐微薄軀.」帝乃還之.

(3)《隋書》經籍志

梁有宋後宮司儀韓蘭英集四卷, 亡.

(4) 韓蘭英詩

〈爲顏氏賦詩〉(위의《金樓子》箴戒篇)

絲竹猶在御, 愁人獨向隅.

棄置將已矣, 誰憐微薄軀.

053(下-20) 齊司徒長史張融, 齊詹事孔稚珪詩
제 사도장사 장융, 제 첨사 공치규의 시

제齊나라 사도장사司徒長史 장융(張融, 張思光), 제齊 첨사詹事 공치규(孔稚珪, 孔德璋)의 시이다.

장융(張融, 張思光)의 시는 우완탄방紆緩誕放하다. 비록 문체를 얼그러지게 지어 상규常規에 어긋나지만 역시 민첩하고 풍요로워 국촉局促함이 거의 없다. 공치규(孔稚珪, 孔德璋)는 봉계령(封谿令, 張融)의 문하생이었지만 그 문장은 더욱 조탁과 수식이 뛰어났으니 이를 두고 '푸른색이 쪽풀보다 더하다'라는 것이리라.

齊司徒長史張融, 齊詹事孔稚珪詩. 思光紆緩誕放, 縱有乖文體, 然亦捷疾豐饒. 差不局促. 德璋生於封谿, 而文爲雕飾, 靑於藍矣.

【紆緩誕放】紆緩은 굴곡이 완만한 모습, 쌍성연면어. 誕放은 放誕과 같음. 제멋대로 하여 구속이 없음을 뜻함.
【局促】급히 굴어 촉급한 모습. 첩운연면어. 侷促으로도 씀.
【詹事】벼슬 이름.
【封谿】張融은 封谿令을 역임했으며 孔稚珪가 그에게 배웠음. 봉계는 지명,

封溪로도 씀.

【靑於藍】제자가 스승보다 낫다는 뜻. 쪽색은 쪽풀에서 취하지만 그 쪽풀보다 더 푸르다는 말에서 온 것.《荀子》勸學篇에「靑, 取之於藍, 而靑於藍」이라 함.

참고 및 관련 자료

1. 장융(張融: 444~497)

자는 思光. 吳郡人. 新安王參軍을 거쳐 封谿令, 儀曹郎 등을 역임함. 다시 齊高帝가 즉위하자 司徒兼右長史에 오름. 五言詩 3수 등 4수의 시가 전하며,《南齊書》권41,《南史》권32에 전이 있음.

(1)《南齊書》張融傳

張融, 字思光, 吳郡吳人也. 年弱冠, 道士同郡陸修靜以白鷺羽塵尾扇遺融曰:「此旣異物, 以奉異人.」宋孝武聞融有早譽, 敍以佳祿, 出爲封溪令, 廣越嶂嶮, 獠賊執融, 異之而不害也. 融家貧願祿, 與從叔征北將軍永書, 聞南康缺守, 願得爲之. 永明八年, 遷司徒右長史, 建武四年卒. 年五十四歲, 名所著集爲玉海. 褚淵嘗問玉海之義, 曰:「玉以比德, 海崇上善.」齊高帝愛之嘗曰:「此人不可無一, 不可有二.」

(2)《隋書》經籍志

齊司徒長史張融集二十七卷. 注: 梁十卷. 又張融玉海集十卷, 亡.

(3) 張融詩

◎〈憂旦吟〉

鳴琴當春夜, 春夜當鳴琴.
羈人不及樂, 何似千里心.

◎〈別詩〉

白雲山上盡, 淸風松下歇.
欲識離人愁, 孤臺見明月.

2. 공치규(孔稚珪: 447~501)

자는 德璋. 會稽 山陰人. 齊나라 高帝 때 驃騎가 되었으며 建武 때 冠軍將軍, 太子詹事, 散騎常侍가 됨. 〈北山移文〉이 유명함.《南齊書》권48 및《南史》권49에 전이 있으며 현재 五言詩 3수가 전함.

(1)《南齊書》孔稚珪傳 (《南史》에는 孔珪로 되어 있음)

　　孔稚珪, 南史作孔珪. 字德璋, 會稽山陰人也. 少博學, 有美譽, 太守王僧虔見而
重之, 引爲主簿. 太祖爲驃騎. 以稚珪有文翰, 取爲記室參軍, 與江淹對掌辭筆,
風韻淸疏, 好文詠, 不綬世務, 憑几獨酌, 飮酒七八斗. 門庭之內, 草萊不翦,
中有蛙鳴, 嘗笑謂客曰:「我以此當兩部鼓吹.」與外見張融情趣相得, 永元
元年, 爲都官尙書, 遷太子詹事. 卒贈光祿大夫. 永元三年卒, 年五十五歲.

(2)《隋書》經籍志

　　齊金紫光祿大夫孔稚珪集十卷.

(3) 孔稚珪詩

◎〈白馬篇〉

　　驥子跼且鳴, 鐵陳與雲平.
　　漢家嫖姚將, 馳突匈奴庭.
　　少年鬪猛氣, 怒髮爲君征.
　　雄戟摩白日, 長劍斷流星.
　　早出飛狐塞, 晩泊樓煩城.
　　虜騎四山合, 胡塵千里驚.
　　嘶笳振地響, 吹角沸天聲.
　　左碎呼韓陣, 右破休屠兵.
　　橫行絶漠表, 飮馬瀚海涯.
　　隴樹枯無色, 沙草不常靑.
　　勒石燕然道, 凱歸長安亭.
　　縣官知我健, 四海誰不傾.
　　但使强胡滅, 何須甲第成.
　　當今丈夫志, 獨爲上古英.

◎〈旦發靑林〉

　　孤征越淸江, 遊子悲路長.
　　二旬倏已滿, 三千眇未央.
　　草雜今古色, 巖留冬夏霜.
　　寄懷中山舊, 擧酒莫相忘.

◎〈遊太平山〉

　　石險天貌分, 林交日容缺.
　　險澗落春榮, 寒巖留夏雪.

054(下-21) 齊寧朔將軍王融, 齊中庶子劉繪詩
제 영삭장군 왕융, 제 중서자 유회의 시

제齊나라 영삭장군寧朔將軍 왕융(王融, 王元長)·제齊 중서자中庶子 유회(劉繪, 劉士章)의 시이다. 원장王融과 사장劉繪 두 사람은 모두가 재능이 있었고＊ 그들의 문사는 아름답고 영정英淨하였다. 오언시에 있어서는 거의 「척유소단 尺有所短」이라 할 수 있다. 비유컨대 변화에 대응하여 채략을 세우는 것은 무후(武侯, 諸葛亮)라 해도 항상 능하였던 것은 아니었으며 그것 때문에 그 와룡선생(臥龍先生, 諸葛亮)을 폄훼할 수 없는 것과 같다.

齊寧朔將軍王融, 齊中庶子劉繪詩. 元長·士章並有盛才, 詞美英淨. 至於五言之作, 幾乎尺有所短, 譬應變將略, 非武侯所長, 未足以貶臥龍.

＊《南齊書》王融傳에 「融少而神明警惠, 博涉有文才, ……上幸芳林園禊宴朝臣, 使融爲〈曲水詩序〉, 文藻富麗, 當世稱之」라 하였고, 같은《南齊書》劉繪傳 에는 「繪聰警有文義, 善隸書, 數被賞召, 進對華敏, ……永明末, 京邑人士盛 爲文章談義, 皆湊竟陵王西邸. 繪爲後領袖, 機悟多能. 時張融·周顒幷有言工, 融音旨緩韻, 顒辭政綺捷, 繪之言吐, 又頓挫有風氣. 時人爲之語曰:『劉繪貼宅, 別開一門』言在二家之中也」라 함.

【英淨】빛나고 깨끗함. 첩운연면어로 쓰였음.

【尺有所短】사람마다 長短이 있어 일괄적으로 평가하기는 어렵다는 뜻. 《楚辭》卜居에 「尺有所短, 寸有所長」이라 함.

【武侯】諸葛亮. 武鄕侯에 봉해져 武侯라 칭함. 《三國志》 蜀志 諸葛亮傳에 「連年動衆, 未能成功. 蓋應變將略, 非其所長歟! ……徐庶謂先主曰: 『諸葛孔明, 臥龍也.』」라 함.

참고 및 관련 자료

1. 왕융(王融: 468~494)

자는 元亮. 瑯琊 臨沂人. 王僧達의 손자이며 王儉의 조카. 秀才로 천거되어 晉安王의 南中郎參軍이 됨. 그 뒤 晉陵王의 司徒法曹參軍. 中書郎兼主客郎이 됨. 竟陵王 蕭子良이 다시 그를 寧朔將軍軍主로 삼음. 《南齊書》권47, 《南史》권21에 傳이 있음.

(1) 《南齊書》王融傳

王融, 字元長, 瑯琊臨沂人也. 王僧達之孫, 少而神明警惠, 受母敎, 博涉有文才. 擧秀才, 爲太子舍人. 以父官不通, 弱年便欲紹興家業, 啓世祖求自試, 世祖幸芳林園, 禊宴朝臣, 融爲曲水詩序, 文藻富麗. 嘗使房景高曰: 「此製勝於顔延年.」 竟陵王子良. 加寧翔將軍, 世祖疾篤, 融欲立竟陵王, 深爲鬱林王所嫉, 鬱林卽位, 收融賜死獄中.

(2) 《漁洋詩話》

王融宜在中品.

(3) 《南史》王融傳

王融有才俊, 自謂無對.

(4) 《隋書》經籍志

齊中書郎王融集十卷.

(5) 王融詩

◎〈淥水曲〉

湛露改寒司, 交鶯變春世.

瓊樹落晨紅, 瑤塘水初淥.

日霽沙漵明, 風泉動華燭.

遵渚泛蘭艭, 乘漪弄淥曲.

斗酒千金輕, 寸陰百年後.

何用盡歡娛, 王度式如玉.

◎〈靑靑河畔草〉

容容寒煙起, 翹翹望行子.

行子殊未歸, 窟寐君容輝.

夜中心愛促, 覺後阻河曲.

河曲萬里餘, 情交襟袖疎.

珠露春華返, 璿霜秋照晚.

入室怨蛾眉, 情歸爲誰娩.

◎〈同沈右率諸公賦鼓吹曲巫山高〉

想像巫山高, 薄暮陽臺曲.

煙霧乍舒卷, 蘅芳時斷續.

彼美如可期, 寤言紛在矚.

憮然坐相思, 秋風下庭綠.

◎〈法樂辭〉12수 중 6수

1)〈靈瑞〉

百神肅以虔, 三靈震且越.

恆曜搶芳宵, 薰風鏡蘭月.

丹榮藻玉墀, 翠羽文珠闕.

皓毳非虛來, 交輪豈徒發.

2)〈下生〉

韶年春已仲, 明星夜未央.

千祀鍾休曆, 萬國會嘉祥.

金容涵夕景, 翠鬢佩晨光.

表塵維淨覺, 汎俗迺輪皇.

3)〈出國〉

飛策辭國門, 端儀偃郊樹.

慈愛徒相思, 閨中空戀慕.

夙隸乖往塗, 駿足獨歸路.

擧袂謝時人, 得道且還去.

4)〈雙樹〉

亭亭雙月流, 朏朏晨霜結.

川上不徘徊, 條間亟淪滅.
靈知湛常然, 符應有盈缺.
感運復來儀, 且厭人間世.

5) 〈賢衆〉
春山玉所府, 檀林芳所棲.
引火歸炎燧, 挹水自清陂.
菴園無異轍, 祇館有同蹊.
比肩非今古, 接武豈燕齊.

6) 〈供具〉
峻宇臨層穹, 苕苕疎遠風.
騰芳清漢裏, 響梵高雲中.
金華紛苒若, 瓊樹鬱青蔥.
貞心延淨境, 邃業刷天宮.

◎〈寒晚敬和何徵君點〉
疎酌候冬序, 開琴改秋律.
如何將暮天, 復値西歸日.
搖落迎軒牖, 飛鳴亂緗帙.
煙灌共深陰, 風篁兩蕭瑟.
虛堂無笑語, 懷君首如疾.
早輕北山賦, 晚愛東皐逸.
上德可潤身, 下澤有餘轍.

◎〈古意〉
霜氣下孟津, 秋風度函谷.
念君淒已寒, 當軒卷羅縠.
纖手廢裁縫, 曲鬢罷膏沐.
千里不相聞, 寸心鬱氤氳.
況復飛螢夜, 木葉亂紛紛.

◎〈遊仙詩〉五首
(其一)
桃李不奢年, 桑榆多暮節.
常恐秋蓬根, 連翩因風雪.
習道遍槐坻, 追仙度瑤碣.

綠帙啓眞詞, 丹經流妙說.
長河且已縈, 曾山方可礪.
(其二)
獻歲和風起, 日出東南隅.
鳳旍亂煙道, 龍駕溢雲區.
結賞自員嶠, 移讌乃方壺.
金戹浮水翠, 玉羾挹泉珠.
徒用霜露改, 終然天地俱.
(其三)
命駕瑤池隈, 過息嬴女臺.
長袖何靡靡, 簫管清且哀.
璧門涼月舉, 珠殿秋風廻.
青鳥鶱高羽, 王母停玉杯.
舉手暫爲別, 千年將復來.
(其四)
湘沅有蘭芷, 汨余欲南征.
遺珮出長清, 舉袂望增城.
朱霞拂綺樹, 白雲照金楹.
五芝多秀色, 八桂常冬榮.
弭節且夷與, 參差聞鳳笙.
(其五)
命駕隨所卽, 燭龍導輕鑣.
沙澤振寒草, 弱水駕冰潮.
遠翔馳聲響, 流雪自飄飄.
忽與若士遇, 長舉入雲霄.
羅繹徒有眄, 蟭螟已寥寥.
◎〈臨高臺〉
游人欲騁望, 積步上高臺.
井蓮當夏吐, 窗桂逐秋開.
花飛低不入, 鳥散遠時來.
還望雲棟影, 含月共徘徊.

◎〈餞謝文學離夜〉

　　所知共歌笑, 誰忽別笑歌.

　　離軒思黃鳥, 分渚蔑青花.

　　翻情結遠斾, 灑淚與行波.

　　春江夜明月, 還望情如何.

◎〈琵琶〉

　　抱月如可明, 懷風殊復清.

　　絲中傳意緒, 花裏寄春情.

　　掩抑有奇態, 淒鏘多好聲.

　　芳袖幸時拂, 龍門空自生.

2. 유회(劉繪: 458~502)

자는 士章. 彭城人. 齊 高帝 때 行參軍을 거쳐 中書郎을 역임함. 竟陵王 때 後進의 領袖가 됨. 高宗이 즉위하자 寧朔將軍에 올랐음. 梁 武帝(蕭衍)가 거병하자 조정에서 그를 持節督四州軍事로 삼기도 함. 45세에 죽었으며 《南史》 권39에 傳이 있음. 五言詩 8首가 전함.

(1)《南齊書》劉繪傳

　　劉繪, 字士章, 彭城人. 父勔, 宋末權貴, 門多賓客. 繪應對流暢, 勔喜曰: 「汝後若束帶立朝, 可與賓客言矣.」 性機悟. 高宗卽位, 遷太子中庶子, 母喪去官, 接喪墓下三年, 食麤糲, 服闋, 轉大司馬從軍中郎. 中興二年卒, 四十五歲.

(2)《南史》劉繪傳

　　繪麗雅有風.

(3)《隋書》經籍志

　　梁國從事中郎劉繪集十卷.

(4)劉繪詩

◎〈同沈右率諸公賦鼓吹曲〉二首

　1)〈巫山高〉

　　　　高唐與巫山, 參差鬱相望.

　　　　灼爍在雲間, 氛氳出霞上.

　　　　散雨收夕臺, 行雲卷晨障.

　　　　出沒不易期, 嬋娟以惆悵.

2) 〈有所思〉

別離安可再, 而我更重之.

佳人不相見, 明月空在帷.

共銜滿堂酌, 獨歆向隅眉.

中心亂如雪, 寧知有所思.

◎〈餞謝文學離夜〉

汀洲千里芳, 朝雲萬里色.

悠然在天隅, 之子去安極.

春潭無與窺, 秋臺誰共陟.

不見一佳人, 徒望西飛翼.

055(下-22) 齊僕射江祏詩
제 복야 강석의 시

제齊나라 복야僕射 강석江祏의 시이다. 강석의 시는 의의청윤猗猗淸潤
하며 그 아우 강사江祀의 시는 명미가회明靡可懷하다.

齊僕射江祏詩. 祏詩猗猗淸潤. 弟祀, 明靡可懷.

【僕射】벼슬 이름.
【猗猗】아름답고 우뚝한 모습. 《詩經》衛風 淇奧에「瞻彼淇奧, 綠竹猗猗」
라 함.
【明靡】아름답고 화려함. 쌍성연면어로 쓰였음.

[참고 및 관련 자료]

1. 강석(江祏: ?~499)과 강사(江祀: ?)

강석의 자는 弘業. 濟陽 考城人. 永泰 元年에 侍中中書令이 되었다가 다시
右僕射에 오름. 일부 판본에 江祐로 잘못된 것도 있음. 전하는 시가 없으며
《南齊書》권42 및《南史》권47에 전이 있음. 그의 아우 江祀 역시 전하는
시가 없음. 두 형제는 遙光 옹립에 가담하였다가 함께 죽임을 당함.

(1)《南齊書》江祏傳

　　江祏, 字弘業, 濟陽考城人也. 永泰元年, 祏爲侍中書郎令. 上崩, 遺詔轉右
　　僕射. 弟祀, 字景昌, 歷晉安王鎭北長史, 南東海太守行府州事. 祀以少主
　　難保, 勸祏立遙光, 事覺. 祏祀同日見殺.

(2) 楊祖聿《詩品校注》

　　夷門廣牘本, 吟窗雜錄本, 顧氏文房小說本, 漢魏叢書本, 續百川學海本,
　　說郛本, 詩觸本, 螢雪軒本「祐」並誤作「祐」. 對雨樓本, 擇是居本, 梁文紀本,
　　歷大詩話本, 古箋本, 陳注本, 許講疏本, 葉集釋本, 李彙注本, 車校證本,
　　並作「祏」. 作「祏」爲是.

(3) 江祏. 江祀의 시는 전하는 것이 없음.

056(下-23) 齊記室王巾(中), 齊綏建太守卞彬,
齊端溪令卞錄(鑠)詩

제 기실 왕건, 제 수건태수 변빈,
제 단계령 변록의 시

제齊나라 기실記室 왕건(王巾, 王中), 제齊 수건태수綏建太守 변빈卞彬, 제齊
단계령端溪令 변록(卞錄, 卞鑠)의 시이다.

왕건(王巾, 王中)과 이변(二卞: 卞彬, 卞錄, 卞鑠)은 모두가 기이함과 참절嶄絶
함을 좋아하였으며 원언백(袁彦伯, 袁宏)의 시풍을 흠모하였다. 비록 기상이
굉장하거나 특출하지 못하였지만 문체는 깎은 듯이 깨끗하여 평미平美한
맛은 훨씬 뛰어넘어 있었다.

齊記室王巾少, 齊綏建太守卞彬, 齊端溪令卞錄鑠詩.
王巾少, 二卞詩竝愛奇嶄絶, 慕袁彦伯之風. 雖不宏綽,
而文體勦淨, 去平美遠矣.

【嶄絶】참신하고 빼어남.
【宏綽】宏大하면서 뛰어남.
【勦淨】剿淨과 같음. 깎은 듯이 簡明함.

참고 및 관련 자료

1. 왕건(王巾: ?~505)

판본에 따라서는 왕좌(王屮), 왕철(王屮)로 된 것도 있음. 자는 簡栖, 瑯琊 臨沂人. 자세한 사적은 알 수 없으며 朔州從事, 征南記室 등을 지냈다 함.

(1) 楊祖聿《詩品校注》(이름 표기에 관한 것)

全梁文本作「屮」, 今傳詩品各本並誤「屮」爲「巾」, 今逕改. 許講疏引文選筆記: 「嘉德安徐楚金說文通釋云:『屮从丨, 引而上行, 屮始脫荂甲, 未有歧根. 齊有輔國錄事參軍王屮, 字簡棲, 作武昌頭陀寺碑, 見稱于世.』今各本作 王巾, 字之誤耳. 胡云:『何校巾改屮. 陳云:『巾, 屮誤. 通釋作王屮, 音徹, 俗作巾非.』嘉德又考何氏讀書記則又云:『簡栖之名當作屮, 古文左字也. 案古文左篆作屮, 玉篇作屮, 卽屮字. 說文:屮, 手也. 今字作左, 此今之左右 字也. 不與屮篆同.』然則簡栖之名, 依小徐說, 當是屮字. 義門又以爲名丬, 或形相似而舛誤, 當再考.」

車校證:「全梁文本『巾』作『屮』, 下『巾』子同. 葉長靑云:『何焯曰「簡栖之 名當作屮, 古文左字也.」』陳石遺先生曰『屮, 音憂.』安古文左字, 則字當作 『丬』, 又不當音憂. 說文段注丬音『藏可切』, 屮音『丑例切』, 陳氏音憂乃屮字, 非古文左字. 當從何說作丬爲是. 又據困學紀聞三十云『王巾, 字簡栖, 作頭 陀寺碑, 說文通釋以爲「王屮.」則『巾』字之誤由來久矣.」

(2) 汪中《詩品注》

文選注引姓氏英賢錄: 王屮, 字簡栖, 瑯琊臨沂人. 有學業, 爲頭陀寺碑, 文詞巧麗, 爲世所重. 起家郢州從事征南記室, 天監四年卒. 葉長靑曰: 何焯 曰: 簡栖之名當作屮, 古文左字也. 陳石遺先生曰: 屮, 音憂. 說文段注, 丬音藏可切. 屮音丑例切. 困學紀聞, 王巾, 字簡栖, 作頭陀寺碑. 說文通釋作 王屮. 巾字之誤, 由來已舊.

(3《隋書》經籍志

梁有王屮集十一卷, 亡.

2. 변빈(卞彬: ?)

자는 士蔚. 濟陰 宛句人. 南康郡丞, 綏建太守 등을 지냈음.《南齊書》권52 文學傳,《南史》권72 文學傳에 傳이 있음. 현재 七言詩〈自爲童謠〉1首만 전함.

(1)《南齊書》文學傳

卞彬, 字士蔚, 濟陰冤句人也. 才操不羣, 文多指斥. 頗飮酒, 擯棄形骸作蚤
虱賦, 什物多諸詭異, 自稱卞田居婦. 永元中, 爲平越長史, 綏建太守, 卒官.
彬又目禽獸云:「羊性淫而狠, 豬性卑而率, 鵝性頑而傲, 狗性險而出.」皆指
斥貴勢. 其蝦蟆賦云:「紆靑拖紫, 名爲蛤魚.」世謂比令僕也. 又云:「科斗
唯唯, 羣浮闇水, 維朝繼夕, 吏役如鬼.」比令史諮事也. 文章傳於閭巷.

(2) 卞彬의 詩는《南史》卞彬傳에 散句와 일화가 전함.《詩品校注》에 許氏
講疏를 인용하여 다음과 같이 설명함.

許講疏:「王巾爲頭陀寺碑文, 詞甚巧麗, 爲世所重. 其詩今未之見. 南史卞
彬傳載其謠辭一首, 曰:『可憐可念尸著服, 孝子不在日代哭, 列管暫鳴死
滅族.』齊高帝曰: 此彬自作.』其句法緊健, 亦足以當『愛奇嶄絕』之評矣.」

3. 변록(卞錄, 卞鑠: ?)

李彙注本에는《吟窗雜錄》을 근거로 변삭(卞鑠)으로 고쳐져 있음. 자세한
사적은 알 수 없으며 전하는 시도 없음. 端溪令을 지낸 것만 밝혀질 뿐임.

(1) 楊祖聿《詩品校注》

陳注本, 古箋本, 許講疏本, 於卞錄下皆缺而不注. 蓋其生平史籍不詳. 李彙
注本據吟窗雜錄本改「卞錄」爲「卞鑠」, 近是. 車校證補以吟窗雜錄本爲誤.
李彙注:「案, 似可從吟窗雜錄本而校『錄』作『鑠』爲是. 錄, 鑠形近, 故鑠誤
作錄歟! 隋志齊前參軍虞義集九卷原注有云:『又有 …… 卞鑠集十六卷.
…… 亡.』則齊固有文人卞鑠, 而南齊書中除卞彬之外, 另不見姓爲卞氏之人
(卞彬則已品及之). 六朝史書中, 惟梁書及南史儒林傳有卞華, 然華旣非文人,
而又非齊人. 南史卷七十二丘巨源傳(文學傳)云:『初(袁)仲明與劉融・卞鑠,
俱爲袁粲所賞, 恒在坐席. 粲爲丹陽尹, 取鑠爲主簿. 好詩賦, 多譏刺世人,
坐徙巴州.』則卞鑠固能詩. 然則齊人卞氏中, 可得品及於詩品之文人, 疑僅
彬與鑠二人而已. 案: 卞鑠爲詩賦好譏刺世人, 性與卞彬近.

(2) 卞錄(卞鑠)의 시는 전하는 것이 없음.

057(下-24) 齊諸暨令袁敞詩
제 제기령 원하의 시

제齊나라 제기령諸暨令 원하袁敞의 시이다. 원하의 시는 그저 평범할 뿐
인데도 스스로는 뛰어났노라 자랑하곤 하였다. 그는 일찍이 서태위徐太尉
에게 이렇게 말한 적이 있었다.

"나의 시는 생기가 있어 틀림없이 남들이 붙잡아야 할 것이오. 만약
그렇게 하지 않으면 즉시 날아가 버리고 말 것이오."

齊諸暨令袁敞詩. 敞詩平平耳, 多自謂能. 嘗語徐太尉云:
「我詩有生氣, 須人捉着. 不爾, 便飛去」

【徐太尉】 다른 본에는 徐太保位로 되어 있으며 구체적으로 누구인지 알 수
없음. 李彙의 注에 徐孝嗣가 아닌가 여겼음. 楊祖聿《詩品校注》에 李彙注云:
「案, 徐太尉, 疑卽徐孝嗣. 隋志云: 『齊太尉徐孝嗣集十卷.』原注: 『梁七卷.』
則孝嗣官位旣相符. 又南齊書卷四十四徐孝嗣傳云:『孝嗣愛好文學, 賞託淸勝,
器量弘雅, 不以權勢自居』則自重其文之袁敞, 必能對之而吐出如是之言. 且史
不言齊別有徐氏爲太尉者」라 함.

1. 원하(袁嘏: ?)

자세한 사적은 알 수 없으나 陳君人으로 建武 末에 諸暨令(제기는 지명)을 지냈음. 전하는 시가 없음. 《南齊書》권52 文學傳과 《南史》권72 文學傳에 일부 기록이 전함.

(1) 《南齊書》文學傳

　　又有陳郡袁嘏, 自重其文, 謂人云:「我詩應須大材迮之, 不爾飛去.」建武末 爲諸暨令, 被王敬則所殺.(《南史》권72 卞彬傳도 같음)

(2) 《南齊書》文學傳

　　(嘏)謂人云:「我詩應須大材迮之, 不爾飛去.」

(3) 袁嘏의 시는 전하는 것이 없음.

(4) 何文煥《歷代詩話考索》

　　此語雋甚. 坡僊云:「作詩火急追亡逋, 似從此脫化.」按坡語謂爲文之神思, 與嘏語非同類也.

〈牛耕圖〉甘肅 嘉峪關 戈壁灘 魏晉古墓 磚畫 1972

058(下-25) 齊雍州刺史張欣泰, 梁中書令范縝詩
제 옹주자사 장흔태, 양 중서령 범진의 시

제齊나라 옹주자사雍州刺史 장흔태張欣泰, 양梁 중서령中書令 범진(范縝, 范子眞)의 시이다. 장흔태과 자진범진은 모두가 고대의 훌륭한 문장을 따라 지어보고자 희망하였던 자들이다. 따라서 당시의 속된 작품은 비루하고 천박하다고 여겼으며 유량流亮한 작품을 즐겨 감상하면서 고아古雅한 전통을 잃지 않았다.

齊雍州刺史張欣泰, 梁中書令范縝詩. 欣泰·子眞竝希古勝文, 鄙薄俗製. 賞心流亮, 不失雅宗.

【古勝文】 고대의 뛰어난 문장이라는 뜻.
【流亮】 유창함. 明亮함. 쌍성연면어로 쓰였음.
【雅宗】 古雅한 宗旨. 고아한 전통.

참고 및 관련 자료

1. 장흔태(張欣泰: 456~501)
자는 義亨. 竟陵人. 寧朔將軍, 尙書都官郞, 永陽太守, 雍州刺史 등을 역임함.

전하는 시는 없음.《南齊書》 권51,《南史》 권25에 전이 있음.

(1)《南齊書》張欣泰傳

張欣泰, 字義亨, 竟陵□□. 少有志節, 好隷書, 讀□史. 建元初, 歷官寧朔
將軍, 累除尙書都官郎□□□駕出新林, 敕欣泰甲仗□□□, 欣泰停仗於松樹下,
飮酒賦詩. 永元初, 以□□□爲持節督雍梁南北秦四□, 郢州之竟陵, 司州之
隨郡軍事, 雍州刺史將□□故. 時少帝昏亂, 欣泰與弟□謀, 事覺, 伏誅. 欣泰年
十餘, 詣吏部尙書褚淵□問之曰:「張郎弓馬多少□欣泰答曰:「性怯畏馬,
無力牽弓.」淵甚異□□□州主簿, 時泰始二年□於齊和帝中興元年,
年四十六.

(2) 張欣泰 詩는 전하는 □이 없음.

2. 범진(范縝: ?)

자는 子眞, 范雲의 從□□□나라에 벼슬하여 尙書□□中郎, 晉安太守 등을
지냈으며 梁나라 天監□□에 尙書左丞, 中書郎, 國子博士 등을 지냄.《梁書》
권48 儒林傳 및《南史》 권57에 전이 있음.

(1)《梁書》范縝傳

范縝, 字子眞, 南□□□人也. 博通經術, 尤精□禮, 性質直, 好危言高論,
不爲十友所安. 爲□□□丞, 後徙廣州還, 爲中書□國子博士, 卒. 文集十卷.
子眞生梁武之世, □□□, 事母孝謹. 所著神滅論□影響當時思想, 引起文爭,
然不能折也.

(2)《隋書》經籍志

梁尙書左丞范縝集□□卷.

(3) 汪中《詩品注》

許文雨曰: 歷代□□云: 張欣泰飮酒賦詩. 南史縝傳, 縝作傷暮詩白髮詠
以自嗟. 今二人詩皆不見, 以仲偉希古與鄙簿俗製之評推之, 當非齊梁時代
所能容, 此其所以□名未振歟!

059(下-26) 梁秀才陸厥詩
양 수재 육궐의 시

　　양梁나라 수재秀才 육궐陸厥의 시이다. 육궐의 《문위文緯》를 보면 그는 장부丈夫로서의 정상情狀을 인식하고 있었다고 볼 수 있다. 그러나 그 스스로 지은 문장은 뛰어난 것이 없다. 이는 그가 시어詩語를 잘못 썼다는 뜻은 아니다.

　　梁秀才陸厥詩. 觀厥文緯. 具識文之情狀. 自製未優, 非言之失也.

【秀才】 각 州별로 뛰어난 인물을 천거할 때 그 대상자를 「秀才」라 칭함.
【文緯】 육궐이 지은 저술. 지금은 전하지 않음. 《詩品校注》에 다음과 같이 설명함. 許講疏: 「按『文緯』想係韓卿評論文學之書, 以中偉其『非言之失』, 可思得之. 惟隋志未曾著錄, 則其書或早佚矣. 南齊書厥傳, 載其與沈約論宮商, 韓卿以爲宮商律品(肀案: 疑「品」當作「呂」)不得言曾無先覺, 更不必責其如一. 是韓卿大有揚子雲『壯夫不爲』之意. 『文緯』所標義諦, 自不外此. 故仲偉允其具識丈夫之情狀也. 抑韓卿此種議論, 旣與齊梁諸公相左, 故當時史籍, 遂抑其書而不著錄歟!」
【情狀】 정황과 상태.

1. 육궐(陸厥: 472~499)

자는 韓卿. 吳人. 州에서 ○○로 천거되어 行軍參軍이 됨. 문장과 풍류에 뛰어나 永明의 대표적인 인물로 칭해짐. 28세에 죽었으며 현재 五言詩 12수 등 15수가 전함. 《南齊書》권○○와 《南史》권 48에 傳이 있음.

(1) 《南齊書》 陸厥傳

　　陸厥, 少有風槩, 好屬文, ○言詩體甚新變. 永明九年○○秀才, 遷後軍行參軍. 永明末, 盛爲文章, 吳○○約·陳郡謝朓·琅邪王融, 以氣類相推轂, 汝南 周顒善識聲韻, 約等文○○宮商, 以平上去入爲四聲, 以此制韻, 不可增減, 世呼爲永明體. 文集行○○.

(2) 《隋書》 經籍志

　　齊後軍法曹參軍陸厥○○卷. 注: 梁十卷.

(3) 陸厥詩

◎〈蒲坂行〉

　　江南風已春, 河間柳○○.
　　雁反無南書, 寸心何○○.
　　流泊祁連山, 飄颻高○○.

◎〈邯鄲歌〉

　　趙女撫鳴琴, 邯鄲紛○○.
　　長袖曳三街, 兼金轉○○.
　　有美獨臨風, 佳人自○○.
　　相思欲褰衽, 叢臺日○○.

◎〈中山王孺子妾歌〉

　　如姬寢臥内, 班姬○○車.
　　洪波陪飲帳, 林光○○徐.
　　歲暮寒飆及, 秋水○○菰.
　　子瑕矯後駕, 安陵○○魚.
　　賤妾終已矣, 君子○○如.

◎〈奉答内兄希叔〉

　　嘉惠承帝子, 躍躒○○孫.
　　屬叨金馬署, 又○○龍門.

出入平津邸，一見孟嘗尊.
歸來翳桑柘，朝夕異涼溫.
徂落固云是，寂蔑終如斯.
杜門清三經，坐檻臨曲池.
鳧鵠嘯儔侶，荷芰始參差.
雖無田田葉，及爾泛漣漪.
春華與秋實，庶子及家臣.
王門所以貴，自古多俊民.
離宮收杞梓，華屋富徐陳.
平旦上林宛，日夕伊水濱.
書記旣翩翩，賦歌能妙絕.
相如恧溫麗，子雲慙筆札.
駿足思長坂，紫車危畏轍.
愧茲山陽讌，空此河陽別.
平原十日飲，中散千里遊.
渤海方淫湎，宣城誰獻酬.
屏居南山下，臨此歲方秋.
惜哉時不與，日暮無輕舟.

〈牛耕圖〉甘肅 嘉峪關 戈壁灘 魏晉古墓 磚畫 1972

양 상시 우희, 양 건양령 강홍의 시

양梁나라 상시常侍 우희(虞羲, 虞子陽), 양梁 건양령建陽 강홍江洪의 시이다.

우희(虞羲, 虞子陽)의 시는 기이한 구절과 맑고 기발한 것들이다. 사조謝朓는 늘 이를 감탄하면서 칭송하였다.*

강홍의 시는 작품은 비록 많지 않으나 역시 아주 빼어난 것들이다.

梁常侍虞羲, 梁建陽令江洪詩. 子陽詩奇句淸拔, 謝朓常嗟頌之. 洪雖無多, 亦能自逈出.

【淸拔】 拔俗. 淸勁. 아주 맑고 기발하다는 뜻.

＊ 사조가 칭찬한 내용은 구체적으로는 알 수 없음.

【逈出】 아주 특출함.

참고 및 관련 자료

1. 우희(虞羲: ?)

자는 士光. 혹은 子陽. 會稽 餘姚人. 齊나라 始安王의 侍郞이 되어 뒤에

記室參軍, 建安征虜府主簿功曹 등을 지냄. 五言詩 11수가 전하며《南史》 권59 王僧儒傳에 일부 기록이 있음.

(1)《南史》王僧儒傳

　　虞羲. 盛有才藻. 卒於晉安王侍郞.

(2)《文選》권21. 〈詠霍將軍北伐〉注에 인용된 〈虞羲集序〉

　　羲字子陽. 會稽人也. 七歲能屬文. 後始安王引爲侍郞. 尋兼建安征虜府主簿功曹. 又兼記室參軍事. 天監中卒.

(3)《隋書》經籍志

　　齊前軍參軍虞羲集九卷. 注: 殘缺. 梁十一卷.

(4) 虞羲詩

◎〈送友人上湘〉

　　濡足送征人, 褰裳臨水路.
　　共盈日樽酒, 對之愁日暮.
　　漢廣雖容舠, 風悲未可渡.
　　佳期難再得, 但願論心故.
　　沅水日生波, 芳洲行墜露.
　　共知丘壑改, 同無金石固.

◎〈詠霍將軍北伐〉

　　擁旄爲漢將, 汗馬出長城.
　　長城地勢險, 萬里與雲平.
　　涼秋八九月, 虜騎入幽幷.
　　飛狐白日晚, 瀚海愁雲生.
　　羽書時斷絶, 刁斗晝夜驚.
　　乘墉揮寶劍, 蔽日引高旍.
　　雲屯七萃士, 魚麗六郡兵,
　　胡笳關下思, 羌笛隴頭鳴.
　　骨都先自讋, 日逐次亡精.
　　玉門罷坼堠, 甲第始脩營.
　　位登萬庾積, 功立百行成.
　　天長地自久, 人道有虧盈.
　　未窮激楚樂, 已見高臺傾.
　　當令麟閣上, 千載有雄名.

◎〈橘詩〉

　　衝飆發隴首, 朔雪度炎州.

　　摧折江南桂, 離披漠北楸.

　　獨有凌霜橘, 榮麗在中州.

　　從來自有節, 歲暮將何憂.

2. 강홍(江洪: ?)

濟陽人. 建陽令을 지냈으며 기타 자세한 사적은 알 수 없음. 현재 五言詩 18수가 전함.《南史》권59 王僧儒傳과《梁書》권49 文學傳(吳均傳)에 일부 기록이 있음.

(1)《南史》王僧儒傳

　　江洪, 竟陵王子良嘗夜集學士, 刻燭爲詩, 四韻者則刻一寸, 以此爲率. 文琰曰:「頓燒一寸燭, 而成四韻詩, 何難之有?」乃與令楷‧江洪等, 共打銅鉢立韻, 響滅則詩成, 皆可觀覽.

(2)《南史》吳均傳(《梁書》吳均傳도 같음)

　　濟陽江洪, 工屬文, 爲建陽令, 坐事死.

(3)《隋書》經籍志

　　梁建陽令江洪集二卷.

(4)《詩品校注》

　　許講疏:「成書評洪胡笳曲云:『詞極斬截, 韻極鏘鏘, 壯志悲音, 如聽清笳暮奏.』按洪他詩如秋風曲三首, 亦是絶句妙法, 皆一代迥出之作也. 仲偉以洪詩與子陽聯評, 正以二人並迥拔獨絶也. 又案史吳均文體淸拔有古氣, 好事者或斆之, 謂爲吳均體, 梁書及南史並以洪附吳均傳, 殆以江洪爲斆吳均體者, 此仲偉所以以迥拔目洪詩歟!」

(5) 江洪詩

◎〈詠荷〉

　　澤陂有微草, 能花復能實.

　　碧葉喜翻風, 紅英昭暖日.

　　移居王池上, 託根庶非失.

　　如何霜露交, 應與蒹葭匹.

◎〈採菱曲〉

　　(其一)

　　風生綠葉聚, 波動紫莖開.

含花復含實, 正待佳人來.
　(其二)
　白日和清風, 輕雲雜高樹.
　忽然當此時, 採菱復相遇.
◎〈胡笳曲〉
　(其一)
　藏器欲邀時, 年來不相讓.
　紅顏征戍兒, 白首邊城將.
　(其二)
　落日慘無光, 臨河獨飲馬.
　飆颺夕風高, 聯翩飛雁下.

061(下-28) 梁步兵鮑行卿, 梁晉陵令孫察詩
양 보병 포행경, 양 진릉령 손찰의 시

양梁나라 보병步兵 포행경鮑行卿, 양梁 진릉령晉陵令 손찰孫察의 시이다.
포행경은 소년 시절에 풍요風謠의 아름다운 구절로 이름을 드날린
인물이다. 손찰은 유미幽微한 시에 가장 뛰어났으며, 그 감수성과 심미감이
능히 그 정미精微한 곳까지 이르렀다고 할 수 있을 따름이다.

梁步兵鮑行卿, 梁晉陵令孫察詩. 行卿少年, 甚擅風謠之美.
察最幽微, 而感賞至到耳.

【風謠】樂府歌謠體를 말함.
【幽微】미세한 부분을 들추어 내는 것. 「探幽入微」와 같음.
【感賞】感受性과 玩賞能力을 두고 이른 말.

 참고 및 관련 자료

1. 포행경(鮑行卿: ?)
東海人. 臨川王의 錄事를 지냈으며 中書舍人을 거쳐 步兵校尉에 오름. 전하는
시는 없으며 《南史》권62 鮑泉傳에 기록이 전함.

(1)《南史》鮑泉傳

鮑行卿以博學大才稱, 位後軍臨川王錄事, 並中書舍人, 遷步兵校尉. 上玉璧銘, 武帝發詔褒賞. 好韻語, 及拜步兵, 而謝帝曰:「作舍人, 不免貧, 得五校, 實大校, 例皆如此.」有集二十卷, 撰皇室儀十三卷, 乘興龍飛記二卷.

(2)鮑行卿의 시는 전하는 것이 없음.

2. 손찰(孫察: ?)

기록이 없으며 陳直의《詩品約注》에 唐의 姚思廉이《梁書》를 쓰면서 자신의 아버지인 姚察의 이름을 피휘하기 위하여 孫察을 孫廉으로 한 것으로 보인다고 하였음. ⇒참고.

(1) 注中《詩品注》에 인용된《詩品約注》

陳直曰: 梁書孫謙傳, 從子廉, 歷御史中丞, 晉陵吳興太守. 孫廉當即孫察. 梁書爲唐姚思廉撰, 思廉爲陳吏部尙書姚察之子, 思廉避父諱, 廉察義近, 故易廉. 李延壽南史, 又因姚書而作廉也.

(2) 楊祖聿《詩品校注》

陳直詩品注:「梁書孫謙傳:『從子廉, 歷御史中丞, 晉陵、吳興太守.』孫廉當即孫察. 梁書爲唐姚思廉撰. 思廉爲陳吏部尙書姚察之子, 思廉避父諱, 廉察義近, 故易廉. 李延壽南史, 又因姚書而作廉也.」

(3) 孫察의 시는 전하는 것이 없음.

〈燙鷄圖〉甘肅 嘉峪關 戈壁灘 魏晋古墓 磚畫 1972

〈□□圖〉 明 心周 대북고궁박물관 소장

부록

1.《南史》권72 文學傳 鍾嶸傳(全文)

　　鍾嶸, 字仲偉, 潁川長社人, 晉侍中雅七世孫也. 父蹈, 齊中軍參軍.
嶸與兄岏, 弟嶼, 並好學, 有思理. 嶸, 齊永明中爲國子生, 明周易, 衛將軍
王儉領祭酒, 頗賞接之. 建武初, 爲南康王侍郎. 時齊明帝躬親細務, 綱目
亦密. 於是郡縣及六署九府常行職事, 莫不爭自啓聞, 取決詔敕. 文武勳勞,
皆不歸選部. 於是憑勢互相通進, 人君之務, 粗爲繁密. 嶸乃上書言:「古者,
明君揆才頒政, 量能授職, 三公坐而論道, 九卿作而成務, 天子可恭己南
面而已.」書奏, 上不懌, 謂太中大夫顧暠曰:「鍾嶸何人? 欲斷朕機務,
卿識之否?」答曰:「嶸雖位末名卑, 而所言或有可采. 且繁碎職事, 各有
司存. 今人主總而親之, 是人主愈勞, 而人臣愈逸, 可謂代庖人宰而爲大匠
斲也.」上不顧而他言. 永元末, 除司徒行參軍. 梁天監初, 制度雖革, 而未
能盡改前弊, 嶸上言曰:「永元肇亂, 坐弄天爵. 勳非卽戎, 官以賄就.
揮一金而取九列, 寄片札以招六校. 騎都塞市, 郎將塡街. 服旣纓組,
尚爲臧獲之事; 職雖黃散, 猶躬胥徒之役. 名實淆紊, 玆焉莫甚. 臣愚謂
永元諸軍, 官是素族, 士人自有淸貫, 而因斯受爵, 一宜削除, 以懲澆競.
若吏姓寒人, 聽極其門品, 不當因軍, 遂濫淸級. 若僑雜傖楚, 應在綏撫,
正宜嚴斷祿力, 絶其妨正, 直乞虛號而已.」敕付尙書行之. 衡陽王元簡
出守會稽, 引爲寧朔記室, 專掌文翰. 時居士何胤築室若邪山, 山發洪水,
漂拔樹石, 此室獨存. 元簡令嶸作瑞室頌, 以旌表之, 辭甚典麗. 遷西
中郎晉安王記室. 嶸嘗求譽于沈約, 約拒之, 及約卒, 嶸品古今詩爲評,
言其優劣云:「觀休文衆製, 五言最優. 齊永明中相王愛文, 王元長等,
皆宗附約. 于時謝朓未遒, 江淹才盡, 范雲名級又微, 故稱獨步. 故當辭
密於范, 意淺於江.」蓋追宿憾以此報約也. 頃之, 卒官. 岏字長丘, 位建
康令卒. 著良吏傳十卷. 嶼字季望, 永嘉郡丞.

2.《梁書》권49 文學傳 鍾嶸傳(全文)

鍾嶸, 字仲偉, 穎川長社人, 晉侍中雅七世孫也. 父蹈, 齊中軍參軍. 嶸與兄岏, 弟嶼, 並好學, 有思理. 嶸, 齊永明中爲國子生, 明周易, 衛將軍王儉領際酒, 頗賞接之. 居本州秀才, 起家王國侍郎, 遷撫軍行參軍, 出爲安國令. 永元末, 除司徒行參軍. 梁天監初, 制度雖革, 而日不可給, 嶸乃言曰:「永元肇亂, 坐弄天爵. 勳非卽戎, 官以賄就. 揮一金而取九列, 寄片札以招六校. 騎都塞市, 郎將塡街. 服旣縷組, 尙爲臧獲之事; 職唯黃散, 猶躬胥徒之役. 名實渞紊, 玆焉莫甚. 臣愚謂軍官是素族士人, 自有淸貫, 而因斯受爵, 一宜削除, 以懲僥競. 若吏姓寒人, 聽極其門品, 不當因軍, 遂濫淸級. 若僑雜傖楚, 應在綏撫, 正宜嚴斷祿力, 絕其妨正, 直乞虛號而已. 謹竭愚忠, 不恤衆口.」敕付尙書行之. 遷中軍臨川王行參軍. 衡陽王元簡出守會稽, 引爲寧朔記室, 專掌文翰. 時居士何胤築室若邪山, 山發洪水, 漂拔樹石, 此室獨存. 元簡命嶸作瑞室頌, 以旌表之, 辭甚典麗. 遷西中郎晉安王記室. 嶸嘗品古今五言詩, 論其優劣, 名爲詩評. 其序曰:

氣之動物, 物之感人, 故搖蕩性情, 形諸舞詠, 欲以照燭三才, 輝麗萬有. 靈祇待之以致饗, 幽微藉之以昭告, 動天地, 感鬼神, 莫近於詩. 昔南風之辭, 卿雲之頌, 厥義夐矣. 夏歌曰:「鬱陶乎予心」. 楚謠云:「名余曰正則」. 雖詩體未全, 然略是五言之濫觴也.

逮漢李陵, 始著五言之目. 古詩眇邈, 人代難詳, 推其文體, 固是炎漢之制, 非衰周之倡也.

自王·揚·枚·馬之徒, 詞賦競爽, 而吟詠靡聞. 從李都尉訖班婕妤, 將百年間, 有婦人焉, 一人而已. 詩人之風, 頓已缺喪, 東京二百載中, 惟有班固詠史, 質木無文致.

降及建安, 曹公父子, 篤好斯文; 平原兄弟, 鬱爲文棟. 劉楨·王粲, 爲其

羽翼. 次有攀龍託鳳, 自致於屬車者, 蓋將百計. 彬彬之盛, 大備於時矣.

爾後陵遲衰微, 訖於有晉. 太康中, 三張·二陸·兩潘·一左, 勃爾復興, 踵武前王, 風流未沫, 亦文章之中興也.

永嘉時, 貴黃老, 尚虛談. 於時篇什, 理過其辭, 淡乎寡味. 爰及江表, 微波尚傳, 孫綽·許詢·桓·庾諸公, 詩皆平典似道德論, 建安之風盡矣.

先是郭景純用俊上之才, 創變其體; 劉越石仗清剛之氣, 贊成厥美. 然彼衆我寡, 未能動俗. 逮義熙中, 謝益壽斐然繼作; 元嘉初, 有謝靈運, 才高詞盛, 富豔難蹤, 固已含跨劉·郭, 陵轢潘·左. 故知陳思爲建安之傑, 公幹·仲宣爲輔; 陸機爲太康之英, 安仁·景陽爲輔; 謝客爲元嘉之雄, 顏延年爲輔. 此皆五言之冠冕, 文詞之命世.

夫四言, 文約意廣, 取效風騷, 便可多得. 每苦文繁而意少, 故世罕習焉. 五言居文辭之要, 是衆作之有滋味者也. 故云會於流俗. 豈不以指事造形, 窮情寫物, 最爲詳切者邪?

故詩有三義焉; 一曰興, 二曰賦, 三曰比. 文已盡而意有餘, 興也; 因物喩志, 比也; 直書其事, 寓言寫物, 賦也. 弘斯三義, 酌而用之, 幹之以風力, 潤之以丹采, 使味之者無極, 聞之者動心, 是詩之至也. 若專用比興, 則患在意深, 意深則辭躓. 若但用賦體, 則患在意浮, 意浮則文散, 嬉成流移, 文無止泊, 有蕪漫之累矣.

若乃春風春鳥, 秋月秋蟬, 夏雲暑雨, 冬月祁寒. 斯四候之感諸詩者也. 嘉會寄詩以親, 離羣託詩以怨. 至於楚臣去境, 漢妾辭宮; 或骨橫朔野, 或魂逐飛蓬; 或負戈外戍, 殺氣雄邊; 塞客衣單, 孀閨淚盡; 又士有解珮出朝, 一去忘反; 女有揚蛾入寵, 再盼傾國. 凡斯種種, 感蕩心靈, 非陳詩何以展其義; 非長歌何以釋其情? 故曰:「詩可以羣, 可以怨.」使窮賤易安, 幽居靡悶, 莫尚於詩矣.

故辭人作者, 罔不愛好. 今之士俗, 斯風熾矣. 纔能勝衣, 甫就小學, 必甘心而馳騖焉. 於是庸音雜體, 各爲家法. 至於膏腴子弟, 恥文不逮, 終朝點綴, 分夜呻吟. 獨觀謂爲警策, 衆覩終淪平鈍. 次有輕蕩之徒, 笑曹·劉爲古拙, 謂鮑照義皇上人, 謝朓今古獨步; 而師鮑昭, 終不及「日中市朝滿」; 學謝朓, 劣得「黃鳥度青枝」. 徒自棄於高聽, 無涉於文流矣.

嶸觀王公搢紳之士, 每博論之餘, 何嘗不以詩爲口實? 隨其嗜欲, 商搉不同, 淄澠並汎, 朱紫相奪, 誼譁競起, 准的無依. 近彭城劉士章, 俊賞之士, 疾其淆亂, 欲爲當世詩品, 口陳標榜. 其文未遂, 嶸感而作焉. 昔九品論人, 七略裁士, 校以賓實, 誠多未值; 至若詩之爲技, 較爾可知. 以類推之, 殆同博弈.

方今皇帝, 資生知之上才, 體沈鬱之幽思, 文麗日月, 學究天人. 昔在貴遊, 已爲稱首. 況八紘旣掩, 風靡雲蒸. 抱玉者連肩, 握珠者踵武. 固以睨漢魏而弗顧, 呑晉宋於胸中. 諒非農歌轅議, 敢致流別. 嶸之今錄, 庶周遊於閭里, 均之於談笑耳.

頃之, 卒官. 岏字長岳, 官至府參軍·建康平. 著良吏傳十卷. 嶼字季望, 永嘉郡丞. 天監十五年, 敕學士撰徧略, 嶼亦預焉. 兄弟並有文集.

3. 〈四庫全書〉提要

〈四庫全書〉提要 (集部九 詩文評類)

臣等謹案: 詩品三卷, 梁鍾嶸撰. 嶸字仲偉, 潁川長社人. 與兄岏弟嶼並好學有名. 齊永明中, 為國子生. 王儉舉本州秀才. 起家王國侍郞. 入梁, 仕至晉安王記室, 卒於官. 嶸學通周易, 詞藻兼長, 所品古今五言詩, 自漢魏以來, 一百有三人, 論其優劣, 分為上中下三品. 每品之首, 各冠以序, 皆妙達文理, 可與文心雕龍並稱. 近時王士禎, 極論其品第之間, 多所違失. 然梁代迄今, 邈踰千祀, 遺篇舊製, 什九不存, 未可以掇拾殘文, 定當日全集之優劣, 惟其論某人源出某人, 若一一親見其師承者, 則不免附會耳. 史稱嶸嘗求譽于沈約, 約弗為獎, 借故嶸怨之, 列約中品. 案: 約立之中品, 未為排, 抑惟序中, 深詆聲律之學, 謂蜂腰鶴膝, 僕病未能; 雙聲疊韻, 里俗已具. 是則攻擊約說, 顯然可見. 史言亦不盡無因也. 又一百三人之中, 惟王融稱王元長, 不著其名, 或疑其有所私尊, 然徐陵玉臺新詠, 亦惟融書字, 蓋齊梁之間, 避和帝之諱, 故以字行, 實無他故. 今亦姑仍原本以存其舊焉.

　　乾隆四十六年十一月　恭校上.

　　總纂官 臣 紀昀. 臣 陸錫熊. 臣 孫士毅.

　　總校官 臣 陸費墀.

4. 漢, 魏晉南朝 文學史 年表

※ 이는 簡明中國文學史·중국어문연구회 부록의 일부를 전재한 것임.

年號		西紀	書名·篇名	生卒	史事
前漢					202. 漢高組(劉邦)
惠帝		191	挾書律을 解除		中國統一
文帝		179	《新語》	陸賈(?~179?)	
		168	《新書》	賈誼(201~168: 34세)	154. 吳·楚
景帝		141		枚乘(?~141?)	七國의 亂
少帝 建元	5	136	武帝 董仲舒의 對策을 씀.		
元狩	1	122	《淮南子》「五經博士」	淮南王劉安(179~122: 58세)	
	6	117		司馬相如(179~117: 63세)	
太初	1	104		董仲舒(179~104: 76세)	
征和	3	90	《史記》完成		
後元	2	87		東方朔(160?~87?: 약 74세)	
				李延年(?~87?)	
昭帝 始元	1	86		司馬遷(145?~86?: 약 60세)	
元平	1	74		李陵(?~74?)	AD 8. 王莽이
宣帝 神爵	1	61		王褒(?~61?)	스스로 皇帝라
	2	60		蘇武(143?~60: 약 84세)	稱하고 나라를 세워 新이라 함. 前漢滅亡
哀帝 建平	1	6	《戰國策》〈短簫鐃歌 十八曲〉	劉向(77~6: 72세)	
後漢					
王莽 天鳳	5	AD.18	《法言》	揚雄(53?~AD 18: 약 72세)	25. 劉秀, 帝位에 올라 洛陽에 都邑

光武帝 建武 5	29	太學을 세움.			
30	54		班彪(AD 3~54: 52세)		
章帝 建草 1	76		憑衍(?~76?)		
7	82	《漢書》完成			
和帝 永元 4	92		班固(32~92: 61세)		
			傅毅(47?~92?: 46세)		
12	100	《說文解字》完成 〈古詩十九首〉《論衡》	王充(27~100?: 약 74세)		
13	101			105. 蔡倫, 製紙法發明	
安帝 元初 2	115		班昭(40?~115?: 약 76세)		
順帝 陽嘉 4	135	《楚辭注》	王逸(?~135?)		
永和 4	139		張衡(78~139: 62세)		
桓帝 建和 3	149		許愼(58~149: 92세)		
延惠 9	166	《尙書注》	馬融(79~166: 88세)	166. 黨錮의 禍	
靈帝 惠平 4	175	石經을 太學門外에 세움			
光和 5	182	《春秋公羊傳解詁》	何休(127~182: 56세)	184. 黃巾의 亂	
獻帝 初平 3	192		蔡邕(132~192: 61세)	189. 童卓의 亂	
建安 5	200	〈焦仲卿妻〉《五經注》	鄭玄(127~200: 74세)	208. 赤壁의 戰	
13	208	曹操父子 建安文壇	孔融(153~208: 56세)		
			蔡琰(177~208?: 32세)		
17	212		阮瑀(?~212)		
22	217		陳琳(?~217)		
			應瑒(?~217)		
			王粲(177~5217: 06세)		
			劉楨(?~217)	220. 曹丕 魏를 세움. 後漢 亡함.	
25	220		曹操(155~220: 06세)		
三國時代					
文帝 黃初 7	226	《典論》	曹丕(187~226: 40세)		
明帝 太和 6	232		曹植(192~232: 41세)		
靑龍 2	234		諸葛亮(181~234: 54세)		

齊王 嘉平	1	249		王弼(226~249: 24세) 何晏(190?~249: 약 60세)	
	4	232		應璩(190~252: 63세)	
元市 景元	1	260	竹臨七鉉 淸談이 盛함.		
	3	262		稽康(223~262: 40세)	
	4	263		阮籍(210~263: 54세)	
西晉					265. 魏 亡함. 西晉 建國
武帝 咸寧	4	278		傅玄(271~278: 62세)	
太康	4	283	陸機·陸雲 《春秋左氏經傳際解》	山濤(205~283: 79세)	280. 吳멸망. 晉 中國統一
	5	284		杜預(222~284: 63세)	
	6	285	《三國志》完成		
惠帝 元康	4	294		溥咸(239~294: 56세)	
	7	297		陳壽(233~297: 65세)	
永康	1	300		張華(232~300: 69세) 潘岳(247~300: 54세) 石崇(249~300: 52세)	
太安	2	303	〈文賦〉	陸機(261~303: 43세) 陸雲(262~303: 42세)	
永興	2	305		左思(250?~311: 약 54세)	
懷帝 永嘉	5	311		潘泥(250?~311: 약 62세)	316. 西晉 멸망.
東晉					
元帝 建武	1	317		劉琨(270~317: 48세)	
明帝 太寧	2	324		郭璞(277~324: 48세)	
穆帝 永和	6	350		盧諶(283~350: 68세)	
	9	353	蘭亭之會, 王羲之 《蘭亭序》지음		
廢帝 太和	5	370	《抱朴子》	葛洪(290?~370: 약 81세)	

孝武帝 太元 2	377		孫綽(320~377: 58세)	
4	379		王羲之(321~379: 59세)	
安帝 義熙 1	405	《歸去來辭》		
9	413	《幽明錄》	鳩摩羅什(350~413: 64세)	
12	416	《搜神記　　詳記》	干寶(?~416?)	
		《博物志　　異傳》	王琰(?~416?)	王浮(?~416?)
宋		《桃花源記》	法顯(388~422: 85세)	420. 東晉 亡. 宋 興. 南北朝時代.
武帝 永初 3	422			
文帝 元嘉 4	427	〈飮酒二十首〉	陶潛(365~427: 63세)	
10	433	《異苑》、　　詩 유행	謝靈運(385~433: 49세)	
21	444	《世說新語》《宣驗記》	劉義慶(403~444: 42세)	439. 北魏 華北 統一
明帝 泰始 22	445	《後漢書》	范曄(398~445: 48세)	
28	451	《三國志注》	裴松之(372~451: 80세)	424~53. 元嘉의 治
孝武帝 孝建 3	456	四六騈儷體	顏延之(385~456: 72세)	
明帝 泰始 2	466		鮑照(421~466: 46세)	
齊		沈約. 四聲發見 永明體 이룸.		479. 宋亡. 齊興.
高帝 建元 2	480			
武帝 永明 8	490	竟陵八友		
10	492	《宋書》 范成		
明帝 建武 1	494		蕭子良	
永元 1	499		謝朓	
梁		五經博士, 學校建立	江淹(444~505: 62세)	502. 齊亡. 梁興.
武帝 天監 4	505			
7	508	《鈍異記》	任昉(460~508: 49세)	504. 佛敎를 國敎로 함.
12	513		沈約(441~513: 73세)	

普通	1	520	《文心雕龍》	劉勰(464~520: 57세)	
			《詩品》	鍾嶸(468~518?, 480~552: 50세, 72세)	
				吳均(469~520: 51세)	
	2	521		劉孝標(462~521: 60세)	
大通	1	527		酈道元(?~527)	
中大通	3	531	《文選》		
大同	3	537	《南齊書》	昭明太子(501~537: 31세)	
				蕭子顯(489~537: 49세)	
太淸	1	547	《洛陽伽藍記》		
簡文帝 太寶	2	551	〈木蘭辭〉〈勅勒歌〉	簡文帝(503~551: 49세)	557. 梁 亡. 陳 興.
元帝 承聖	3	554	《魏書》		西魏 亡. 北周 興.
陳					
宣帝 太建	13	581		庾信(513~581: 69세)	
後主 至德	1	583	《玉臺新詠》	徐陵(507~583: 77세)	

5. 漢, 魏晉南朝 世系表

漢
- 前漢(西漢):
- 後漢(東漢):

魏(三國:魏·蜀·吳)

晉
- 西晉
- 東晉

南朝
- 宋
- 齊
- 梁
- 陳

1) 西漢世系表

(B.C.202~A.D.8年)

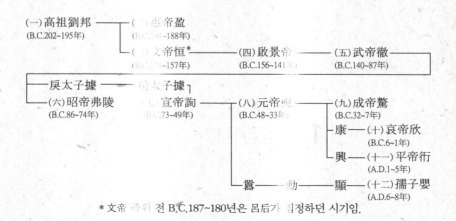

(一)高祖劉邦 ── (二)惠帝盈
(B.C.202~195年)　(B.C.194~188年)

(三)文帝恒* ── (四)啟景帝 ── (五)武帝徹
(B.C.179~157年)　(B.C.156~141年)　(B.C.140~87年)

戾太子據 ── 戾太子據

(六)昭帝弗陵 ── (七)宣帝詢 ── (八)元帝奭 ── (九)成帝驁
(B.C.86~74年)　(B.C.73~49年)　(B.C.48~33年)　(B.C.32~7年)

康 ── (十)哀帝欣
(B.C.6~1年)

興 ── (十一)平帝衎
(A.D.1~5年)

囂 ── 勳 ── 顯 ── (十二)孺子嬰
(A.D.6~8年)

* 文帝 즉위 전 B.C.187~180년은 呂后가 집정하던 시기임.

2) 東漢世系表

(A.D.25~220年, 수도: 雒陽)

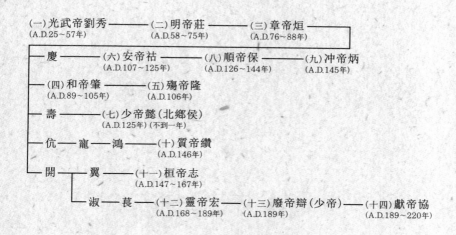

(一)光武帝劉秀 ——— (二)明帝莊 ——— (三)章帝炟
(A.D.25~57年)　　　　(A.D.58~75年)　　　(A.D.76~88年)

— 慶 ——— (六)安帝祐 ——— (八)順帝保 ——— (九)冲帝炳
　　　　　(A.D.107~125年)　　(A.D.126~144年)　　(A.D.145年)

— (四)和帝肇 ——— (五)殤帝隆
　(A.D.89~105年)　　(A.D.106年)

— 壽 ——— (七)少帝懿(北鄉侯)
　　　　　(A.D.125年)(不到一年)

— 伉 — 寵 — 鴻 ——— (十)質帝纘
　　　　　　　　　　(A.D.146年)

— 開 — 翼 ——— (十一)桓帝志
　　　　　　　(A.D.147~167年)

　　— 淑 — 萇 ——— (十二)靈帝宏 ——— (十三)廢帝辯(少帝) ——— (十四)獻帝協
　　　　　　　　(A.D.168~189年)　　(A.D.189年)　　　　　(A.D.189~220年)

3) 三國世系表

(A.D.220~265年)

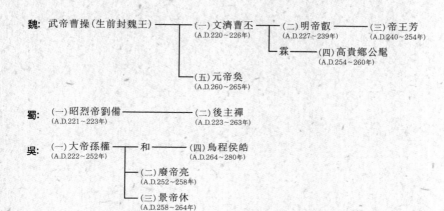

魏: 武帝曹操(生前封魏王) ——— (一)文濟曹丕 ——— (二)明帝叡 ——— (三)帝王芳
　　　　　　　　　　　　　(A.D.220~226年)　(A.D.227~239年)　(A.D.240~254年)

　　　　　　　　　　　　　　　　— 霖 ——— (四)高貴鄉公髦
　　　　　　　　　　　　　　　　　　　　(A.D.254~260年)

　　　　　　　　　　　　— (五)元帝奐
　　　　　　　　　　　　　(A.D.260~265年)

蜀: (一)昭烈帝劉備 ——— (二)後主禪
　　　(A.D.221~223年)　　(A.D.223~263年)

吳: (一)大帝孫權 — 和 ——— (四)烏程侯皓
　　　(A.D.222~252年)　　　(A.D.264~280年)

　　　　　　— (二)廢帝亮
　　　　　　　(A.D.252~258年)

　　　　　　— (三)景帝休
　　　　　　　(A.D.258~264年)

4) 西晉世系表

(A.D.265~317年, 수도: 洛陽)

(一) 武帝司馬炎 ——— 惠帝衷
(A.D.265~290年)　　　(A.D.290~306年)

懷帝熾
(A.D.307~313年)

吳王晏 ——— (四) 愍帝鄴
(A.D.313~317年)

5) 東晉世系表

(A.D.317~420年, 수도: 建鄴)

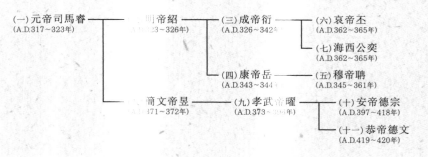

(一) 元帝司馬睿 ——— 明帝紹 ——— (三) 成帝衍 ——— (六) 哀帝丕
(A.D.317~323年)　　　(A.D.323~326年)　(A.D.326~342年)　(A.D.362~365年)

(七) 海西公奕
(A.D.362~365年)

(四) 康帝岳 ——— (五) 穆帝聃
(A.D.343~344年)　(A.D.345~361年)

簡文帝昱 ——— (九) 孝武帝曜 ——— (十) 安帝德宗
(A.D.371~372年)　(A.D.373~396年)　(A.D.397~418年)

(十一) 恭帝德文
(A.D.419~420年)

6) 南朝世系表

(A.D.420~589年, 수도: 建康)

宋(A.D.420~479年):

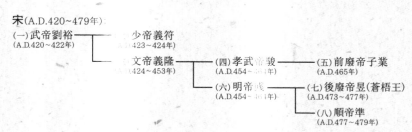

(一) 武帝劉裕 ——— 少帝義符
(A.D.420~422年)　　(A.D.423~424年)

文帝義隆 ——— (四) 孝武帝駿 ——— (五) 前廢帝子業
(A.D.424~453年)　(A.D.454~464年)　(A.D.465年)

(六) 明帝彧 ——— (七) 後廢帝昱(蒼梧王)
(A.D.454~464年)　(A.D.473~477年)

(八) 順帝準
(A.D.477~479年)

齊(A.D.479~502年):

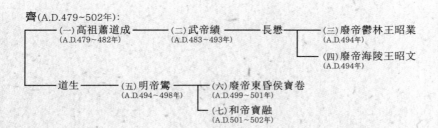

├─(一)高祖蕭道成────(二)武帝績────長懋┬─(三)廢帝鬱林王昭業
│　(A.D.479~482年)　　　(A.D.483~493年)　　　　　　(A.D.494年)
│　　　　　　　　　　　　　　　　　　　　　　　　└─(四)廢帝海陵王昭文
│　　　　　　　　　　　　　　　　　　　　　　　　　　(A.D.494年)
└─道生────(五)明帝鸞┬─(六)廢帝東昏侯寶卷
　　　　　　　(A.D.494~498年)│　(A.D.499~501年)
　　　　　　　　　　　　　　└─(七)和帝寶融
　　　　　　　　　　　　　　　　(A.D.501~502年)

梁(A.D.502~557年), 包括後梁(555~587年):

(一)梁武帝蕭衍────統──── 後 梁 ──(一)宣帝詧────(二)明帝巋────(三)琮(莒公)
(A.D.502~549年)　　　│　　　　　　　　(A.D.555~562年)　(A.D.562~585年)　(A.D.586~587年)
　　　　　　　　　　│
　　　　　　　　　　├─(二)簡文帝綱*
　　　　　　　　　　│　(A.D.550~551年)
　　　　　　　　　　│
　　　　　　　　　　└─(三)元帝繹**────(四)敬帝方智
　　　　　　　　　　　　(A.D.552~555年)　　(A.D.555~557年)

　* 간문제 퇴위 다음 豫章王(蕭棟)이 551~552년 재위함.
　** 원제(소역)이 퇴위한 다음 貞陽侯(蕭淵明)이 1년 미만의 재위기간을 거침.

陳(A.D.557~589年):

(一)武帝陳覇先
(A.D.557~559年)
└─道譚┬─(二)文帝蒨────(三)廢帝伯宗(臨海王)
　　　│　(A.D.560~566年)　(A.D.567~568年)
　　　└─(四)宣帝頊────(五)後主叔寶
　　　　　(A.D.569~582年)　(A.D.583~589年)

임동석중국사상100

시 품

詩品
부 록

鍾嶸 撰 / 林東錫 譯註

임동석(茁浦 林東錫)

慶北 榮州 上茁에서 출생. 忠北 丹陽 德尙골에서 성장. 丹陽初中 졸업. 京東高 서울
敎大 國際大 建國大 대학원 졸업. 雨田 辛鎬烈 선생에게 漢學 배움. 臺灣 國立臺灣師範
大學 國文硏究所(大學院) 博士班 졸업. 中華民國 國家文學博士(1983). 建國大學校
敎授. 文科大學長 역임. 成均館大 延世大 高麗大 外國語大 서울대 등 大學院 강의.
韓國中國言語學會 中國語文學硏究會 韓國中語中文學會 會長 역임. 저서에《朝鮮
譯學考》(中文)《中國學術槪論》《中韓對比語文論》. 편역서에《수레를 밀기 위해 내린
사람들》《栗谷先生詩文選》. 역서에《漢語音韻學講義》《廣開土王碑硏究》《東北
民族源流》《龍鳳文化源流》《論語心得》〈漢語雙聲疊韻硏究〉등 학술 논문 50여 편.

임동석중국사상100

시품詩品

鍾嶸 撰 / 林東錫 譯註
1판 1쇄 발행/2011년 5월 1일
발행인 고정일
발행처 동서문화사
창업 1956. 12. 12. 등록 16-3799(윤)
서울강남구신사동540-22 ☎546-0331~6 (FAX)545-0331
www.epascal.co.kr
잘못 만들어진 책은 바꾸어 드립니다.

사업자등록번호 211-87-75330
ISBN 978-89-497-0689-4　04080
ISBN 978-89-497-0542-2　(세트)

6. 〈四庫全書〉《詩品》(영인)

欽定四庫全書
集部
詩品卷一至

主事繕生徐以坤覆勘

詳校官侍郎臣劉躍雲

總校官編修　臣王燕緒
校對官主事　臣陳文樞
勝錄監生　　臣王志遠

欽定四庫全書　　集部九

詩品

提要　　　　　詩文評類

臣等謹案詩品三卷梁鍾嶸撰嶸字仲偉潁
川長社人與兄巘弟嶼並好學有名巘永明
中為國子生王儉舉本州秀才起家王國侍
郎入梁仕至晉安王記室卒於官嶸學通周
易詞藻兼長所品古今五言詩自漢魏以來
一百有三人論其優劣分為上中下三品每
品之首各冠以序妙達文理可與文心雕
龍並稱近時王士禎極論其品第之間多所
違失然梁代迄今逾踰千祀遺篇舊製什九
不存未可以掇拾殘文定當日全集之優劣
惟其論某人源出某人若一一觀見其師承
者則不免附會耳史稱嶸嘗求譽于沈約約
弗為獎借故嶸怨之列約中品案約立之中

品未為排抑惟序中深詆聲律之學謂蜂腰
鶴膝僕病未能樊聲疊韻里俗已具是則攻
擊約說顯然可見史言亦不盡無因也又一
百三人之中惟王融稱王元長不著其名或
疑其有所私尊然徐陵玉臺新詠亦惟融書
字蓋齊梁之間避齊和帝之諱故以字行實
無他故今姑仍原本以存其舊焉乾隆四
十六年十一月恭校上

總纂官臣紀昀臣陸錫熊臣孫士毅

總校官臣陸費墀

二

梁　鍾嶸　撰

氣之動物物之感人故搖蕩性情形諸舞詠照燭
三才暉麗萬有靈祇待之以致饗幽微藉之以昭
告動天地感鬼神莫近於詩昔南風之詞卿雲之
頌厥義夐矣夏歌曰鬱陶乎予心楚謠曰名余曰
正則雖詩體未全然是五言之濫觴也逮漢李陵
始著五言之目矣古詩眇邈人世難詳推其文體
固是炎漢之製非衰周之倡也自王楊枚馬之徒
詞賦競爽而吟詠靡聞從李都尉迄班婕妤將百
年間有婦人焉一人而已詩人之風頓以缺喪東
京二百載中惟有班固詠史質木無文降及建安
曹公父子篤好斯文平原兄弟鬱為文棟劉楨王
粲為其羽翼次有攀龍托鳳自致於屬車者蓋將
百計彬彬之盛大備於時矣是俊陵遲衰微迄於

有晉太康中三張二陸兩潘一左勃爾俊興踵武

前王風流未沫亦文章之中興也永嘉時貴黃老

稍尚虛談于時篇什理過其辭淡乎寡味爰及江

表微波尚傳孫綽許詢桓庾諸公詩皆平典似道

德論建安風力盡矣先是郭景純用儁上之才變

寡未能動俗逮義熙中謝混益壽斐然繼作元嘉中

有謝靈運才高詞盛富艷難蹤固已含跨劉郭陵

創其體劉越石仗清剛之氣贊成厥美然彼眾我

顏延年為輔斯皆五言之冠冕文詞之命世也夫

機為太康之英安仁景陽為輔謝客為元嘉之雄

鞞滔在故知陳思為建安之傑公幹仲宣為輔陸

詩品 卷一

有謝靈運才高詞盛

四言文約意廣取效風騷便可多得每苦文繁而

意少故世罕習焉五言居文詞之要是眾作之有

滋味者也故云會於流俗豈不以指事造形窮情

寫物最為詳切者邪故詩有三義焉一曰興二曰

此三曰賦文已盡而意有餘興也因物喻志比也

直書其事寓言寫物賦也弘斯三義酌而用之幹

之以風力潤之以丹彩使味之者無極聞之者動

心是詩之至也若專用比興則患在意深意深則

詞躓若但用賦體則患在意浮意浮則文散嬉成

流移文無止泊有漫之累矣若乃春風春鳥秋

月秋蟬夏雲暑雨冬月祁寒斯四候之感諸詩者

也嘉會寄詩以親離群託詩以怨至於楚臣去境

漢妾辭宮或骨橫朔野或魂逐飛蓬或負戈外戍

殺氣雄邊塞客衣單孀閨淚盡文士有解佩出朝

一去忘返女有揚蛾入寵再盼傾國凡斯種種感

蕩心靈非陳詩何以展其義非長歌何以騁其情

故曰詩可以羣可以怨使窮賤易安幽居靡悶莫

尚於詩矣故詞人作者罔不愛好今之士俗斯風

熾矣纔能勝衣甫就小學必甘心而馳騖焉於是

庸音雜體人各為容至使膏腴子弟恥文不逮終

朝點綴分夜呻吟獨觀謂為警策眾覩終淪平鈍

詩品 卷一

次有輕薄之徒笑曹劉為古拙謂鮑照羲皇上人
謝朓今古獨步而師鮑照終不及日中市朝滿學
謝朓劣得黃鳥度青枝徒自棄於高明無涉於文
流矣觀王公縉紳之士每博論之餘何嘗不以詩
為口實隨其嗜欲商榷不同淄澠並泛朱紫相奪
喧議競起準的無依近彭城劉士章俊賞之士疾
其淆亂欲為當世詩品口陳標榜其文未遂感而
作焉昔九品論人七略裁士校以賓實誠多未值
至若詩之為技較爾可知以類推之殆均博弈方
今皇帝資生知之上才體沉鬱之幽思文麗日月
賞究天人昔在貴游已為稱首況八紘既奄風靡
雲蒸抱玉者聯肩握珠者踵武以瞰漢魏而不顧
吞晉宋於胸中諒非農歌轅議敢致流別嶸之今
錄庶周旋於閭里均之於諛笑耳
古詩其體源出於國風陸機所擬十四首文溫以麗意
悲而遠驚心動魄可謂幾乎一字千金其外去者日

以疎四十五首雖多哀怨頗為總雜舊疑是建安中
曹王所製客從遠方來橘柚垂華實亦為驚絕矣人
代寰滅而清音獨遠悲夫
漢都尉李陵詩其源出於楚辭文多悽愴怨者之流陵名
家子有殊才生命不諧聲頹身喪使陵不遇辛苦其
文亦何能至此
漢婕妤班姬詩其源出於李陵團扇短章辭旨清捷怨
深文綺得匹婦之致侏儒一節可以知其工矣

魏陳思王植詩其源出於國風骨氣奇高詞彩華茂情
兼雅怨體被文質粲溢今古卓爾不群嗟乎陳思之
於文章也譬人倫之有周孔鱗羽之有龍鳳音樂之
有琴笙女工之有黼黻俾爾懷鉛吮墨者抱篇章而
景慕映餘暉以自燭故孔氏之門如用詩則公幹升
堂思王入室景陽潘陸自可坐於廊廡之間矣
魏文學劉楨詩其源出於古詩仗氣愛奇動多振絕真
骨凌霜高風跨俗但氣過其文雕潤恨少然自陳思

魏侍中王粲詩其源出於李陵發愀愴之詞文秀而質

羸在曹劉間別構一體方陳思不足凡魏文有餘

晉步兵阮籍詩其源出於小雅無雕虫之功而詠懷之

作可以陶性靈發幽思言在耳目之内情寄八荒之

表洋洋乎會於風雅使人忘其鄙近自致遠大頗多

感慨之詞厥旨淵放歸趣難求顏延註解能言其志

晉平原相陸機詩其源出於陳思才高辭贍舉體華美

氣少於公幹文劣於仲宣尚規矩不貴綺錯有傷直

致之奇然其咀嚼英華厭飫膏澤文章之淵泉也張

公歎其大才信矣

晉黃門郎潘岳詩其源出於仲宣翰林歎其翩翩如

翔禽之有羽毛衣服之有綃縠猶淺於陸機謝混云

潘詩爛若舒錦無處不佳陸文如披沙簡金往往見

寶嶸謂益壽輕華故以潘為勝翰林篤論故歎陸為

深余嘗言陸才如海潘才如江

晉黃門郎張協詩其源出於王粲文體華淨少病累又

巧構形似之言雄於潘岳靡於太沖風流調達實曠

代之高手詞采葱蒨音韻鏗鏘使人味之亹亹不倦

晉記室左思詩其源出於公幹文典以怨頗為精切得

諷諭之致雖野於陸機而深於潘岳謝康樂常言左

太沖詩潘安仁詩古今難比

宋臨川太守謝靈運詩其源出於陳思雜有景陽之體

故尚巧似而逸蕩過之頗以繁蕪為累嶸謂若人興

多才高博寓目輒書内無乏思外無遺物其繁富宜

哉然名章迥句處處間起麗典新聲絡繹奔會譬猶

青松之拔灌木白玉之映塵沙未足貶其高潔也初

生於會稽旬日而謝玄亡其家以子孫難得送靈運

錢塘杜明師夜夢東南有人來入其館是夕即靈運

於杜治養之十五方還都故名客兒　治音稚本道之家靖室也

詩品卷一

詩品卷二

梁　鍾嶸　撰

一品之中略以世代為先後不以優劣為詮次又
其人既往其文克定今所寓言不錄存者夫屬詞
比事乃為通談若乃經國文符應資博古撰德駁
奏宜窮往烈至乎吟詠情性亦何貴於用事思若
如流水既是即目高臺多悲風亦唯所見清晨登
隴首羌無故實明月照積雪詎出經史觀古今勝
語多非補假皆由直尋顏延謝莊尤為繁密於時
化之故大明泰始中文章殆同書抄近任昉王元
長等辭不貴奇競須新事爾來作者寖以成俗遂
乃句無虛語語無虛字拘攣補衲蠹文已甚但自
然英音寧值其人詞既失高則宜加事義雖謝天
才且表學問亦一理乎陸機文賦通而無貶顏延論文精
翰林疎而不切王微鴻寶密而無裁顏延論文精

而難曉暮勢文志詳而博瞻頗曰知言觀斯數家
皆就談文體而不顯優劣至於謝客集詩逢詩輒
取張隲文士逢文即書諸英志錄並義在文曾無
品第嶸今所錄止乎五言雖然網羅今古詞文始
集輒欲辨彰清濁掎摭病利凡百二十人預此宗
流者便稱才子至斯三品升降差非定制方申嫂
裁請寄知者爾

漢上計秦嘉嘉妻徐淑詩夫妻事既可傷文亦悽怨
為五言者不過數家而婦人居二徐淑敍別之作亞
於團扇矣

魏文帝詩其源出於李陵頗有仲宣之體而新奇百許
篇率皆鄙直如偶語惟西北有浮雲十餘首殊美贍
可謂始見其工矣不然何以銓衡群彥秀才揚厥弟者
耶

晉中散嵇康詩頗似魏文過為峻切訐直露才傷淵雅
之致然託喻清遠良有鑒裁亦未失其高流矣

晉司空張華詩其源出於王粲其體華艷興託不奇巧
用文字務為妍冶雖名高曩代而疏亮之士猶恨其
兒女情多風雲氣少謝康樂云張公雖復千篇猶一
體耳今置之中品疑弱處之下科恨少在季孟之間

失

魏尚書何晏詩晉馮翊守孫楚詩晉著作王贊詩晉王
司徒掾張翰詩晉中書令潘尼詩晉平叔鴻雁之篇風
規見矣子荆零雨之外正長朔風之俊雖有累札良

亦無聞季鳳皇之唱正叔綠繁之哀雖不具美而

中品

文彩高麗並得虯龍片甲鳳凰一毛事同駮聖宜居

魏侍中應璩詩祖襲魏文善為古語指事殷勤雅意深
篤得詩人激刺之旨至於濟濟今日所華靡可諷味

馬

晉清河守陸雲詩晉侍中石崇詩晉襄城太守曹攄詩
晉朗陵公何劭詩清河之方平原弼如陳思之四曰

馬于其哲匪故稱二陸季倫渢遠並有英篇篤而論
之朗陵為最

晉太尉劉琨詩晉中郎盧諶詩其源出於王粲善為悽
戾之辭自有清拔之氣琨既體良才又罹厄運故善
敘喪亂多感恨之詞中郎仰之微而不遠者矣

晉弘農太守郭璞詩憲章潘岳文體相輝彪炳可翫始
變永嘉平淡之體故稱中興第一翰林以為詩首但
遊仙之作辭多慷慨乖遠玄宗而云奈何虎豹姿又

云戢翼棲榛梗乃是坎壈詠懷非列仙之趣也

晉吏部郎袁宏詩彥伯詠史雖文體未遒而鮮明緊健

去凡俗遠矣

晉處士郭泰機詩晉常侍顧愷之詩宋謝世基詩宋參軍
顧邁詩宋參軍戴凱詩泰機寒女之製孤怨宜恨長

康能以二韻答四首之美世基橫海頗邁鴻飛戴凱
人實貧贏而才章富健觀此五子文雖不多氣調警

拔吾許其進則鮑照江海未足逮止越居中品焉曰

宜哉

宋徵士陶潛詩其源出於應璩又協左思風力文體省淨殆無長語篤意真古辭興婉愜每觀其文想其人德世歎其質直至如歡言酌春酒日暮天無雲風華清靡豈直為田家語耶古今隱逸詩人之宗也

宋光祿大夫顏延之詩其源出於陸機尚巧似體裁綺密情喻淵深動無虛散一句一字皆致意焉又喜用古事彌見拘束雖乖秀逸是經綸文雅才雅才減若錯彩鏤金顏終身病之人則躓於困躓矣湯惠休曰謝詩如芙蓉出水顏如

宋豫章太守謝瞻詩宋僕射謝混詩宋太尉袁淑詩宋徵君王徽詩宋征虜將軍王僧達詩其源出於張華才力苦弱故務其清淺殊得風流媚趣課其實錄則豫章僕射宜分庭抗禮徵君太尉可託乘俊征虜卓卓殆欲度驊騮前驅矣

宋法曹參軍謝惠連詩小謝才思富捷恨其蘭玉凋

故長轡未騁秋懷擣衣之作雖復靈運銳思亦何以加焉又工為綺麗歌謠風人第一謝氏家錄云康樂每對惠連輒得佳語後在永嘉西堂思詩竟日不就寤寐間忽見惠連即成池塘生春草故常云此語有神助非吾語也

宋參軍鮑照詩其源出於二張善製形狀寫物之詞得景陽之諔詭含茂先之靡嫚骨節強於謝混驅邁疾於顏延總四家而擅美跨兩代而孤出嗟其才秀人微故取湮當代然貴尚巧似不避危仄頗傷清雅之調故言險俗者多以附照

齊吏部謝朓詩其源出於謝混微傷細密頗在不倫一章之中自有玉石然奇章秀句往往警遒足使叔源失步明遠變色善自發詩端而末篇多躓此意銳而才弱也至為後進士子之所嗟慕朓極與余論詩感激頓挫過其文

齊光祿江淹詩文通詩體總雜善於摹擬筋力於王微

成就於謝朓初淹罷宣城郡遂宿冶亭夢一美丈夫
自稱郭璞謂淹曰吾有筆在卿處多年矣可以見還
淹探懷中得五色筆以授之爾後為詩不復成語故
世傳江淹才盡

梁衞將軍范雲詩梁中書即江遟詩范詩清便宛如
流風迴雪丘詩點綴映媚似落花依草故當淺於江
淹而秀於任昉

梁太常任昉詩彥昇少年為詩不工故世稱沈詩任筆
昉深恨之晚節愛好既篤文亦遒變若銓事理拓體
淵摧俊國士之風故惟居中品但昉既博物動輒用
事所以詩不得奇少年士子效其如此弊矣

梁左光祿沈約詩觀休文衆製五言最優詳其文體察
其餘論固知憲章鮑明遠也所以不閒於經綸而長
於清怨永明相王愛文王元長等皆宗附之約於時
謝朓未遒江海才盡范雲名級故微故約稱獨步雖
文不至其工麗亦一時之遴也見重閭里誦詠成音

榮謂約所著既多今翦除蕪雜收其精要允為中品
之第其實故當詞密於范意淺於江也

詩品卷二

梁　鍾嶸　撰

昔曹劉殆文章之聖陸謝為體二之才銳精研思
千百年中而不聞宮商之辨四聲之論或謂前達
偶然不見豈其然乎嘗試言之古者詩頌皆被之
金竹故非調五音無以諧會若置酒高堂上明月
照高樓為韻之首故三祖之詞文或不工而韻入
歌唱此重音韻之義也與世之言宮商異矣今既
不備管絃亦何取於聲律耶齊有王元長者嘗謂
余云宮商與二儀俱生自古詞人不知之唯顏憲
子乃云律呂音調而其實大謬唯見范曄謝莊頗
識之嘗欲造知音論未就王元長創其首謝朓
沈約揚其波三賢或貴公子孫幼有文辨於是士
流景慕務為精密襞積細微專相陵架故使文多
拘忌傷其真美余謂文製本須諷讀不可蹇礙但
令清濁通流口吻調利斯為足矣至平上去入則
余病未能蜂腰鶴膝閭里已具陳思贈弟仲宣七
哀公幹思友阮籍詠懷子卿雙鳧叔夜雙鸞茂先
寒夕平叔衣單安仁倦暑景陽苦雨靈運鄴中士
衡擬古越石感亂景純詠仙王微風月謝客山泉
叔源離宴鮑照戍邊太冲詠史顏延入洛陶公詠
貧之製惠連擣衣之作斯皆五言之警策者也所
謂篇章之珠澤文彩之鄧林

漢令史班固詩　漢孝廉酈炎詩　漢上計趙壹詩　孟堅才
流而老於掌故觀其史有感歎之詞文勝託詠靈
芝觀懷寄不淺元叔散憤蘭蕙指斥囊錢苦言切句
良亦勤矣斯人也而有斯困悲夫
魏武帝詩　魏明帝詩　曹公古直甚有悲涼之句叡不如
丕亦稱三祖
魏白馬王彪詩　魏文學徐幹詩　白馬與陳思答贈偉長
與公幹往復雖曰以莘扣鍾亦能閑雅矣

魏倉曹屬阮瑀詩晉頓丘太守歐陽建詩晉文學應璩

詩晉中書令嵇含詩晉河南太守阮侃詩晉侍中嵇

紹詩晉黃門棗據詩元瑜堅石七君詩並平典不失

古體大檢似而二嵇微優矣

晉中書張載詩晉司隸傅玄詩晉太僕傅咸詩晉侍中

繆襲詩晉散騎常侍夏侯湛詩孟陽詩乃遠惠弟

而近趙兩傳長廣父子繁富可嘉孝沖雖曰後進見

重安仁烱伯挽歌唯以迭哀爾

晉驃騎王濟詩晉征南將軍杜預詩晉廷尉孫綽詩晉

徵士許詢詩永嘉以來清虛在俗王武子輩詩貴道

家之言爰洎江表玄風尚備真長仲祖桓庾諸公猶

相襲世稱孫許彌善恬淡之詞

晉徵士戴逵詩晉東陽太守殷仲文詩宋之際始無

詩乎義熙中以謝益壽殷仲文為華綺之冠殷不競

宋尚書令傳亮詩季友文余常忽而不察令沈特進撰

矣

詩載其歌首亦復平矣

宋記室何長瑜詩宋羊曜璠詩宋詹事范曄詩乃不稱其

才亦為鮮峯矣

宋孝武帝詩宋南平王鑠詩宋建平王宏詩孝武詩彫

文織綵過為精密為二藩希慕見稱輕巧矣

宋光祿謝莊詩希逸詩氣候清雅不逮於王袁然興屬

閑長良無鄙促也

宋御史蘇寶生詩宋中書令史陵修之詩宋典祠令任

曇緒詩宋越騎戴法興詩蘇陵任戴並著篇章亦為

搢紳之所嗟咏人非文才是惡甚可嘉焉

宋監典事區惠恭詩惠恭本胡人為顏師伯幹顏為詩

筆輒偷定之後造獨樂賦語侵給主敗斥及大將軍

修北第差充作時謝惠連記室參軍惠恭時往

共安陵朝調末作雙枕詩以示謝曰君誠能恐人

未重且可以為謝法曹造遺大將軍見之賞歎以錦

二端賜謝謝辭曰此詩公作長所製請以錦賜之

齊惠休上人詩齊歔上人詩齊釋寶月詩惠休淫靡

情過其才世遂乏之齊鮑照恐商周矣羊曜璠云是顏

公忌胎之文故立休鮑之論庚白二胡亦有清句行

路難是東陽柴廓所造寶月嘗憩其家會廓亡因竊

而有之廓子賫手本出都欵訟此事乃厚賂止之

齊高帝詩齊征北將軍張永詩齊太尉王文憲詩齊高

帝詩詞藻靡所云少張景雲雖謝文體頗有古

意至如王師文憲既經國圖遠或忽是雕蟲

欽定四庫全書

齊黃門謝超宗詩齊溥陽太守丘靈鞠詩齊給事中郎

劉祥詩齊司徒長史擅超詩齊正員郎鍾憲詩齊諸

暨今顏則詩齊秀才顧則心詩擅謝七君並祖襲顏

延欣欣不倦得士大夫之雅致乎余從祖正員常云

大明泰始中鮑休美文殊己勤俗唯此諸人傳顏陸

體用固執不如顏諸暨最荷家屏

齊參軍毛伯成詩齊朝請吳邁遠詩齊朝請許瑤之詩

伯成文不全佳亦多惆悵吳善於風人答贈許長於

短句詠物湯休謂遠云吾詩可為汝詩父以訪謝光

祿云不然爾湯可為庶兄

齊鮑令暉詩齊韓蘭英詩令暉歌詩佳佳斷絕清巧擬

古尤勝唯百願淫矣胎嘗答孝武云臣妹才自亞於

左芬臣才不及太沖爾蘭英綺密甚有名篇又善談

笑齊武謂韓云借使二媛生於上葉則玉階之賦貌

素之辭未詎多也

欽定四庫全書

齊司徒長史張融詩齊唐事孔稚珪詩思光絅緩誕放

縱有乖文體然亦捷疾豐饒差不局促德璋生於封

谿而文為彫飾青於藍矣

齊寧朔將軍王融詩齊中庶子劉繪詩元長士章並有

盛才詞美英淨至於五言之作幾乎尺有所短譬應

變將略非武侯所長未足以貶臥龍

齊僕射江柘詩齊搞清潤弟彪明靡可懷

齊記室王巾詩齊綏遠太守卞彬詩齊端溪令卞錄詩

王巾二下詩並愛奇斲絕慕束彥伯之風雖不弘掉

而文體劉淨去平美遠矣

齊諸暨令袁嘏詩平平耳多自謂能常語徐太尉云我

詩有生氣頒人捉著不爾便飛去

齊雍州刺史張欣泰詩梁中書郎范縝詩欣泰子真並

希古勝文鄙俗製貴心流亮不失雅宗

梁秀才陸厥詩觀厥文緯具識文夫之情狀自製未優

非言之失也

梁常侍虞羲詩梁建陽令江洪詩子陽詩奇句清拔謝

朓當嗟頌之洪雖無多亦能自迥出

梁步兵紀行卿詩梁晉陵令孫詩行卿少年甚憚風

謠之美察最幽微而感賞至到爾

詩品卷三